日本語と日本語論

池上嘉彦

筑摩書房

目次

方法論の問題……75

文法的範疇としての〈数《すう》〉……103

第三部　日本語の主観性と主語の省略……259

日本語と日本語論

はじめに

もう三十年以上も前のことである。一九六〇年代の後半、アメリカ合衆国のイェール大学大学院言語学科に留学していた折、最後にPh.D.論文を書く段階で、日本語を研究対象として何かまとめてみてはどうかと、かなり強く勧められたことがあった。しかし、折角アメリカにまで来て勉強をしているのに、自分が母語として自由に操れる（はずの）言語について書くなど、安易な逃避である――こういう（いま思うと、必ずしも筋が通っているとは言えない）気持がしてならなかった。

当時、このアメリカ東部の名門校にも、日本からの留学生は本当にまだ数えるほどしかいなかった。為替レートは一ドル＝三六〇円と固定されており、生活水準にも圧倒的な差があった頃で、国際電話を日本にかけるということすら、二年余りの滞在中、一度として考えてもみなかった時代であった。

アメリカに来る前には、数年年上の先輩で留学の機会を得た人について、「まるで日の丸を背負って勉強している」ようだったと語られているのを耳にしたことがあった。その種の気負いはまったくなかった。ただ、外国で本格的に勉強する機会が与えられた以上、地元の（それからヨーロッパから来ている）「エリート」学生たちとも、対等に競ってみたいという気持はあった。

そういうわけで、結局、あまり迷うこともなく、言語理論専攻の他の多くの学生と同様、英語を対象言語として論文を書くということに、その時はなったのである。

しかし、もしかりに、現在の自分が三十数年前のその同じ状況に置かれたとしたら、どのような選択をしたであろうか。まず、間違いなく、迷いに迷ったことであろう。そして最後には、多分、日本語の方を選ぶことにしたのではなかろうか——そのように思えるのである。

なぜか。一つには、以前と較べて言語研究者の間で日本語という言語に対する関心が高まってきているのに、そのわりに提供されている情報が比較的少ないという状況認識もあろう。しかし、それよりも、実は日本語という言語が本当の意味で興味深い言葉であると思えるようになったからである。

言語を研究対象とする学問、つまり、言語学の理論は、その成立の歴史的な経緯からして、欧米系の言語に関する知見に多く依存している。それからまた、ある理論的な主張を説明する場合にも、もっとも多くの言語研究者によって理解されるという理由で欧米系の言語を例証に用いることも普通である。（最近は中でも英語への傾斜が著しく、例文を挙げて説明する場合、英語の例文ならよいが、それ以外のものであれば——たとえ、ドイツ語、フランス語のような比較的よく知られているはずの言語であっても——英語での注解や逐語訳、ないしは訳文をつけるというのが暗黙の諒解である。）日本語が興味深いというのは、このような欧米系の言語を主流としての理論化に対して、しばしばそれを相対化する可能性を与えてくれる——つまり、人間の言語としてまだ別な可能性のあることを提示してくれる——ということである。

これは、別に日本語が特段変わった言語であると言っているのではないことを注意しておいて欲しい。変わっているということであれば、英語も（それと近い関係にある他の言語と較べてみても）結構、言語学的には変わった言語なのである（池上・一九九四a）。

言語が違えば、当然それなりにお互いどうし変わっている違ったところがあるはずである。ただ、厄介なことに、ある言語を母語として使うという能力は一旦身についてしまうと、文字通り、自分の身体の一部としてもともとから備わっているかのように、当然で、ごく自然なものとして受けとめられる。そして同時に、今度はそれとは異なる言語に接すると、何かそぐわない不自然なものとして受けとられがちということになる。

かつては、人間の言語はお互いどうし、予想もできないような形で異なりうるものであると考えられたり、またそれとは逆に、どの言語も結局は同一の原理に還元して捉えられるのではないかと想像されたりしたこともあった。現在の言語学では、このような極端な相対論と極端な普遍論はいずれも採り得ないと考えられている。

この点についての現在の認識ということであれば、おおよそ次のように言えばよいであろう。まず、人間の心の働きの一つの重要な側面として〈認知〉(cognition:「認知科学」などと言う場合の認知で、おおまかに言って、意味の創出や理解に関わる心の働き)と呼ばれる営みがある。言語はこのような営みに、もっとも重要な媒体として深く関わっているように思える。もしそうであるならば、人間の言語は、認知の営みにおける人間の心の働きに認められる特徴性によって、その在り方に関して、おのずから一定の制約を課されるはずである。その際、人間の心の働きの柔軟性を考えれば、それは唯一の選択肢しか許さないというような硬直したものでもなかろうし、また、その働き方も完全に無統制なものでなく、十分な一致度の傾向性によって特徴づけられているということからしても、無限個の選択肢を許容するほどの無制約なものでもなかろう。そこから予想される状況は、一定の範囲内に収まる有限個の選択肢があって、個別の言語はその中のどれかを特に選択する——こういう形で個別の言語の在り方が決まってくるということである。言語間の違いは、一定の範囲内での〈ゆらぎ〉として捉えられるというわけで、これが現在、言語学の中の「言語類型論」(linguistic typology)と呼ばれる分野での基本的な考え方である。

日本語について特徴的と言われるようなものでも、実は、他の——そのような特徴とはおよそ縁がないと見える——言語にも、目立たない形ではあるが認められるということがあるし、逆に、日本語では目立たない特徴が他の言語では際立って重要な役割を果たしていることもある。そのような視点から日本語を見て欲しいというのが、[*]『「日本語論」への招待』という本書の題名に込められた一つの想いである。

現在の言語類型論は、前述のように、人間言語として可能な言語の姿を一定の範囲のゆらぎに収まるような形で画定することを最重要の課題としている。その反面、一つの個別言語を全体として統合的に特徴づけようとする——つまり、例えば「日本語とはどのような言語か」という問いかけの——ような試みには関心を示さない。そのためらいの背後にはそれなりの理由もあるのであるが、本書の意図の一部は、敢えてそのような問題提起を日本語についてするとしたら、どのように議論を進めうるかを考えてみたいということである。その点についての本書での叙述は、いくつかの示唆を提示するという域のものであり、その意味でも本書は「誘《いざな》い」的な性格のものと受けとめていただきたい。

日本の国内ではまったく話題にもならないままに過ぎ去ってしまったが、十数年前——ちょうど経済面で〈日本叩き〉と呼ばれた現象が盛んだった時期に少し遅れて——日本の識者が日本語について書いたものが外国で片っ端から槍玉に挙げられるという、やはり一種の〈日本叩き〉とも思える現象が連鎖的に続いたことがあった。（その一部は、本書の第一部の始めに触れてあるし、その種の殊更《ことさら》にとも思える曲解の犠牲にされないよう、海外の真面目な日本語学者が痛ましいほど表現に気を遣っているという印象を受けることもあった。）そのため「日本語論」という表現には、いくらか忌わしいイメージが伴なって受け取られたことも承知している。本書で題名の一部として「日本語論」という表現を敢えて取り込んだのは、本来尽きることのない興味をそそるこのテーマに健康なイメージを取り戻させたいという希望を込めてのことなのである。その方向でいくらかの寄与をすることができれば、筆者の喜びもそれに如《し》くものはない。

（＊「ちくま学芸文庫」への収録に際して、原書の『「日本語論」への招待』から『日本語と日本語論』と書名が変更された。）

第一部　日本語と日本語論

外から見た日本語・内から見た日本語

1　「日本語論」と「日本人論」

私たちの母語としての日本語への関心、そしてそれをめぐっての議論、ということになれば、現在の私たちの記憶にまだ残っているところでも、例えば仮名遣いや送り仮名の問題、漢字制限の問題、あるいは外来語は濫用されているのか、敬語は乱れているのか、といった問題など、すぐ念頭に浮かんでくるものがいくつかある。

これらの問題は一見、言葉遣いのごく表面的な違いに関わっているようにも思える。しかし、拘《こだ》わる人たちの立場からするならば、「花ニ水ヲヤル」よりも「(オ)花ニ水ヲアゲル」の方が自分の気持に素直な表現と感じられるかも知れないし、「てふてふ」(蝶々)を「ちようちよう」という表記にされたくないというのは詩的良心に関わること、逆に「破廉恥」を「ハレンチ」と表記してみるのは体制への反抗の気持をこめた快感を伴なう営みと感じられるかも知れない。どのような言い方、表わし方をするかということは、どうでもよいことではなくて、自らの人格、存在に関わることと感じられるわけである。

しかし、このような問題とそれをめぐっての議論は、「日本語論」という名称で呼んでよいと思われるような日本語をめぐっての議論と較べると、まだ言語の比較的表層の部分と関わり合っているに過ぎないという印象を与える。「日本語論」、つまり「日本語とは一体どのような言語なのか」という問いかけとの取り組みは、明らかにもっと深く本質的なところにまで及んでいるようである。日本語を特徴づけるのは何かという議論は、否応なしに、そのように特徴づけられる言語を使っているわれわれは一体どのようなアイデンティティーの持主なのか、という「日本人論」へと導いて行くからである。

2 外から見た日本語

かつて「言挙《ことあ》げせぬ国」と謳《うた》われ、今なおいろいろな面でそのような様相をかなり著しく残していると思える国において、事もあろうに「言」そのものについての論議が幸《さきわ》うようになったのには、確かにいくつかの事情があったのであろうが、何よりも大きな力として働いたのは、〈外から見た日本語〉という視点の劇的な登場ということであろう。

もちろん〈外から見た日本語〉という視点からの発言は、最近に始まったことではない。

ほぼ四百年も前、イエズス会の宣教師として来日したロドリゲスは、その著『日本大文典』（一六〇四―〇八、土井忠生訳）の中で、「この国語はある点で不完全なものである。何となれば、名詞は格による変化を欠き、単数複数の別および性の別をもたず、動詞は人称および単数複数の別を欠き、その他にもヨーロッパの言語にはみられない欠陥があるからである」と記しているし、また、もっと下ってほぼ百年ばかり前、日本の大学で初めて言語学なるものを教えたイギリス人教師チェンバレンも、その著『日本事物誌』（一九三九・初版、一八九〇）の中で、ロドリゲスが触れたのとほぼ同じ日本語の「欠点」を挙げた上、日本語の例文に逐語訳を付したものに言及しつつ、「この一つの例からだけでも十分に見てとれるように、日本人の思考の流れる経路は、ヨーロッパの場合と較べて著しく異なっている。しかも、言い廻しが違うというだけではない。同じ状況であっても、日本人がそれについて述べることは、ヨーロッパの話し手がそれについて述べるであろうと思われることとは類似しない。」と記している。

　このような発言の背後に、異質なものと遭遇しての戸惑い、そしてそれにもまして、ヨーロッパ的なるものこそ文明化の尺度であるという強烈な自負心ないし偏見を読みとることは容易である。しかし、いずれにせよ、かつてはこのような発言をなしうるだけの経験を持てる人の数も極めて限られていたであろうし、またそれが興味と関心を惹《ひ》くような形で日本で一般の多くの人に知られるようになるということもなかったわけである。

そのような状況が、それほど遠くない過去において、文字通り一変してしまった。ある時期のもっぱら豊かな経済力ということで日本は否応なしに世界の注目を浴びるようになり、その結果、単なる好奇心から真剣な関心、さらに行き過ぎた思い込みにまで至るさまざまなレベルで、観察なり考察の対象とされるようになる。その言語も例外ではなかった。そのような意味での〈外から見た日本語〉という視点からの発言には、個人的な偶然の経験に基づくだけのものから、かなり体系的な考察に至るまでさまざまなものがある。そして発言者の方も、全くの素人から言語学者に至るまで多彩で、内容も伝統的なステレオタイプを繰り返しているに過ぎないと思えるものから、母国語の話し手としてのわれわれの意表を衝き、思わず考え込まされるようなものに至るまで、いろいろある。

3 〈悪魔の言語〉としての日本語

一つの具体的な例を取り挙げてみよう。一九八三年のことであるが、雑誌の『タイム』(*Time*)で日本特集号が組まれ、その中に「言語」という項が設けられていた。そして、この項の見出しは〈悪魔の言語〉(The Devil's Tongue)と題されていた。つまり、日本語は〈悪魔の言語〉であるというわけである。説明によると、「〈悪魔の言語〉というのは、十六世紀のジェスイット派の宣教師、聖フランシスコ・ザビエルが与えたものとされている名称である」との由である。

著名なザビエル（Francisco Xavier（1506-52）：在日 1549-51）がなぜ日本語を〈悪魔の言語〉と呼んだのかは、そこには何も説明されていない。しかし、前後の記述からすると、ヨーロッパの言語から見て如何《いか》にも異質な言語との遭遇に際しての戸惑いという含意は十分明らかである。

いずれにせよ、このような言説は、一時期、ある程度流布していたらしい。一八五九年にロンドンで刊行され、たまたま東京大学総合図書館に収蔵されていたスタインメッツ（A. Steinmetz）という著者の『日本と日本人』（*Japan and Her People*）と題された書物を見ると、その第七章の冒頭で、まず日本語はそれを話す日本人と同様、如何にも風変りなものであると述べられた後で、次のような話が紹介されている。

かつて、ジェスイット派のオヤングーレン神父が日本語の文法書を編纂《へんさん》した。しかし、その書き言葉の表記の仕方については、とても手に負えないとして投げ出してしまった。神父によれば、この書き言葉こそ、悪魔によって考案されたものであった。それは、哀れな宣教師たちを困惑させ、福音の拡がるのを妨げるための仕業《しわざ》であった。

ここで名前の出ているオヤングーレン（P. Oyanguren（1668-1747））も実在の人物で、一七三八年にメキシコで日本語の文法書を刊行しているが、日本を訪れたことはないと推定されている（亀山・一九八四）。そして同じ話は、スタインメッツの書物の少し後で出版された別の著者による日本紹介書の中でも、神父の名前は挙げないで、「日本語と日本語の表記は他ならぬサタン自身によって、殊更に難しく考案されたもの」と語られている。

この時期に異国の風物について紹介をしている書物には、当然予想できることであるが、他の類書からそっくり借用しただけの記述が多い。添えている挿絵まで同じものもある。スタインメッツのものも、他者からの引用に違いない。筆者の眼にとまったもう少し古い時期の言及は、一八二六年、パリの「アジア協会」から刊行されたランドレス（M. C. Landresse）による仏訳『ロドリゲス神父の日本文典補遺』（*Supplément à la grammaire japonaise, du P. Rodriguez* : Kapitza, hrg.（1990）に収録）である。そこには次のように記されている。

オヤングーレン神父は、日本語の表記の体系に関しては全くの説明なしですませている。神父によれば、それは福音を伝える宣教師たちの労苦を増大させることを目的にして、悪魔によって考察されたものとのことである。

この書物には、『オヤングーレン神父によりスペイン語で記述された文法書より抜粋した日本語の文法体系に関するいくつかの点についての補足的説明』という副題が添えてあり、言語学者フンボルト（W. Humboldt）によるオヤングーレン神父の『日本文典』についての覚え書が巻頭を飾っている（この間の事情については、亀山・一九八四を参照）。一時期、日本語と取り組んだが、入手できる文法書の質の悪さに絶望して諦めたと言われるフンボルトも、〈悪魔の言語〉としての日本語という言説は眼にとまっていたはずである。

実は、この言説と関係して筆者自身にも一つ、個人的な経験がある。七〇年代のなかば頃、ヨーロッパに滞在していた折のことであるが、ふと思い立って南フランスのバイヨンヌ（Bayonne）という町を訪れたことがある。バイヨンヌは大きな町ではないが、バスク人が多く住んでいるということで知られた町である。駅で町の地図を買って見たら、バスク民族博物館というのがあるようなので、そこへ出かけた。決して大きな博物館ではなかったが、その比較的広い部屋の一つに入ると、部屋をぐるりと取り巻くように、壁の上部にバスク民族の歴史を挿絵入りで描き出したものが張りつけてあった。その絵解き歴史のいちばん最初のところには富士山らしきものを背景に悪魔サタンが描かれていて、説明として「かつて悪魔サタンは日本にいた。それがバスクの土地にやって来た。」とフランス語で記してあった。なぜ事もあろうに日本が悪魔の原棲息地《せいそくち》にされたのか、大変気になったので館員に尋ねてみたが、よく分からないとのこと、結局要領を得ないままで終ってしまった。後から思うと、日本語は悪魔によって考案されたというザビエルか、誰かの発言とされるものが、そのような伝説を生み出したのかも知れない。同じ絵解き歴史のずっと後のところは、ザビエルが日本の大名に布教しているという絵も出てくる。ただし、日本の大名の方は弁髪の完全に中国風の姿に描かれていた。

後になって、日本について記された近世の文献を見ていた折、イタリアの宣教師、ボテロ (J. Botero) の一五九一年の著の独訳『一般史的世界事情』(*Allgemeine historische Weltbeschreibung*, 1611 : Kapitza, hrg. (1990) に収録) の中に左のような記述があるのに気づいた。

日本全土は山の多い地形で、寒冷で、産物が豊かというよりは不毛である。数ある山の中でも、もっとも有名なものが二つある。一つは「フジノヤマ」と呼ばれ、その高さは雲に届く。もう一つは、常に火を吹いている。そこに、ことあろうに輝く雲に乗って悪魔が姿を現わし、大いに気に入ったので、しばし苦行に身を任せた。

富士山とサタンの取り合わせは、もしかしたら、このあたりに由来するのかも知れない。因《ちな》みに、ドイツ語では噴火口のことを「悪魔の台所」(Teufelsküche) と呼ぶという発想があるようである。

『タイム』誌の記事で日本語の特徴として取り挙げられているのは、人称代名詞に相当する語がいくつもあること、異なる系統の何種類もの外来語が使用されること、相手との人間関係に従って表現がくるくる変わること、書き言葉には異なる数個の表記法があること、それから「善処します」と言えば実は「話題を変えましょう」ということであるとか、言葉を使わずに伝達するという「腹芸」と称される究極のコミュニケーションが存在するとか、日本語のステレオタイプとしてよく言及されるものばかりで特に目新しいものはない。しかし、もし日本語が少なくともある人たちにとっては、外から見ると〈悪魔の言語〉としか思えないとすると、そういう言語を何の特別なこだわりもなく話している日本人とは一体どのような人間なのか、と気にならざるを得ない。「日本語論」はどうしても「日本人論」を誘発してしまう。

4 「日本語論」の三つの層

もちろん「外から見た日本語」がすべてこの『タイム』誌の記事のようなものによって代表されるわけではない。この記事に見られるようなものは、いわば〈通俗的〉な極に位置するものである。これに対して、もう一つの〈学問的〉と呼べるような極に位置して、日本語という言語の言語としての性格ということを考えるのに、いろいろ重要な示唆を与えてくれる研究も数多くある。それらはいずれ折に触れて取り挙げて行くことになるであろう。

いずれにせよ、これら二つの極の間のさまざまなところに位置して〈外から見た日本語〉を論じた論説が、「日本語論」のまず第一の層を構成すると考えることができる。

しかし、日本語論にはさらに第二と第三の層が存在する。第一の層、つまり、〈外から見た日本語〉という視点からの日本語論が当然のこととしてもっぱら外国の論者によってなされるものであるのに対して、第二の層を構成するのは、もっぱら日本の論者によってなされる日本語論である。その中には、比較的純粋ないしは素朴に母語としての〈内から見た日本語〉という視点に立つものから、第一の層を構成するもの、つまり〈外から見た日本語〉という視点からの日本語論に誘発される形で、同時に多かれ少なかれ〈外から〉の視点を取り込んで比較対照的な考察を試みているもの、そしてさらに自らが身につけた西欧的知見を踏まえて、母語である日本語を見返したものに至るまで、いろいろな段階のものがある。さらに第三の層として、これら第二の層を構成する日本語論に対して、もっぱらその批判として展開される論説がある。この第三の層に属する論説は、第二の層の日本語論で立役者である日本人の論者によるものもあるし、また第一の層の日本語論で立役者となる外国人の論者によるものもある。

第二の層、第三の層に属すると目されるものを一つずつ具体的な例によって見ておこう。第二の層に属するものには、ほとんど古典的になっている例がある。「ボクハウナギダ」式の表現である。既に十分お馴じみになっている通り、この種の「うなぎ文」をめぐっての議論は、ほぼ次のように展開される。「ボクハウナギダ」を例えば英語に訳すと'I am an eel'となる。ところで英語で'I am an eel'と言えば、自分はうなぎであるという同定関係を主張していることになる。しかし、日本語の話し手はそれと同じ表現を用いて鰻丼《うなどん》を注文し、取り寄せる。これは極めて不可解なことであるというわけである。

フランスで日本語を教えるという経験に基づいて、この種の問題を初めて提起し、日本語は〈非文法的〉であるということ——ただし、本人の真意は、テクストのレベルでの日本語の機能は文法的に完全であるということだけでは保証されないということ——で一連の議論の火付け役となった森有正は、次のように述べている。

……学校で教える場合に、具体的に非常に往生しましたね。ことに西洋人の先生が非常におもしろがって、日本語は不思議なことばだ、と言って、「わたしはさかな」というのは「わたしはさかなを食べることにする」という意味だと、非常に神秘的に説明しちゃうわけですよ。ほとんど神秘的としか言えないようなふうに……。(川本編・一九七七)

森の提起した点についての議論は、かつては、もっぱらそれを「非文法的」と呼ぶことの妥当性をめぐってのものであったと思う。幸いなことに、現時点でのわれわれは、この問題について判断を下すのに、かつてよりはもっと豊かな視点やデータを持っている。一方では、例えばテクスト言語学（text linguistics）や談話分析（discourse analysis）と呼ばれる分野での研究を通じて、テクストないし談話レベルでの（つまり、具体的な場面で使われた言語表現の）意味は、文法と辞書の規定で完全に律されるものではなくて、話し手、聞き手としてそれに関わる人間の主体的な認知（cognition）の営みに多く依存するものであるという認識が当然のこととなっているし、また語用論は、文はその字義通りの意味からは時には一見想像もつかないような意味で具体的なコミュニケーションの場面で機能しうるものであり、それがどのような過程を通じて起こるのかを教えてくれる。他方では、具体的なデータの問題として、例えば英語のような言語でも、'I'm (a) hamburger.' とか 'I'm coffee.' といった表現が実際に使われることがあるということも知っている。

しかし、重要な問題は、これらの有利な知見を踏まえた上で、この古典的な論議にどのような結論が下せるか、ということである。いわゆる「うなぎ文」には、日本語に特徴的なことは何もないとして、この論議に決着をつけてよいのだろうか。問題がそう単純ではないことは明らかであろう。

5　いわゆる「うなぎ文」をめぐって

筆者自身が 'I'm a hamburger', 'I'm coffee' 式の言い方を実際に耳にすることが出来た機会は、非常に少ない。しかし、そのうちの一回は大変印象的で、鮮明に記憶に残っている。

一九八六年から八七年にかけて、ロングマン社の客員研究員としてロンドン大学の「英語慣用調査」(Survey of English Usage) プロジェクトに関係していた折のことであった。著名なクワーク卿 (Sir Randolph Quirk) の後を受けて、このプロジェクトの主任を勤めていたグリーンバウム教授 (Sidney Greenbaum) と大学の教員食堂で昼食を共にすることがあった。(参考までに、クワーク卿とグリーンバウム教授は、現代最高の、もっとも権威あるという評価を与えられている『現代英語文法』(*A Comprehensive Grammar of the English Language* (1985)) の四人の共著者のうちで、もっとも中心的な役割を果たした二人である。)

注文の品を運んで来たウェイトレスが、どちらが何を注文したのか、テーブルのところで少しためらう瞬間があった。その時、グリーンバウム教授の発したことばが 'I'm fish' であったのである。実は筆者にとっては、この種の言い方を意識して耳にしたというのはこれが初めてのことであった。しかも、それが事もあろうに現代英語文法の権威とされている人が口にするのを聞けたというのが、ひどく嬉しく感じられた。

そこで、ウェイトレスの去った後、「あなたはいま 'I'm fish' といいましたね」と問いかけてみた。その時の反応がまた強く印象に残っているのであるが、何かひどく照れたような（英語だったら'embarrassed'とでも言えばよいところであろうか）表情をして、「いや、いや、あれは'sloppy'な言い方なのだ」というのが返ってきた答えであった。（'sloppy'――〈だらしない〉、言うならば、ちゃんとした場面では使わない表現なのだが、という趣旨である。）それだけの事なのであるが、当日は何か大切な宝物を見つけたような幸せな気持に一日中浸《ひた》っていた記憶が残っている。（一生を独身で通し、敬虔なユダヤ教徒でもあったグリーンバウム教授は、数年前、モスクワでの学会に出席中倒れて、お亡くなりになったということを聞いた。御冥福をお祈り申し上げる。）

「ボクハウナギダ」式の発話の可能性についての考察が与えてくれる一つの教訓は、一般に、ある型の表現の仕方が問題の言語にとって〈特徴的〉かどうかについての判定は、それ程単純なことではないということである。たとえば英語の話し手に、英語でも日本語の「ボクハウナギダ」式の言い方をするかと問えば、まず確実にそのような言い方はしないという答えが返ってくるであろう。

一九九一年にNHKテレビ教育チャンネルの「現代ジャーナル・シリーズ日本語」という番組で三回分、日本語をめぐっての諸問題を取り挙げるという形で録画をしたことがあった。番組の作成の過程では、放送担当の古屋アナウンサーがNHKに勤める日本語の達者な英語の話し手たちに、いくつかの「日本語らしい」表現についての印象を聞いてみるということがあったが、その中で一人の女性が「日本人ごっこ」をして遊ぶことがあると言ったということを伝え聞いた。

ところで、この「日本人ごっこ」というのは、在日外国人の仲間で集まって円座を組む。そして、一人ずつ「ワタシ、パン」、「ワタシ、ラーメン」、「ワタシ、ウドン」などと次つぎに言っていって、最後に大笑いをするというのである。この日本語に達者な話し手たちは、明らかに、この種の言い方は日本語に特徴的であると感じているわけであるし、英語でも場面次第で同種の言い方をするということは全く念頭にはないようである。

同じように、先程引用した森氏の話の中では、言及されている「西洋人〔フランス人〕の先生」は、「わたしはさかな」という日本語の表現を「不思議」と感じているわけである。しかし、もう十数年以上も前に、鈴木孝夫氏に当時のお勤めの慶応大学の研究室で、あるフランス語の小説の中で、登場人物が'Je suis golf'と言っているところを見せて貰ったことがある。直訳すれば、まさに「ボクハゴルフダ」と言っているわけである。

このようなことからも十分想像できる通り、日本語の「ボクハウナギダ」と同じ意味の型として受け取られる構造は、英語やフランス語にも潜在的に使われうるものとしては存在しているのであるが、それが実際にどれくらい活用されるかというと、使われる場面に関しても、頻度に関しても、日本語の対応する場合と較べると、遥かに限られているということである。

同じように〈自分の注文の品が何かを述べる場合〉に使われるといっても、たとえばマクドナルドの店に入って行って、カウンターで'I'm a hamburger.'と言って注文するのは大変奇妙であるし、日本語でもこのような場合に「ボクハハンバーガーデス」と言ったとしたら、明らかに違和感が感じられよう。どこに違和感が感じられるかと言えば、'I'ないし「ボク」という話し手を指す語がわざわざ明示されているということであろう。それによって〈他の人と対比して〉という含意が出てしまう、しかし、注文しているのは現に話し手一人であるから、なぜわざわざ、という印象が生じてしまうからであろう。

したがって、逆に他の人との対比ということが意味のある場面――たとえば、何人かのグループのそれぞれが自分の注文や好みを言うというような場合――であるならば、英語でも日本語でも、この種の表現がもっとも自然に使えるということになる。一連の人物と一連の（それら人物と関連する）対象との間で、誰がどれと対応するかという照合、対比が行なわれるという場合である。二つの系列の間でどのような照合、対比の関連になるのかを述べればよいわけであるから、言語表現の上からは、たとえば'I'm a hamburger.'、「ボク、ハンバーガー」などと言っても十分な場合である。

しかし、〈私〉と〈ハンバーガー〉という二つの項をつなぐ動詞を入れて、これらをもう少しまともな「文」の形で言うとした場合、〈主題－叙述〉（topic - comment）という構造を基本とする日本語の場合、比較的抵抗なく「ボクハ、ハンバーガーダ」という形に移せる。

前半は〈私に関して言うならば〉という〈主題〉の部分で、そこでは助詞「ハ」の〈提題〉と〈対比〉の意味合いがふさわしく機能してくれる。後半の〈叙述〉の部分も、それ自体が〈主題‐叙述〉の構造をなしているものとして受けとられるかもしれない。この場合の〈主題〉は何かと言えば、日本語でよくある通り、場面から諒解されている（したがって、言語的には明示されない）ということになろう。つまり、〈（注文／好みの品は）ハンバーガーである〉という意味的な構成として受けとられよう。

「ボク、ハンバーガー」と言うような場合と較べると、表現がいくらか明示的にはなったが、それによってつけ加えられる新しい意味合いは極小にとどまっている。これに対し、〈主語‐述語〉(subject - predicate) という構造が基本となる英語の文の場合、移行はそれ程自然には行かない。〈主語〉と〈述語〉の部分の結びつきが日本語の文の〈主題〉と〈叙述〉という構成の場合に較べて、緊密になってしまうからである。まともな文になるためには、〈私〉と〈ハンバーガー〉という二つの項の関係を表示する動詞は少なくとももっと特定化された意味のものでなくてはならず、最小限でも 'I'll *have* a hamburger', 'I'd *like* a hamburger' といったつなぎの動詞を含むものである必要がある。もしその場合、少し無理をしてでも、具体的で特定化された意味の動詞ですますということであれば、候補としては 'be' しかないであろう。'I'm a hamburger' という文はそのような無理をして出てきた文と言えよう。確かにまともではない（'sloppy'）表現なのである。

ある一連の項と他の一連の項を一つずつ単純に対応させ、組み合わせるという程度ならば、意味内容が高度に稀薄な'be'で一応事がすむかも知れない。しかし、対応関係がもう少し複雑な意味によって媒介されている場合になると、'be'ではとてもすませなくなる。

金田一春彦氏のある著作に「私ノ娘ハ男デス」という表現が紹介されている。私たちがまず想像するのは、矛盾したことを述べている表現、あるいは、せいぜい比喩的に〈男まさり〉の性格について言っているということであろう。しかし、実際には、結婚して最近子供が出来た自分の娘について、生まれた子供の性別を伝えている言葉とのことである。つまり、全く文字通りにとってよい表現であって、ただ関係づけられている二つの項〈私の娘〉と〈男〉の意味関係は、〈ある(話題となっている)人物に生まれた子供の性〉という相当限定されたものになっているという場合である。

この程度にまで限定された関係になると、英語では'be'のような意味内容の稀薄な語ではとても処理出来ないと感じられよう。(もし'My daughter is a boy (baby)'というような言い方がなされて、意図が通じたとしても、極度に'sloppy'な言い方をしたという印象は避けられない。)一方、場面に依存して解釈するという振舞い方が身についている日本語の話し手であれば、適当な場面で使われた「私ノ娘ハ男デス」のような表現は何の違和感もなく受け入れられてしまうであろう。

以上の記述からも十分窺える通り、いわゆる「うなぎ文」のような文を生み出す構造は、日本語にも英語にも備わっているわけである。ただし、その構造に基づいて現実に文が生み出され、使用される点になると、英語の方はその範囲においても、その頻度においても、日本語より強く制約されているということである。言語そのものよりも、言語の話し手の方に重点を移して言うならば、どちらの言語の話し手も「うなぎ文」を生み出す〈(言語)能力〉(competence) は共通に有しているのだが、その〈能力〉の行使の仕方、つまり、〈(言語) 運用〉(performance) に関しては差があるということである。

この考察からは一つの教訓が得られる。つまり、ある言語についてその〈特徴〉などということを問題にする場合には、その言語の構造——とりわけ、他の言語と特徴的に異なるように見える構造——を見ているだけでは明らかに不十分ということである。そうではなくて、問題となる特徴的な構造をその言語の話し手がどのように履行する (enact) か、つまり、〈パフォーマンス〉の面での特徴を確認しなければ駄目ということである。

すぐ分かる通り、このような状況であるとすると、ある言語を特徴づけるという試みは決して生易しいものではないはずである。言語の構造的な特徴を手掛りにするだけでよいのであれば、自らの熟知しない言語であっても、その言語を記述したものが存在さえしているなら、そこから拾い上げてくることも可能であろう。しかし、その言語の話し手の〈パフォーマンス〉ということになれば、問題の言語についての熟知なしには不可能である。そのような状況にあって、どうすれば母語としての話し手の言語的直観に迫れるかが問われなくてはならないことになる。

6 「日本語論」の批判としての「日本(語)論」

もっぱら日本の論者による日本語論に対する批判として登場する論説が日本語論の第三の層を構成する。その一つの例としてデイル(P. N. Dale)の『ユニークな日本という神話』(*The Myth of Japanese Uniqueness* (1986))を見てみよう。この書物の第五章は「言語のワープ」と題されていて、第二の層に属する多くの日本語論が挑戦的に、そしてかなり揶揄《やゆ》的に批判されている。著者によれば、日本ないしは日本文化が「ユニーク」である——つまり、外国人が本当の意味で理解できるものではない——という日本人が好んで抱く信念は、日本語に関しての一種の〈意味の考古学〉(semantic archeology)とでも呼べるような操作によって支えられていると言う。「もののあわれ」、「甘え」、「間《ま》」、「縦(社会)」、「粋《いき》」、「気」——こういった語には真の意味での〈日本らしさ〉が象徴されており、それを通じて日本的なものの本質が捉えられるはずという考え方がある。とりわけその際に重要なのは、漢語や外来語でなく日本古来の〈やまとことば〉であるということである。これこそ外国人にはもっとも理解できないものであり、もし外国の論者が〈やまとことば〉に基づく日本論に異を唱えるとしたら、それはその本人が〈やまとことば〉を真に理解できていないことを露呈しているに過ぎないし、また、かりに日本人の論者で異を唱える人がいるとしたら、それはその本人自身が「外国の方法」に身を売ってしまっていることを示しているだけのことであると断定される。要するに、日本人の日本論は如何なる攻めをも拒む不落の城というわけである。

このような批判に対して、どのような評価を下せばよいであろうか。著者の論旨、そして何にも増してその強い苛立ちの気持はよく分かる。しかし他方、キーワードを用いての日本語がすべて、著者のほのめかすように全く無意味なものとも思えない。ところがそこでもし、そのような気持をわれわれが告白するとしたら、著者の方はためらうことなく、われわれ自身もそうすることによって日本はユニークであるという神話に組しているという烙印を押すであろう。いつの間にか、批判する側も批判を許さない論理の城に立てこもってしまっているように見える。

三つの層のどれを取ってみても、日本語論には一見虚像ばかりが横行しているとも思える状況である。それら虚像から、実像を結ばせることは果たして可能であろうか。

「談話」としての日本語〔人〕論と日本語〔人〕論批判

1　「日本語〔人〕論」のストラテジー

「日本語〔人〕論」にせよ、「日本語〔人〕論」に対する批判にせよ、テクスト言語学的に言えば〈テクスト〉（ないし〈談話〉）の一形式である。そして、それらは一応〈説得〉を意図したテクストという装いをとっている。〈説得〉を意図するテクストであれば、当然、いわゆる〈イデオロギー的〉な、〈ロジック〉と言うよりは〈ストラテジー〉と呼ぶ方がふさわしい性格の、何らかの操作が内蔵されているはずである。

「日本語〔人〕論」のテクストに内蔵されたその種のストラテジーに関しては、「日本語〔人〕論」の批判者たちが多かれ少なかれ指摘し論じている通りで、そこに見られる議論構成は、平均的には次のようなものになるということのようである。

㈠　日本語にある言い方（X）があって、その意味するところはxである。

㈡ 外国語（つまり、日本語以外の言語）には、それ（つまり、X）に対応する言い方は存在しない。

㈢ 従って、その意味するところ（つまり、x）は、「日本的」な特徴である。

この一つの変種として、右の「日本語」と「外国語」を入れ替え、xを「日本的」な特徴でないとする議論構成が採られることもある。

㈠ 外国語にある言い方（X）があって、その意味するところはxである。

㈡ 日本語には、それ（つまり、X）に対応する言い方は存在しない。

㈢ 従って、その意味するところ（つまり、x）は「日本的」な特徴でない。（あるいは、その意味するところの逆——つまり、xの対立項——は、「日本的」な特徴である。）

2 「日本語〔人〕論」批判のストラテジー

「日本的」な特徴であることを納得させることを意図して展開される「日本語〔人〕論」が典型的には右で見たような議論構成を採るとすれば、その説得力のなさを指摘しようとする批判のテクストは、当然それらが立論の前提としている㈠と㈡にその鉾先《ほこさき》を向けることになる。

取り挙げられる頻度から言うと、㈡に関して問題が指摘される方が㈠について問題提起がなされるよりも、圧倒的に多いように思われる。これも多分理由のないことではないであろう。一つには、㈠に関して言えば、後に見るように、そこで問題となる「言い方」をどの程度の抽象度のレベルで捉《とら》えるかによって、「解釈」の問題が入ってくるのに対し、㈡の方は問題となる「言い方」が外国語、あるいは日本語自体の中にも存在するかどうかという、一見単純な「事実」問題として処理できるように思えるということがあろう。もう一つは、㈠に関して問題を提起するということでは、「日本語〔人〕論」を特徴づけるストラテジーそのものは受け入れていて、その上で導き出されてくる具体的な結論に関してのみ異を唱えているという印象を与え兼ねない。それに対し、㈡を衝《つ》くことは、立論のそもそもの根底となっているところを覆《くつがえ》し、議論そのものを無効としていわば門前払いにするような効果もあるということであろう。

㈡を標的にした「日本語〔人〕論」批判は、具体的な例に事欠かない。例えば「甘エ」や「春メク」という日本語表現の意味するところは日本に特徴的であるという議論に対して、「甘エ」に相当する表現はすぐ隣の韓国語にも存在するし、「春メク」のような感じの表現はドイツ語にだって見出されるというような指摘である。あるいは、「スミマセン」という日本語の表現に認められる「感謝」と「オ詫ビ」が背中合わせになった意味形式も、英語の'I am obliged to you'といった'obliged'という語の場合にも認められるという指摘も、ここに含めてよいであろう。もう少し抽象的な「言い方」が関わってくる場合で言えば、例えば日本語には「アル」と「イル」という対立する表現があって、存在物が〈生物〉なのか〈無生物〉なのか（あるいは〈有情〉か〈非情〉なのか）による区別が特徴的になされるという認識に対し、紀伊半島の南部には〈人間〉にも「アル」を使うところがあるが、この事実をどう受けとめるのかという指摘もそうであろう。このような指摘は、日本語での状況と鮮明に対立するとされた「外国語」的な状況が、実は日本語の中にもあるではないか、という形でなされることもあろう。

(二)の前提に関わる批判がもっぱら対応する言い方が他の言語にあるとかないとかという、一見〈事実〉確認の問題に絡んでいるのに対し、(一)の前提に関わる批判には、問題となる〈言い方〉にどういう意味合いを認知するかという〈解釈〉の問題が絡んでくる。問題となっているのが例えば「甘エ」や「春メク」、それからまた「スミマセン」といったように、一応語義レベルの意味合いと関係するものであれば、〈解釈〉にそれほど大きな問題は起こってこないであろう。しかし、特徴的な〈言い方〉ということで取り挙げられるのは、個々の語彙項目に限らない。例えば、日本語には「雨」に関する語彙が豊富（「夕立」、「時雨《しぐれ》」、「五月雨《さみだれ》」など）であるという語彙の構造上の特徴が取り挙げられることもある。こうなると、特徴的とされる「言い方」と結びつけられる意味合いも語義そのものではなく、〈雨についての文化的な関心〉といったようなものになる。特徴とされる〈言い方〉が文法に関する事項になると、それに対して読み込まれる意味合いの問題はしばしばもって微妙になる。例えば日本語では「関係代名詞がない」ということが〈言い方〉の上での一つの特徴であるとして、そこからどういう〈意味合い〉を引き出してくればよいかとなると、答えは単純明快とは行かない。否定疑問文に対して否定文で答えるなら「ハイ（YES）」、肯定文で答えるなら「イイエ（NO）」という〈言い方〉と結びつけうる意味合いということであれば、それ程取りつく島もないことではないという印象がするであろう。しかし、〈主語省略〉の頻用ということが仮りに日本語の〈言い方〉の上での特徴であるとしても、そこに話し手の〈主体性の欠如〉という〈意味合い〉を結びつけてもよいかということになると、いかにも短絡的に過ぎるという危惧の念を禁じ難い。

第三者としての立場から見た場合、㈠の〈解釈〉をめぐっての批判の中でももっとも興味深いのは、一見同じ現象に基づいて論じていながら、そこから正反対と思える〈意味合い〉を引き出して来ているという場合である。一九八二年に出た李御寧《イーオリヨン》『「縮み」志向の日本人』は、当時既に長らく「ベストセラー」となっていた土居健郎『甘えの構造』に対する批判も含んでいるということなどもあって評判になったが、少し後の一九八六年にはさらにその批判として、同じ韓国の著者、朴俊熙《パクジュンヒ》『「拡大志向」の日本人』と題された書物が出されている。例えば〈トランジスター・ラジオ〉という〈日本的〉な記号から読みとられる象徴的な〈意味合い〉は、一方では〈縮小〉（同じ機能でサイズは小さくする）であり、他方では〈拡大〉(当り前のものとして備えることにより、世界的な拡がりを我が物とする)ということになる。一見逆説的な状況が起こっているように見えるが、実はこのような状況は、言語学の常識で言うと、反意語とは意味の隔りの大きい語ではなくて、むしろ類義語の一種であるということと似ている。現に二人の著者は、いずれもそれぞれ対立する反対の視点を十分に想定しながら議論を進めている。しかし、説得的であろうとする意気込みが、対極的に違うと見える結論を目指しての議論を構成するという方向へ引張って行ったという事実は興味深い。

前提(二)に関して〈事実〉認識の不十分さを指摘する批判、前提(一)に関して〈解釈〉の不適切さを指摘する批判を見て来たが、この二つを絡め合わせた批判というのも考えられないであろうか。いわゆる〈主語なし文〉と称せられる〈言い方〉に日本語の特色を見出し、そこに、分かっていることなら殊更に言わないという日本人的な一種の美意識が読みとれるとする議論に対して、次のように批判がなされたことがある。まず、〈主語なし文〉は日本語だけのことでなく韓国語でもごく普通のことであり、従って〈事実〉認識に関して問題がある。しかも、〈主語なし文〉が普通である韓国語においては、そのような〈言い方〉が何か美意識といったものと結びつけて受け取られるようなことは全くなく、従って〈意味合い〉の〈解釈〉に関しても問題があるという指摘である。実は眼を通す機会を得たいろいろな「日本語〔人〕論」批判の中で、これ(渡辺吉鎔《キルヨン》『朝鮮語のすすめ』)はもっとも印象深く感じた指摘であった。この著者は、「……私にとって『主語なし文』を美学とか美意識とかにむすびつけようとする心情が、非常に日本的な言語観のように映り、興味深い。」と述べて締めくくっている。日本語の話し手である日本人には、一体どういうことが起こっているのであろうか。こういう問題提起には、どのような取り組みが可能なのであろうか。

3 「主張」と「批判」のすれ違い

もっぱら前提㈡に関して事実認識の不十分さを指摘するという形での「日本語〈人〉論」に対する批判――そのような批判が下す評価は、「日本語〈人〉論」は〈断片的〉な証拠に基づく〈直観的〉な性格のものであり、まるで「結論が先にあって、それに合うような例が拾い集められているに過ぎない」ということのようである。極端な例をとってみれば、この批判が当たっているのは明白である。例えば日本ではかつて軍艦に土地の名前を多くつけたということから、日本人の〈自然への傾斜〉を結論づけるとすれば、救い難い程短絡的な議論という評価は避けられない。

興味深いのは、実はこの〈断片的〉という性格は、しばしば「日本語〈人〉論」に対する批判の議論構成をも特徴づけているように思えるということである。例えば「日本人ははっきりした物の言い方をしないものである」という「日本語〈人〉論」に対して、日本人と接触のあったある一人の外国人の話として、日本人から年齢や地位、給料についてあからさまに尋ねられて驚いたという挿話を持ち出して反証とするというような場合である。〈断片的〉事例に基づくこの種の批判が批判のテクストとして十分に機能しうるのは、二つの場合である。一つは〈パロディ〉として意図されている場合——つまり、批判の対象となるもとの「日本語〈人〉論」の〈断片的〉な性格を批判においても同じように演出して、見せつけるという場合である。この形でのもっとも念の入ったものは、例えば「あべこべ日本論」といった標題のもとに、同様の〈断片的〉な事例を踏まえる形で、全く異なる結論の「日本語〈人〉論」を展開してみせる。

もう一つの場合は、批判の対象となる「日本語〈人〉論」では、「日本的」とされる特徴が日本語ないし日本人に関する事例ならば、一つの例外もなく完全に妥当するという想定で展開されている場合である。そのような想定に立っての主張であるのならば、たとえ〈断片的〉であろうと一つの例外があればその主張の無効が証明されるわけである。

ところで、現実に行なわれている「日本語〈人〉論」とその批判から受ける印象は、まず第一に批判がパロディとして意図されているとは思えない場合が殆んどである。反証として挙げられている事例が如何にも断片的であるがために、一瞬〈パロディ〉が意図されているのではないかと疑いたくなるようなことはあるが、全体の論調からはとてもそのようには受けとれない。それから第二に、批判の対象とされている「日本語〈人〉論」自体の論調も——執筆者自身による明確な発言こそ通常見出されないものの——常識的に言って、日本に関する事例にはすべて妥当するという主旨のものとは、とても受け取れない。むしろ、日本語なり日本人の一つの側面を取り挙げてみたというのが暗黙の前提であるような印象を受ける。もしそうであるとすると、「日本語（人）論」とその批判の間には、いくらかのすれ違いがあるということになる。

4　「日本的」な〈説得〉のテクスト

この「すれ違い」の本質は、「テクスト言語学」(text linguistics)や「談話分析」(discourse analysis)、とりわけ「対照レトリック」(contrastive rhetoric)と呼ばれるようになった視点との関連で検討に値するもののように思われる。

本章の叙述の最初のところで、「日本語（人）論」も、それに対する批判の論説も、いずれも〈説得〉を意図したテクストの一種であると措定《そてい》してみたが、果たしてそうであろうか。〈説得〉のテクストであるということは、批判としての論説の方に関してはよいとしても、いわゆる「日本語（人）論」がすべて〈説得〉のテクストとしての要件を十分に備えているとは言い難い面がある。

よく知られた「日本人論」の一つ『甘えの構造』（土居健郎）とそれへの批判を例とし

て、その点を考えてみよう。この日本人論に対しても、〈直観的〉(例えば「〈甘え〉の定義がない」)で〈断片的〉(例えば、「本人の在外研究中の個人的な経験を議論の支えとしている」)であり、〈甘え〉が日本特有の現象でないことを見落すという〈事実誤認〉をも含むという指摘がなされる。これだけの要件が揃っているとしたら、当然「説得」のテクストとしての体をなしていないということになる。

ここで興味あるのは、こうした批判の論説はもっぱら方法論的な不備と目されるところを衝き、それによって議論全体を無効と評価するということにとどまっていて、結論自体が妥当かどうか、検討に値するものかどうかという点については判断をしていない——従って、言うならば〈門前払い〉の形で問題を処理している——ということである。これは恐らく、〈甘え〉を鍵概念とした日本人の心の分析に何か説得的なものがあるということを批判する側の人も暗黙のうちに感じとっているからなのではないであろうか。(同じことは、前節で取り挙げた『ユニークな日本という神話』の著者によって〈考古学的意味論〉の標本として言及されている〈粋《いき》〉や〈間《ま》〉といった概念をめぐっての日本論にも当てはまるであろう。このことは同じように、〈直観的〉、〈断片的〉という特徴をもって構成された「あべこべ日本人論」がとても同じ程度には洞察に富むとは感じられないというのと対照的である。この違いには重要な意味合いが含まれているはずである。)

また、方法論さえ研ぎ澄ませば、それだけ洞察が深まるわけでもない。例えば〈非行〉と

〈甘え〉の相関関係を調べるため、〈甘え度〉を「小学校のときに親から買ってもらった机の立派さ」という指標で計るとする。こうすれば確かに「甘え」に「操作的定義」が与えられたわけである。しかし、他の可能な指標は何か、そしてそれらの間でのウェートの差はどうか、等々、期待される方法論的な明確さを脅《おびや》かす要因には事欠かない。

方法論的な完璧さを欠くにも拘《かかわ》らず、ある洞察を含んだ議論でありうるということは、人文科学におけるアプローチということに関して興味ある問題を提起する。この点についての議論は以下に廻すとして、最後に、〈説得〉のテクストとしての「日本語〔人〕論」ということについてつけ加えておくならば、いわゆる「日本語〔人〕論」なるものは〈説得〉のテクストとしてはそれに対する批判の場合とは違った型のものであるということになろう。通常の〈説得〉のテクストがテクスト生産者の側からのテクスト受容者を指向した強い働きかけに特徴づけられるのに対して、「日本語〔人〕論」はむしろテクスト受容者の側からの積極的な参与を当然の前提としているかのような構成になっている。受容者の方が生産者の提示している〈断片的〉な事例の間を自らの認知的な営みによってつなぎ合わせ、その線の指す方向に生産者が〈直観的〉に把握しているものがあることを悟るということが期待されているわけである。そこには通常の〈説得〉のテクストに予想されるような、いわば〈他動詞的〉とでも言うべき受容者への指向性は必ずしも強く出ていない。むしろ、生産者の〈自動詞的〉とも言うべき〈モノローグ的〉なテクストといった様相を多分に備えている（第三部・8節参照)。受容者の方でそれなりの対応がなければ、それは〈説得〉として機能しないこともありうる性格のものであり、いささかの危険を敢えて冒して言うならば、そのこと自体〈日本的〉と感じられる現象を構成しているようにすら思える。

言語類型論と言語の〈類型〉

1　言語の〈類型〉

「日本語論」が「日本語とはどのような言語であるか」という課題に対する取り組みであるとすると、それは言語学の中で〈言語の類型〉というものを問う〈言語類型論〉(linguistic typology) と深く関わりうるもののように思える。そして、もしそうだとすると、〈言語類型論〉の方から有益な示唆をいろいろと得られるはずである。果たして、どうであろうか。

〈言語類型論〉が現在の言語学の中でも、もっとも興味ある成果を挙げている分野の一つであることは問違いない。ただそれが目指すところは何かということになると、必ずしも均質ではない。

議論の出発点となる基本的な操作ということに関して言うならば、そこで行なわれることは概《おおむ》ね共通している。つまり、ある程度の抽象度の高さに設定された言語的（多くの場合、文法的）カテゴリーを想定して、それが諸言語でどのような言語形式として実現されるか——その際の変動の可能性と限界とを確認しようとするものである。具体的なレベルでの操作ということで考えれば、〈対照言語学〉(contrastive linguistics)で行なっている操作も実質的にはこれと似た性格のものである。しかし、〈対照言語学〉の場合は特定の少数の（典型的には二つの）比較対照される言語について変動の幅が確認され記述されるにとどまるのに対して、〈言語類型論〉の場合は比較対照する言語の数と種類を出来得る限り多くし、それによって〈人間の言語〉としての可能な変動の幅を確認しようとする。その意味で〈言語類型論〉の目指すところは遥かに野心的であり、従ってまたそれだけ魅力的でもある。

現在の〈言語類型論〉では、〈人間言語における変動の可能性〉ということに関して、予測を越えた無限の変動が可能であるというような、かつての極端な〈言語的相対論〉の発想も採らないし、また逆に、認められる変動を形式的な操作によって一つのものに還元することを指向するような、これまた一時期のような極端な〈言語的普遍性〉偏重の立場も採らない。相対性、普遍性、どちらか一点張りではなくて、そのいずれもが人間言語に関与するというのがまさに〈類型論〉である所以《ゆえん》であるが、そのような立場の妥当性を背後で支えているのは、人間の〈認知〉の営み、つまり、人間が自らと関わるものを自らとの関連において意味づけ、価値づけるという過程、についての認識であろう。そのような営みにおける意味の処理の仕方に関しては、人間はまず〈人間〉という同じ生物学的制約を負う存在として、明らかに共通した特徴的な傾向性を示す。このことが人間の認知の営みにもっとも深く関わる媒体である〈言語〉の在り方に影を落とさないはずはない。諸言語間に相違が出てくるにしても、その相違は全くでたらめに現れてくることはなかろう。認知の営みに見られる共通の傾向性が自らその相違の仕方に制約を課すであろうというわけである。

想定される可能な変動の範囲内で、諸言語が現実にどのような選択肢を選んでいるかを確認する――こういう実証的な操作の関わるところまでは共通の認識があるとしても、何を目指してそのような確認の作業を試みるか、言い替えれば、そのような確認を踏まえて、さらにどのような方向に議論を展開して行くか、ということになると、同じように〈類型論〉と称されていても、違った方向性を示すものが出てくる。一つは、そのようにして確認された事実に基づいて、〈可能な人間言語〉とは如何なるものであるか、あるいは、人間の言語としてありうる姿には、一体如何なる制約が課せられているか、という方向で一般化することに関心を向けるもの、もう一つは、同じようにして確認された事実に基づいて、世界の諸言語をいくつかの型に分類してみようと試みるものである。グリーンバーグ(Greenberg 1974)の用いている便利な呼び方を借用すると、前者は〈一般化志向的〉(generalizing)、後者は〈分類志向的〉(classifying)な類型論とそれぞれ名付けることができる。

2　〈一般化志向的〉な類型論

現在の〈言語類型論〉がもっぱらの関心を寄せているのは、〈一般化志向的〉な型のアプローチの方である。とりわけ、その際に注目されているのは、いくつかの言語的カテゴリーについて、それらが諸言語において実現される際の形式の異同に関して可能な変動の範囲が確認された場合、それらの間に時として含意関係を認めることができるということである。つまり、Aという言語的カテゴリーが実現されうる形式としてa_1、a_2、a_3、Bという別の言語的カテゴリーが実現されうる形式としてb_1、b_2、b_3、という可能性がそれぞれ確認された上で、さらに、ある言語でa_1という形式がカテゴリーAの実現として選ばれているならば、その言語においては、カテゴリーBの実現として見出されるのはb_1であり、同様にAに関してa_2という実現の形式を採っている言語では、Bに関してb_2という形式による実現を行なっているといった関連性のあることの確認である。よく知られた例で言えば、〈基本語順〉という言語的カテゴリーの実現形式としてSVO（主語＋動詞＋目的語）、SOV（主語＋目的語＋動詞）などが確認され、他方〈格関係〉というカテゴリーの実現形式として「前置詞＋名詞」、「名詞＋後置詞」などといった可能性のあることが確認された場合、基本語順がSVOである言語は格関係の表示に関して「前置詞＋名詞」、SOVである言語は「名詞＋後置詞」という相関関係が十分有意義な確率で認められるというような場合である。これはいわゆる〈含意的普遍性〉(implicational universals) の研究であるが、このような含意関係はさまざまな抽象度の高さの言語的カテゴリーに関して、時には百パーセントの相関度で成り立つものから、多くは相当な蓋然《がいぜん》性の認められるというものまで、いくつかが確認されている通りである。

〈人間言語のありうる姿〉(possible human language) の規定という目標を追求するということからすれば、さまざまな言語的カテゴリーに関して、諸言語においてそれらが実現される言語形式の変動の幅に一定の枠のあることが実証的に確認されるだけでも、大変興味あることである。しかし、さらに異なる言語的カテゴリーを実現する一定の異なる言語形式相互の間に、たとえ蓋然的な性格のものであるにせよ一定の相関的な共起関係が確認されるとすれば、さらに〈人間言語のありうる姿〉の核心に深く迫る興味ある問題提起に成功していると言えよう。言語はばらばらの構成要素の集まりでなく、何らかの諸原理のもとに統合されて働く機能体であるという想定、そしてそれを用いる人間もその心の働きにおいて全くでたらめな存在ではありえないであろうという想定——こういった想定とも整合する事実であるからである。そして、もし、さらにもう一歩進んで、異なる言語的カテゴリーを実現する異なる言語形式相互間に認められる相関的な共起関係が単に実証的に確認されるというだけでなく、それが何らかの形で〈説明〉のつくものであることが示されれば、〈人間言語のありうる姿〉への接近は、ますます核心に踏み込んだ説得的なものになっていると言えよう。そのような〈説明〉の可能性が、現在、とりわけ具体的な場での言語使用における使用者としての人間の認知的なストラテジーとの関連で試みられていること、その結果、〈機能的〉(functional)、〈語用論的〉(pragmatic) といった志向性が〈認知的〉(cognitive) という発想を仲介として〈類型論的〉(typological) な研究と深く関わるようになっていること(例えば、ギボン (Givón 1984, 1991) の言う〈機能的＝類型論的アプローチ〉参照)、そして、そのような視点から〈普遍性を説明すること〉(例えば、Hawkins, ed. (1988) 参照) が精力的に進められていること、などは、誰しも気づいている通りである。

3 〈分類志向的〉な類型論

現在の〈言語類型論〉においては、以上見たような〈一般化志向的〉な研究が主流を占める。これに対して、同じようにある言語的カテゴリーがどのような言語形式として実現されうるかを実証的に確認するという操作から出発していながら、それを諸言語の分類枠として利用するという方向に関心を向ける〈分類志向的〉な研究がある。もっともよく知られた例は、〈基本語順〉として SVO, SOV など限られた有限個のものが人間の言語における可能な語順として確認されうることを受けて、諸言語を〈SVO 言語〉、〈SOV 言語〉、などという類型に分けるというものである。

このような〈分類志向性〉なやり方を採った場合、すぐ直面する一つの問題がある。すでに見た通り、ある言語的カテゴリーAを実現する可能な形式a_1、a_2、a_3、…と、別の言語的カテゴリーBを実現する可能な形式b_1、b_2、b_3、…、などとの間には、必ずしも完全に一義的な対応関係が確認できるとは限らない。ということは、どの言語的カテゴリーの実現形式を基準にするかによって、異なる分類の結果が得られてしまうということである。かくして、多かれ少なかれ結果に食い違いのある分類が不特定多数生じるという状況に直面させられることになる。例えば、この種のもっとも古典的な類型論的アプローチとして、〈形態論的過程〉という言語的カテゴリーを実現する言語形式の類型に基づいて、諸言語を〈屈折語〉、〈膠着語《こうちゃく》〉、〈孤立語〉などに分類するものがある。これと、現在この種の類型論的アプローチとしてもっともよく知られた〈基本語順〉に関しての類型に基づく〈SVO 言語〉、〈SOV 言語〉などという分類とを較べてみると、分類の結果はきれいに一対一には対応しない。前者の分類ではトルコ語、ハンガリー語、日本語はふつう一応同じ〈膠着語〉ということで分類されるが、後者の分類では、トルコ語と日本語とは一応同じ〈SOV 言語〉になるが、ハンガリー語は別の〈SVO 言語〉に入れられることになる。

このような苛立たしい状況を克服できないものかということで〈分類志向的〉なアプロー

チが検討したのは、実は〈一般化志向的〉なアプローチにおけるのと同じ可能性——つまり、分類基準となるパラメーターの間に相関関係が認められないかということであった。例えば文における〈基本語順〉として SOV を選択する言語は、十分に高い確率でもって〈格関係〉の表示として〈名詞＋後置詞〉という形式をとることが知られている。この種の含意関係がその他いくつものパラメーターとの間にも見出されないか、ということである。もし、例えば SOV という特徴が他の一連のパラメーターと十分に高い確率でもって共起し、他方 SVO という特徴はそれとはまた別な一連のパラメーターと十分に高い確率で共起する（ただし、両者の間には一部重複があってもよかろう）ということが仮りに確認できるならば、共起する一定のパラメーターによって〈SOV 言語〉と〈SVO 言語〉が類型として示差的に区別され、特徴づけられるということになる。

こういうアプローチの可能性に関して、現在の段階での見通しは、一般に懐疑的なもののようである。コムリー（Comrie 1981）は、このようなアプローチを〈全体論的類型論〉(holistic typology）と呼び、本来論理的には独立しているはずの一連のパラメーターが実際には高い相関関係をもって共起することが見られ、それによって任意の言語が類型的に特徴づけられる場合と規定している。ただし、実際問題としては、そのような相関関係が一部のものについてある程度の確率で認められることのあるのは否定できないものの、現時点では、〈全体論的類型論〉と呼べるものを成立させるにはとても至らないと思われること、パラメーター間の含意関係も複合的に入り組んでいて、どのパラメーターをもっとも代表的なものとするかに関しても困難な問題があることなどを指摘している。

類型論に関わる言語学者が〈全体論的類型論〉の構想に対して大変慎重な態度をとることに関しては、歴史的な事情も絡んでいるように思える。十九世紀におけるごく初期の類型論の代表的なものは、〈形態論的類型論〉と呼ばれるもの、つまり、先にも触れた通り、世界の諸言語を〈孤立語〉、〈膠着語〉、〈屈折語〉、などと分類するというものであった。これらの言語の類型に対して、ある段階で、さらに文化や社会の類型が対応するという提案がつけ加わる。例えば、〈孤立語〉は〈家族〉単位の〈農耕〉文化社会、〈膠着語〉は〈種族〉単位の〈狩猟〉文化社会、〈屈折語〉は〈国家〉単位の〈産業〉文化社会とそれぞれ対応するというような考え方である。(さらに、例えば〈家族〉単位の〈農耕〉中心の生活であれば、気心の通じ合っている人たちの間でのコミュニケーションであるから、語と語の関係を明示するような必要はなく、従って〈孤立語〉型の言語で十分であるというような〈説明〉までつけ加えられることもあったようである。)

このような場合、言わば〈分類志向的〉な立場からの〈言語文化類型論〉がなされているわけであるが、当時のヨーロッパ中心の発想に由来する歪《ゆが》みは余りにも明らかであろう。そのような単純な対応関係の想定が如何に非現実的であるかは、とりわけヨーロッパからアメリカ大陸に来て、先住民の言語と取り組むようになった言語学者によって、はっきりと否定されることになった。ボアズ（Boas 1911）の「文化のある状態が言語の形態論的な特徴によって条件づけられるというようなことはない」という言葉、サピア（Sapir 1947）の「文化と言語の型の間に何か本質的な心理的関係を打ち立てようとする人たちの考え方は、アメリカ先住民の言語の研究によって無言のうちに否定されている。……言語の形態論的な輪郭は……文化からの影響とは本質的に独立したもののように思える」という言葉は、それぞれそういったコンテクストでの発言である。（ついでながら、サピアのこの発言は一見言語と文化の関連性を否定しているように受け取れるため、この点に関する彼の考えに動揺があったのではないかとの指摘もあるが、サピアが否定しているのは伝統的な〈形態論的類型論〉と文化類型が対応するという主張である。）

現代の言語学者が〈言語〉だけに限ってもなお困難と感じている〈全体論的〉なアプローチが、一世紀以上も前、十分な準備もないまま、〈言語〉を越えた〈文化〉までを包含するような形で性急に、しかも勝手な先入観に基づいてなされてしまったわけである。

4　〈個別言語志向的〉アプローチ

グリーンバーグ（Greenberg 1974）の言語類型論についての議論の中では、すでに触れた〈一般論志向的〉(generalizing) と〈分類志向的〉(classifying) というアプローチの他に、実はもう一つの可能性が言及されている。〈個別言語志向的〉(individualizing) というアプローチである。これは、ある特定の言語（ないし、語族）について、それを他の言語（ないし、語族）と区別し、特徴づけるものを規定しようとするものである。（以下では、その典型的な場合として、特定の言語について行なわれる場合を念頭に置いて考察することにする。）

言語研究に接している人なら十分身をもって感じられる通り、この第三のアプローチは類型論の中でももっとも試みられることの少ないものである。言語学の枠内で言えば、バイイ（Bally 1920）の殆んど話題にされることのない論考で提示している枠組やチェコのマテジウス（Mathesius 1928）の提唱する言語の〈性格学〉(characterology) がそれに近いと思われるが、広く論議の対象になるには至っていない。それ以外では、ドイツのコセリウ（Coseriu 1980）がそのような方向の類型論の重要性を理論レベルで強調しているが、十分に体系的な実践とは結びついていないように思われる。そして現代の言語類型論の関心は、すでに見た通り、圧倒的に〈一般論志向的〉なものに集まっている。

なぜ、言語学の中で取り挙げられることが少ないのか。理由は簡単明瞭で、そのようなアプローチはどうしても多かれ少なかれ〈思弁的〉にならざるを得ないからである。

このことは、現時点における〈一般論志向的〉なアプローチの置かれている状況と較べてみるとよく分かる。そこでは、ある言語的カテゴリーが諸言語でどのような言語形式として実現されるかを事実として確認するだけで、最小限、価値ある貢献をしたことになりうる。しかし、〈個別言語志向的〉なアプローチでは、問題となる言語に他の言語には見られない実現の形式を事実として確認しただけでは、殆んど何も意味しない。（それに、そもそも他の言語には全く見られない実現の形式が存在するなどということは、構造的レベルでは予想し難いことである。事実として見出せるものは、他の言語にも多かれ少なかれ見出されるような実現の形式に過ぎない。）〈個別言語志向的〉なアプローチの場合は、事実を単に事実として確認するだけでは不十分で、そのような事実からどういう意味をひき出せるかという解釈を加えることが必要なのである。しかも、その種の事実は、原則的にその言語以外にも見出し得るようなものであるから、一連の事実を断片的に取り挙げるだけでは仕方がない。そうではなくて、それら一連の事実が相互に関わり合って作り上げていると想定される型態（configuration）とでもいったものを確認し、それの意味するところを読みとるということが期待されるわけである。

事実を確認し、そこからある解釈をひき出す――このこと自体は言語研究のあらゆる部門で（そして、実際、あらゆる学問的な研究で）行なっている操作である。取り挙げられる問題が十分に限定され、特定されたものであれば、このような操作は多かれ少なかれ、追試による検証の可能な形でなされているという印象を与え、危惧を抱かれることなく受けとられうる。（例えば、〈受動態化〉の条件の規定を試みるというような場合を想像してみればよいであろう。〕しかし、対象となるものが複合的で多様な側面を備えているような場合になると、そもそもどのような事実を対象の規定に真に関与性のあるものとして取り挙げるか、ということからして自明ではなくなることがよくある。「事実そのものは何も語ってくれない」と言われるあの場合である。

そのような場合、採られるべき方法というのは仮説を立てること、そしていくつかの異なる仮説のある場合には、それぞれの仮説を支持するものとされる事実的な証拠を検証するということであろう。しかし、この場合、もし検証されるべき証拠が事実そのものの存在に関わっているというよりも、それら事実の意味するところの解釈に関わっているとしたら、どうなるか。ある一つの事実には一定の固有の意味が常に対応している、というのなら、状況はそう困難でないかもしれない。しかし、言語のような構造体が対象となる場合、それに関わる事実の意味はそれ自体で一義的に決まるわけではない。それが全体の中にどのように組み込まれ、その統合された全体との関連でどのような機能を担《にな》わせられているかという観点からの検討が必要である。とすると、むしろ統合する全体の働きの本質の把握を前提としない限り、問題となる事実が真に意味するところは確定できないということになる。

このことが〈個別言語志向的〉な類型論に対して意味することは、そのようなアプローチは殆んど不可避的に、多かれ少なかれ直観的な洞察に頼らざるを得ないということである。

実証的な証拠の積み重ねよりも、思弁的な考察が先走りし易《やす》い場であるということである。まさにそのような本質が、現代においてこの種の型の〈言語類型論〉がもっとも取り挙げられることの少ない原因となっているのであろうし、まさに同じ理由で、この種のアプローチは綿密な検証を要求する学問としての言語学の成立する以前に、むしろ栄えたということであろう。

具体的な実践例ということになれば、やはりフンボルトであろう。フンボルトの言う言語の〈内部形式〉(innere Form) をコセリウ (Coseriu 1980) の言うように言語の〈形成原理〉(Gestaltungsprinzip)、あるいは〈いくつかの形成原理から成る統合的型態〉(einheitliches Gefüge von Gestaltungsprinzipien)、つまり、言語の各部分にまで滲透《しんとう》して働き、それによって言語全体を一つの統合体として特徴づけている動因、と解するならば、そのような意味での〈内部言語形式〉を問題となる言語について確認、規定することが〈個別言語志向的〉な言語類型論の課題ということになろう。コセリウは、そのようにして規定される当言語の〈形成原理〉と目しうるものを〈言語類型〉(Sprachtypus) と呼び、それはその言語の〈言語体系〉(Sprachsystem) のありうる姿に対して一種の制約として働くと考える。〈個別言語志向的〉な類型論をこのような形で構想するならば、それは〈一般化志向的〉な類型論が〈人間言語のありうる姿〉の制約に関わるのと一応平行したことを個別言語について試みようとするものと考えることができよう。

フンボルトと相通じる発想は、サピアについても見られる。サピアの類型論への具体的な貢献としては〈分類志向的〉なもの（Sapir 1921 : Ch. VI）がよく知られているが、〈個別言語志向的〉な発想のものへの関心は、彼の著述のいろいろなところに現れているように見える。次の引用はその一つの例である。

こういう問題を考えたことのある人、あるいは、何かある外国語の気風といったものをある程度感じとった人には全く明白なことであるが、言語というものにはその一つ一つに、何か基本的構図、ある裁断の型といったものが確かに存在している。問題となる言語の型なり構図、あるいは構造的〈精髄〉といったものは、列挙しうる個々の特徴のどのものよりも遥かに基本的で、遥かに遍在的なものであって、その言語の文法を構成しているさまざまな種類の事実をただ数えあげるだけでは、とても捉えることの出来ないのである。（Sapir 1921 : 127）

サピアがここで〈基本的構図〉(a basic plan)、〈裁断の型〉(a certain cut)、あるいは〈型〉(type)、〈構図〉(plan)、〈精髄〉(genius) といろいろな言い方で捉えようとしている捉え難いもの――それがフンボルトの言う〈内部形式〉やコセリウの〈言語類型〉に対応するものであることは、十分に明らかであろう。(そして、ある言語の変化の方向に一種の〈駆流〉

(drift) といったものが読みとれるというサピアのよく知られた考え方にも、基本的には同じ発想がいくらか時間軸に投影された姿を見てとることも困難ではないであろう。)

一つの言語が意味処理の過程において用いる具体的な手続きの背後に、それらを統合する原理なり動因なりを想定する——こういう共通の発想がサピアにとって、自らのよく通じていたドイツ語圏の言語研究に負うものか、あるいは、自ら自身の言語研究を通して得られた確信であるのか、あるいは、その双方によるものであったのかは、臆測《おくそく》するより仕方がない。いずれにせよ、右に挙げた引用の冒頭の部分からも十分読みとれる通り、サピアもそのような統合原理なり動因を何よりもまず直観的に——しかし、疑問の余地もなく——捉えられる性格のものとして措定していることは、注目しておいてよいであろう。

5　〈一般化志向的〉類型論と〈個別言語志向的〉類型論

フンボルトやサピアの〈言語の精髄（genius）〉という表現は、現代のわれわれには余りにも思弁的な響きが勝ち過ぎる。しかし、少なくともこの二人のすぐれた言語学者が直観的にその存在を感じとり、いくつかの言葉でその本質を捉え、提示しようとしていたもの——それがもしわれわれにとっても、同じように何よりもまず否定できないものとして共感できるならば、それをもう少し思弁的でない形で捉え直すことは考えられないであろうか。それが次の課題となるわけであるが、その前に、考えておきたい問題が二つある。一つは、ここで言語類型論の〈一般化志向的〉アプローチと〈個別言語志向的〉アプローチの関わり合いをもう一度考え直しておくということである。すでに触れた通り、現在の類型論研究においては、前者の方が圧倒的に中心的な地位を占めている。そしてその原因は、前者は実証的な事実の提示で十分な貢献と感じられるのに対し、後者は特に関与性ありと思われる事実を選択し、それらの解釈項（interpretant）として統合的な原理ないし動因を想定するというもっと高い達成度が期待されるのであるが、そこにはどうしても直観的な操作が介入することになり、厳密な客観性を満たす形ではやり難い、ということにあるようである。しかし、一方が〈人間言語のありうる姿〉という意味での理想体を、他方が〈特定言語の形成原理〉という意味でのやはり理想体をそれぞれ追求するという限りでは、目標設定に関しては同じレベルのものと考えてよいであろう。それにも拘らず、二つの場合の目標の達成度ということに関してわれわれが異なる期待値を抱くとすると、それはどういうことであろうか。明らかに関わっていると思われるのは、対象の抽象度についての意識の差であろう。われわれの意識の対象として〈言語一般〉はかなり抽象度の高いものであるのに対し、〈個別言語〉——典型的には自分の身につけた特定の〈母語〉——の方はもっと具体的な存在であり、感覚的にもより捉え易いという印象を与える。言語の話し手にとって、自らの内蔵している言語とは何よりも〈個別言語〉としての母語であって、〈言語一般〉

というような意識ではなかろう。それに、〈個別言語〉としての母語であれば、他の〈個別言語〉(つまり、非母語)との対立の意識は具体的、かつ鮮明に持ちうるが、〈言語一般〉というレベルでは(当然〈非言語〉と対立するということになるのであろうが)対立の意識は遥かにぼやける。(このことは、対立項を〈非言語〉というような具体性、特定性に欠けるものとして立てざるを得ないという状況にも反映されている。)これが〈個別言語〉の場合においての方が、より高い達成度が当然の如く期待されるということの原因であろう。

このように考えてくると、現時点において普通なされるように、〈一般化志向的〉類型論寄りに視点を設定して、〈個別言語志向的〉類型論は客観的妥当性において劣るという批評をする代わりに、逆に〈個別言語志向的〉類型論寄りに視点を設定して、〈一般化志向的〉類型論に対して、もっと高い達成度を目標として期待するということも許されてよい。つまり、ある言語的カテゴリーの実現の形式の変動の範囲を単に実証的に確認するというだけでなく、そのようにして確認された事実は実は相互にある型態を構成する形で関連し合っており、そこからひき出しうる意味合いが何であるかを提示するということである。現に、徐々にではあるけれども〈一般化志向的〉アプローチもその方向に向いつつあると言ってもよいであろう。現時点で行なわれている事項間の含意関係の確認という操作は、その第一歩であり、究極的には、そのような含意関係に基づいてある型態が規定され、その型態が言語の本質との関連で何を意味するのかということが問題とされるようになるはずである。

その段階での解答は、間違いなく人間の認知の営みとの関連に求められることとなるであろう。

ところで、〈個別言語志向的〉な類型論に類比しうるようなものは、隣接学問分野に見出せないものであろうか。もしあれば、そのようなものをめぐっての議論は、〈個別言語志向的〉なアプローチというものの持ちうる意味合いをより正確に把握するのに役立つに違いない。

一つ、すぐ念頭に浮かぶのは、文化人類学の分野におけるベネディクト(R. Benedict)の〈文化の型〉の概念であろう。彼女の立てた〈アポロ的〉、〈ディオニソス的〉といった文化の〈型〉(pattern) は、一見〈分類志向的〉な文化類型論の試みと思えるけれども、実はまさに〈個別文化志向的〉なアプローチの一つの興味ある実践であったということである。

方法論の問題

1　ベネディクトの文化の〈型〉

言語学における〈個別言語志向的〉なアプローチに類比しうるものとして、ベネディクト(Benedict 1934)の〈文化の型〉の規定の試みは大変示唆するところが多い。この概念は当時すでに成立していた機能主義的な見方を出発点とし、それをさらに一歩越える試みとして出てきたものと位置づけることが出来る。すなわち、機能主義は、文化の諸現象は文化全体の中でそれが担《にな》う〈機能〉に注目して捉えなくてはならないとする。しかし、例えばマリノフスキー(B. Malinowski)に見られるような機能主義の実践では、ある文化現象が起こる具体的なコンテクストでのそれの担う機能という点には留意されるけれども、他方、さまざまな機能を担いうるそのような諸現象がその文化の中でどのように相互に有機的に関連して一つの統合された〈型態〉(configuration)を構成しているか、そして、そのような統合型態がいわばその文化のライト・モティーフのような役割を果たして機能しうるということ——こういった点への配慮が欠けている。ベネディクトは北米インディアン諸種族のいくつかについてそのような文化的統合型態を規定する試みを実践し、そこに〈アポロ的〉、〈ディオニソス的〉といった名称で特徴づけられるような〈型〉(patterns)を認める。

興味あるのは、ベネディクトは当初このように区分したものを'types'と呼んだために、それが〈分類志向的〉な趣旨のもの、つまり、世界の文化を類型的に分類する枠組を提示しているもの、と受け取られた。これは後の著書『文化の型』ではっきりと否定され、文化的統合型態としての〈型〉とは一つの文化の〈経験的な特徴づけ〉であり、多分同じ〈型〉に特徴づけられる文化を他に見出すことは出来ないのではないか、とつけ加えている。つまり、彼女の言う〈型〉とは、明確に〈個別文化志向的〉な性格のものとして意図されていたわけである。(この点に配慮して、'patterns'に対して〈様式〉という訳語を提案する人もある。)

ベネディクトの言う〈型〉が特定の文化を内面から統合する〈エートス〉のようなものと解してよいとすると、それは特定言語においてその〈形成原理〉として働く〈内部形式〉を追求するという〈個別言語志向的〉な類型論と基本的な発想においてよく符合する。この著しい符合から言っても、また、〈言語〉も〈文化〉の一構成部分として後者と著しく違った振舞い方をするとは考え難いということからしても、ベネディクト自身、およびその批評者たちが彼女の〈個別文化志向的〉な〈型〉の概念に読みとるいくつかの可能性と問題点を確認しておくことは、これからの〈個別言語志向的〉な類型論について考えて行く上で大いに参考になるはずである。特に以下の「日本語論」についての議論との関連で、次の諸点は留意しておくに値すると思われる。

まず第一に、〈型〉というものを〈統合的な機能を担う型態〉として捉えていることはすでに触れた。ある文化に対して規定されたこのような〈型〉について、ベネディクトは「世界中どこを探しても、全体としてそれと瓜《うり》二つのものは恐らく見出せないであろう」と述べている。この「全体として瓜二つのものはない（not duplicated）であろう」という指摘は、〈ユニーク〉な日本語というような発想について正当な判断をしなければならない時に役立つであろう。ただし、ベネディクトのこの「瓜二つのものがないであろう」という発想は、彼女の研究姿勢全体を通じて流れている〈文化の相対性〉という強い信念の脈絡の中で出てきているということも留意しておく必要がある。

第二に、異なる文化の〈型〉全体の間にはこのような意味での〈断絶〉（discontinuity）すらありうることを強調する一方、人間の文化に見出されうるこの種の〈型〉は、そのいずれもが「人間の抱きうるさまざまの目的や動機から成る大きな弧のある一つの切片」（a certain segment of the great arc of potential human purposes and motivations）を利用するという形で成り立っているものという記述がある。つまり、文化の〈型〉が異なりうると言っても、それは人間的に制約された範囲内のいくつかの可能性の集合の中からの異なる選択の結果であり、可能な〈型〉そのものも統合されているという考え方をとっているということである。

第三に、たとえ〈型〉の上で極めて近い文化であっても、その〈型〉がそれぞれの文化の中で統合的な力として自らを顕現する場は必ずしも同一とは限らない、ということがある。例えば、〈成功追求〉的なエートスの文化という点では同じであっても、それが商業行為以外に他のどの範囲の行動にまで〈拡張〉されるかは、文化によって違いうるということである。

第四に、批評者の側からの指摘であるが、ベネディクトの迫ろうとした領域は、通常の〈科学的〉な方法論を越えた〈共感的洞察力〉とでもいったものが要請される場合であって、「資質の劣る観察者の手にかかると、不器用で皮相なものに終る危険性を常に蔵している」（綾部・一九八四）ということである。これも共感を覚える評価である。

2 〈型態〉の規定へ向けて

容易でない問題点との遭遇がいくつも予想される〈個別言語志向的〉な類型論にとって、ベネディクトの〈個別文化志向的〉な類型論の試みは、方法論的に多くの有益な示唆を含んでいるように思われる。

まず、そこにまで至らないそれ以前のもっぱら思弁的な考察に基づいて〈個別言語〔文化〕志向的〉に類型を論じるやり方と較べてみれば、その点は明らかであろう。この種のやり方では、ふつう、問題となる言語なり文化なりに見出されるある特徴がその言語の類型的性格と目されるものを象徴的に体現するものとして取り挙げられ、そしてその特徴以外にも同じような象徴的意味合いを有すると解される特徴が見出されうるという含みで、論が進められる。このレベルでの議論では、その立論の理論的な前提とされる事項が十分に明示されないままであるので、正当なもの、正当でないものいずれをも含めて極めて容易に（そして場合によっては、ごく安易に）批判に曝《さら》されることとなる。具体的な例は、すでにいくつも見た通りである。

ベネディクトがもっぱら文化を対象に実践した〈個別志向的〉な類型論は、機能主義、構造主義の十分な洗礼を受けて構成されており、それが依《よ》って立つ理論的前提も遥かに明確である。そこに、さらに現在という有利な視点に立っての知見を読み加え、方法論的な洗練さをもっと高めることは出来ないであろうか。

ベネディクトの〈個別志向的〉な類型という構想の中核をなしているのは、〈型態〉(configuration)——つまり、個別的な特徴が相互に有機的な関連を通じて統合され、構成しているまとまり——ということである。この点に関して、現時点における言語類型論の立場から、どのような更なる展開の可能性が考えられるであろうか。

〈(有機的な)関連〉ということから直ちに連想されるのは、おそらく、現在もっぱら〈一般化志向的〉な類型論で精力的に行なわれている異なる言語的特徴間の〈含意〉関係の有無の確認という操作であろう。つまり、ある言語的特徴Aが存在すれば、別の言語的特徴Bが有意義な程度の蓋然性をもって見出される——こういう確認の操作を通じて〈人間言語のありうる姿〉を規定しようという試みである。既に触れた通り、この操作は、現時点ではもっぱら実証的な確認を目標としてなされているけれども、最終的には間違いなくその認知的基盤が問われるということになろう。もし究極的にそのような性格のものであると考えてよければ、このような試みは、ベネディクト的な意味での〈型態〉を言語一般のレベルで規定しようという試みとして捉えることもできよう。

しかし、この一見極めて正当と思えるやり方も〈個別言語志向的〉な類型論には、そのまま利用するわけには行かない。異なる諸言語を横断する形で、例えば'SVO'(主語+動詞+目的語)という語順と'preposition O'(前置詞+目的語)という形式との間に有意義な相関関係があるという確認であれば、それは意味ある貢献として評価できるであろうが、ある特定の言語に関して'SVO'の語順と'preposition O'の形式の共在を確認しても、それだけではとても〈個別言語志向的〉な類型論にとって貢献とはなり得ない。この点についてもすでに触れたが、〈一般化志向的〉な類型論では現段階ではなお事実確認だけで一応の評価を与えうる状況であるのに対し、〈個別言語志向的〉な類型論ということになれば、確認された事実がそれが属する言語全体との関連で持つ意味まで踏み込まなくては、評価の対象にならないということがあるからである。そこでは、ある言語の異なる領域に属する言語形式が（サピア（Sapir 1921）の言葉を借りると）「列挙しうる個々の特徴のどのものよりも遥かに基本的で、遥かに遍在的な……、その言語の文法を構成しているさまざまな種類の事実をただ数えあげるだけでは、とても捉えることの出来ない」〈構図〉なり〈精髄〉といったものとして関わっているということが確認されるというところにまで踏み込んでいなくてはならないのである。そこまで踏み込むことができれば、ベネディクト的な意味での〈型態〉を〈個別言語志向的〉な類型論の試みとして捉え直せたと言うことができるであろう。そのような方向へ向かっての考察に、何か有効な方法論的概念が見出せないものであろうか。

3　〈類例を挙げる〉という操作

現時点での〈一般化志向的〉な類型論における目標（つまり、人間言語の可能な姿の規定）の達成のための有効な手法が異なる言語的特徴の存在に関しての諸言語横断的な〈含意〉関係の確認であるとするならば、それと対応して〈個別言語志向的〉な類型論における目標（つまり、特定言語を特徴づける〈型態〉の規定）の達成のための有効な手法は、その特定言語における異なる言語的特徴に関して〈相同性〉(homology) の関係が存在することの確認であろうと思われる。〈相同性〉の概念についての議論に入る前に、これの緩やかな形のものに依存する論理操作ならば、ごく日常的な生活のレベルでもわれわれが普通に行なっているということをまず見ておきたい。

伝統的な言葉遊びで〈無理問答〉と呼ばれるものがある。これは、例えば、「一羽でもニワ (二羽) トリとは如何に」、「日本の真中にあるのにオワリ (尾張・終り) とは如何に」といった類の質問で始まり、「一羽でも千鳥と言うが如し」とか「山があるのにヤマナシ (山梨・山無し) と言うが如し」といった答えで終る。こういった例からも明らかな通り、〈遊び〉のルールは〈類例を挙げる〉ことによって正答とするということである。

質問に対して〈類例〉の存在を指摘するということだけでは、厳密に言って満足な答えをしたことにはならない。問題点として提起された事柄に対して、そういう事柄の成立を支えている背後の一般的な原理を提示することが出来て、初めて正当な答えが出来たということになるからである。本来そういった一般的、抽象的な原理に言及しつつ体系的に〈説明〉すべきところに、平行する具体的な特定の類例をもう一つ持ち出すことで〈説明〉としているわけである。その意味では、この対応の仕方はレヴィ＝ストロース (Lévi-Strauss 1962) の言う〈器用仕事《ブリコラージュ》〉(bricolage) ——つまり、身の廻りのすぐ手に入るようなものを適当に使用して差し当っての用を足すやり方――的な性格のものと言うことが出来る。しかし、〈無理問答〉における問いは、もともと、まともに答えるとすれば「そうなっているから、そうなっているのだ」としか答えようのない事柄に関わるものである。それを如何にも奇異なものとして問題提起をしているわけである。このような場合に〈類例を挙げる〉ことで対応するというのは、少なくともそのような事柄が決して奇異なものではないことを証明することになり、それによって奇異さを問うという問題提起の仕方そのものを無効とする力を持っている。いわば、問題提起をするということ自体が門前払いにされるということになる。

(しかし、そのように論じることは、同時に、そういう確かに奇異と思える現象なのに、言語は例に事欠かないくらいそれを内蔵していることを自ら認めることにもなる。とすると、それを特に奇異ともしないでいられる言語には、それでもよいのですかという〈異議申し立て〉が突きつけられても仕方がないということになる。ただし、この〈言語批判〉という〈ことば遊び〉の側面は、いま直接考慮の対象とするところではない。)

4 〈具体の科学〉の彼岸

このように考えてくれば、〈類例を挙げる〉という対応が全く説明力を欠くものでもないことが分かる。それは確かに一般化という「彼岸に向う」ことなく「その手前にとどまる」〈具体の科学〉ではあるが、まともな科学への飛躍の可能性を孕《はら》んでいないわけではない。つまり〈類例がある〉ということは、背後に一般的な原則の存在を暗示する。（あるいは、対象となるものが例えば〈言語〉のように〈人間〉の絡んでいるものであれば、問題とされている現象が単なる偶然によるものではなく、〈動機づけられている〉ものかも知れないということを暗示する。）事実、前節で取り挙げたような〈無理問答〉の答えも、間接的なやり方ではあるが、いわゆる〈言語記号の恣意《しい》性〉という原則に依拠する形で、しかし、それに直接言及することなく、機能しているのは明らかである。（あるいは、人間は命名という営みを必ずしも〈名は体を表わす〉という結果にならないような形で行なうものという推論への道を開いてくれるわけである。）

〈類例を挙げる〉という操作は、〈無理問答〉の場合は基本的に同じ分野での類例を出すという形をとる。例えば、先に見た「ニワトリ（鶏・二羽トリ）」と「チドリ（千鳥）」、「オワリ（尾張・終り）」と「ヤマナシ（山梨・山無し）」の場合だと、前者は〈鳥の名称〉に、後者は〈地名〉に関係している。この二つの無理問答を交差させる形で掛け合わせてみると、例えば「一羽でも鶏と言うは如何に」――「山があるのに山梨と言うが如し」という問答が得られるが、これは同じ問いに「千鳥」への言及を配して〈鳥の名称〉として統一した問答に較べると、〈無理問答〉としての効果が減るように思えるであろう。〈無理問答〉の場合は

〈類例〉とされるものの間の距離は、近ければ近いほど効果的になるようである。あることが奇異ではないかという趣旨での問題提起なのであるから、それを無効にするためには、出来るだけ近いところでの類例の存在を指摘する方が如何にも「灯台もと暗し」といった意外感をも伴わすことが出来るからであろう。ことば遊びとしての〈無理問答〉に関する限りは、類例は〈同じ分野〉からの方がよいわけである。

類例を挙げるという操作に頼る〈具体の科学〉が一般化を志向するまともな〈科学〉に昇華するためには、〈類例〉にそれ自体を越えた広い妥当性があるという意味合いを与えなくてはならない。それを達成するもっともまともなやり方は、もちろん、類例をふやすということである。類例の量が極限にまでふやされ、問題となりうる可能な事例がすべて尽くされるというところにまで行きつけば、類例を挙げるやり方でも、一般的な原則に匹敵する説明力を得ることになる。ただし、このような操作が現実的に行なわれるのは、比較的限られた〈同一〉の分野についての場合である。しかし、一般化ということは狭く限定された特定の分野を越え、さらに広い範囲での妥当性を志向するものである。当然、〈異なる分野における類例〉ということが問われなくてはならないということになる。このような場合の〈類例〉であることの判定は、〈同一〉の分野における類例ということを問題にしている場合に較べると、十分に予測できる通り、もっと微妙なものとなる。判定の際の支えとなりうる経験的基盤の具体性が稀薄になり、もっと形式的、抽象的なレベルでの操作に依ることになるからである。しかし、逆に、もしそのような操作がそれ相応に確実なやり方で実行できるなら、〈具体の科学〉の限界を重要な意味で越えるということになる。

5　構造的概念としての〈相同性〉

術語としての〈相同性〉(homology) は、もとは十九世紀の中頃、生物学で使われるようになったものである。この生物学の術語として使われた〈相同性〉の概念には、意味深い示唆がいろいろと含まれているのであるが、この点については、次節で検討することとして、さし当って関連のあるのは、構造主義的な術語としてのこの語の使われ方である。

そのような使われ方を常識的なレベルで規定するとすれば、例えば「類似の関係に立っていること、相対的な位置、構造、などに関して対応関係にあること」(『ランダムハウス英語辞典』) ということになろう。グレマスとクルテ (Greimas et Courtés 1979：174) の『記号学辞典』では、次のような簡潔な定義が与えられている。

A：B∷A'：B' という構造があった場合、AとA'はBとB'との関連で相同項である。

具体的な例としては、グレマス（Greimas 1966）がプロップ（Propp 1928）の立てたロシアの魔法民話の統辞的な構造式を範列的な関係式に還元する際に利用している論法を見てみるとよい。例えば、〈命令〉対〈禁止〉＝〈受諾〉対〈違反〉というような関係である。グレマスは、この一般的な形式――つまり、S_1対$\bar{S}_1$＝S_2対$\bar{S}_2$――を〈意味作用の基本構造〉と呼んでいる。

後の議論との関連では、次のティツマン（Titzmann 1977：152）の説明がいくらか詳しくて有益である。

> 相同性＝（少なくとも）二つの項から成る（少なくとも）二つの関係の間に等価の関係のあること。この際、関係づけられる項どうしは、同じ部類のものであっても、異なる部類のものであってもよい。ある対象分野Aにおいて項aが項bに対して有する関係が、別の対象分野Bにおいて項cが項dに対して有する関係と平行すること。AとBは、基本的に異なる意味分野に属していてもよいし、属していなくてもよい。相同性（Homologie）が類比性（Analogie）と違うのは、aとc、または、bとdは、それぞれ共通の特徴を保有している必要はない――ただし、保有することを妨げるものではない――という点である。

この説明の終りの部分でも言及されている通り、〈相同性〉は〈類比性〉としばしば対比される。この場合、〈類比性〉が実質（substance）における類似に関わるのに対し、〈相同性〉は関係性、つまり、形式（form）における類似に関わるものということになる。（ただし、後者は〈実質〉における類似を伴なっていても構わない——具体例については、ギロー（Guiraud 1971）に分かり易い説明がある。例えば、フランス語の'crins'（動物のたてがみ）—'gueule'（動物の口）—'pattes'（動物の足）という系列と、'cheveux'（人間の髪）—'bouche'（人間の口）—'mains／jambes'（人間の手／足）という系列との間には〈相同的〉な対応関係があるが、同時に、対応する各項ごとの間には〈類比的〉な関係が存在している。また本来は〈相同的〉な関係であるところに、〈類比的〉な関連性が読み込まれることもある。例えば、比較的高地に住む種族が「ワシ」、比較的低地に住む種族が「トラ」と名乗っているというような場合、本来は居住地域の高低という関係性に基づいた対応が想定されているだけであるのに、それぞれの種族が自らを「ワシ」なり「トラ」なりと何らかの実質的な類比性があると受けとめているはずというような読み込みをしてしまう場合である。）

ところで〈類例を挙げる〉という操作は、十分想像できる通り、それが〈同じ〉分野に関するものであれば、当然〈実質〉上の類似も伴なうものとなる。他方、〈異なる〉分野に関わる類例であれば——〈異なる〉程度に応じて——類似はもっぱら〈形式〉の方に関わることになる。

6　発生的概念としての〈相同性〉

以上見た〈相同性〉の定義は、純粋に構造主義的な視点からなされる場合のものである。しかし、〈相同性〉の概念は、そこに〈発生的〉な意味合いが読み込まれることがある。

実は初めて生物学の術語として登場した時、まさにそれが〈相同性〉の概念に結びついていた意味合いであった。『オックスフォード英語辞典』で「本来の、あるいは、基本的な構造との関連で同じである（ただし、機能の上での対応は必要でない）ということ——異なる動植物の部分や器官、あるいは、同一の動植物の部分や器官について言う。」と説明されているのがそれである。一八五六年のものとして次のような用例が挙げられている——「その本来の性質（その起源と発達）に関して対応し合う部分どうしは〈相同的〉(homologous) であると言う。単に外観や役割に関して一致しているだけの部分どうしは〈相似的〉(analogous) と言う。」例えば、〈コウモリの翼〉と〈サカナのひれ〉、あるいは、〈イヌの前脚〉と〈バッタの羽〉は、それぞれ機能が相互に分化してしまっているが、もともと同じ器官から進化してきたものであるので〈相同性〉の関係にある。一方、〈サカナのひれ〉と〈クジラの櫂足《かいあし》〉、あるいは、〈バッタの羽〉と〈ワシの翼〉は、それぞれ相互に似た機能を持っているが、もともと別の器官から進化してきたものであるので〈相似性〉の関係にあるということになる。

〈相同性〉の関係にあるものは、現在その機能が異なっていても、起源が同じである――この〈発生的〉な意味合いは生物学においては、もちろん通時的な性格のものである。しかし、この〈起源が同じである〉という発想から通時的な意味合いを抜き取ってしまい、すでに触れた構造的な〈相同性〉の概念と合体させてみたらどうであろうか。つまり、ある事例が〈相同性〉の関係にあるということが確認できるのなら、それらは（心ずしも〈通時的〉でない意味で）同じ起源（例えば、同じ動機づけ）に由来すると想定するということである。

この種の発想に基づいて実際に議論を展開している例として、イタリアの記号学者、ロッシ＝ランディ（Rossi-Landi 1983〔1967〕: 124, 119）がいる。次に引用するようなものである。

> 物質的な人工物（例えば、材木や靴、自動車）と言語的な人工物（例えば、語や文、談話）との間には、どう見ても、ある深く根ざした、構成的な相同性が存在しており、……それは「生産の相同性」と呼ぶことが出来よう。このような相同性は、広義で解された生産というものには常に内在するものであり、右で区別した二つの生産の型、ないし分野の相互の間にもその存在が認められる。そこに認められるのは相同性であって、

同一性（identity）ではない。仮りに同一性だったとしたら、別の用語を持つ必要はないはずである。……しかしまた、だからといって、このことは単なる類比性（analogy）と関わっているということにもならない。類比性と言われるものは、何らかの基準が異質で発生的には無関係の状況に後験的（a posteriori）に適用されることを通じて、実証的に発見されるものである。一方、相同的であるという判断を可能にしてくれるのは、本来の意味での発生的方法、つまり、問題となる過程の共時的、対称的な様相の構造的研究と結びついた方法なのである。事実、右で言及した二つの異なる次元に属する人工物の背後には——あるいは、もっと適切な言い方をするならば——それら人工物の産出に至る発展の背後には——何か共通の人間発生的な根源があるのであり、そのことは、系統発生的にも個体発生的にも言えることなのである。

具体的な例として、

言語的な生産と物質的な生産とをそのさまざまな構成レベルで較べてみると、「納得できる有意義な関係」どころか、まぎれもない相同的関係が見出せる。……例えば、語とか、その他言語の「単位」とされるものは、用具を構成する部分ないし部品に相当する。この種の部分が一定の決まりや操作の様式に従ってまとめ上げられると、用具というものが出来る。これは、語をまとめて行って文（発語の基本単位）にするというのと同じである。部品や語は用具や文の機能を支えるものとしてあるのであってその逆ではない。言語的生産において文というものは、ちょうど物質的生産において用具が占めるのと同じ中心的な位置を占めているわけである。

……この種の相同性は意外と受け取られるかも知れない。それを受け入れるためには、基本的な考え方として、人間というものが全体として不可分の統一体をなしているということ、そして、その点では人間の生産するすべてのものについても同様であるということを認めなくてはならない。この統一性をまっこうから否定する人は、およそ異質な要素が非対称的に結びつき合ったようなものと関わることになり、それをどう説明するかという義務を自らに課すこととなる。

最後のパラグラフで述べられている内容は、レヴィ＝ストロース（Lévi-Strauss 1952）の言語と文化の関連性についての次のコメントの趣旨と一致する。

……言語と文化の間には、全く関係がないというようなことはあり得ないし、また、そうかと言って、百パーセントの相関関係があるはずもない――私としては、このように思われます。そのような状況は、どちらも想像も出来ません。もし仮りに何の関係もないとしたら、人間の心などというものは、ばらばらなものの寄せ集めのようなものであると想定しなくてはならないことになります。心があるレベルで行なっていることと、また別のレベルで行なっていることとの間には何ら関係はないということになってしまいます。

この段階まで来れば——そして〈相同性〉は〈類比性〉との共在を妨げないとするならば——〈相同性〉とは、『ウェブスター英語辞典』や『ロングマン英語辞典』で次のように規定されているものに相当することになろう——「類似性で、しばしば共通の起源によるとされるもの」。そして、前者の辞書には左に掲げるようなサピアの興味深い発言が用例として挙げられている。

人類学者というものは、必ずしも歴史的な接触によるものではない顕著な相同性の事例……を取扱うという奇妙な立場に置かれている。

もし、歴史的な接触のない異なる民族の間で文化の上で著しい類似が見られるとしたら、考えられるのは、文化を創り出す意味づけ、価値づけ、つまり、認知の営みに、人間としての共通のものがあるからではないかということであろう。

構造的な意味合いに、さらに発生的な意味合いを附与した〈相同性〉——この概念を実際に言語に適用してその有効性を議論する前に、方法論的な問題との関連でさらに論じておかなくてはならない事項がいくつかある。その一つは〈反例〉の持ちうる重みということである。

7 〈反例〉の重み

〈無理問答〉では、問題として提起されている事項に対して一つの〈類例〉を挙げれば、それで答えられたということになる。〈無理問答〉における問題提起の趣旨は、〈奇異〉ないし〈稀有〉なることであるという主張であるから、〈類例〉が挙げられるということは〈反例〉があるということであり、主張を無効にする効力を有している。〈器用仕事《ブリコラージュ》〉的な営みであれば、具体的な事例の提示に対して〈反例〉となるやはり具体的な事例を一つ挙げれば、それで「当座の用は足せた」ことになるわけである。

〈当座の用〉というようなことではなくて〈一般的な妥当性〉ということが要請される学問的なレベルでの議論になると、単に〈反例〉があるかどうかということだけでなく、その〈反例〉の重みということが問題となる。〈反例の重み〉、つまり、反例が反例としてどの程度に有効かということは、一つには反例が対象としている主張が自らの妥当性をどの程度強く主張しているのかということ、もう一つは、反例とされる事例が問題となっている事象の中でどのような位置を占めるものかということ、にかかっているように思える。

前者は、よく言及される原理、すなわち、ある点についての主張が強ければ強いほど、僅かな反例によって無効になしうる、ということに関わる。極限的な例をとれば、ある点について百パーセント完全に妥当するという主張であれば、僅か一つの反例を提示することによってその主張を無効にすることが出来るわけである。

8 〈記述〉対象としての〈恣意的〉な言語

〈言語〉が説明の対象とされる場合、この点についてどのようなことが言えるであろうか。これに関しては、現在、新しいほぼ一致した認識が二つ、形成されつつあるように思える。一つは、言語とはそもそも〈説明〉に値するような対象であるかという点に関するものであり、形成されつつあるコンセンサスとは、伝統的な〈言語の恣意性〉という観念への過度な依存に対する反省ということである。〈言語の恣意性〉——これは長い間言語研究の大前提として掲げられてきたものである。時には、そこに何か誇らしげな調子を読みとることすら出来たように思える。それも十分に理解できる訳あってのことであった。〈恣意的〉、つまり、そうなっているからそうなのだとしか言えない性格のもの、ということであるとすれば、それは対象として〈記述〉することしか出来ない（あるいは、〈記述〉さえすればよい）というものであり、望まれるのは〈形式的〉な〈記述〉の精度、一般性、整合性を高めるということになる。とりわけ、そこでは、言語のあり方を何らかの因果関係に基づいて〈説明〉するというような操作は、全く場違いで不要ということになる。従って、言語の研究者は〈言語そのもの〉だけを睨《にら》んでいればよいわけであり、現実には〈言語の在り方〉に関わっていることは否めなくとも、例えば場面とか、話す主体といった〈非言語的〉な要因は排除した形で考察がなされてもそれは正当であるという議論も許されることになる。

　実際には、〈恣意性〉の概念はもともと言語記号の〈記号表現《シニフィアン》〉と〈記号内容《シニフィエ》〉の関係について提唱されたものである。しかし、〈恣意的〉(arbitrary) であることが〈慣習的〉(conventional) と読みかえられると、まるでそれが〈言語の在り方〉全体について考察する場合の大前提であるかのように、暗黙のうちに拡大されてしまったように思える。その背後には、それによって、言語学は〈言語そのもの〉という〈固有の〉対象を得たことにもなるし、また〈人間〉という〈不確定さ〉を伴なう要因の介入を許さずにもすむという思惑があったことは疑いない。比較的〈若い〉学問である言語学にとって、学問的な自立性と客観性の保証がこの上なく魅力的なことと思えたのは、十分に理解できることである。

　さらに現時点から顧みて大変興味深いことは、〈恣意性〉という概念は〈話す主体〉を一旦排除しておきながら、後になってそれを再び違った形で取り込む根拠にもなされ得たということである。これは〈恣意性〉の中でも、とりわけ言語の記号内容面における分節の〈恣意性〉ということを強調することによってなされる。〈恣意的〉であるというのは、その面における人間の営みが完全に〈主体的〉なものであって、他の何かによって制約されているのではないということ、つまり、人間の究極的な〈自由さ〉の証《あか》しに他ならないというのである。このような考え方が一見人間の尊厳を強調するという意味で十分訴えるところがあったということもよく理解できる。

9 〈説明〉対象としての〈動機づけられた〉言語

言語に基礎を置く場合を含めて、広く人間が意味を創り出す、あるいは読みとる営み（つまり、人間の「認知」の営み）についての経験的な研究から明らかになったことは、残念ながら、このような想定とは相容《あいい》れない、むしろ、それらを否定するものであったように思える。意味づけの営みにおいて、人間は完全に自由な主体であるどころか、精神的にも肉体的にも自らのいまある姿——つまり、自らの〈身体性〉——によって十分に制約されていること、しかも、人間がそのような身体性によって条件づけられた存在として自らを取りまく〈環境〉と対した場合、〈環境〉は決して想定されてきたような〈無定形〉で〈星雲状〉の〈連続体〉であるどころか、明らかに人間にとって〈認知的な顕著さ〉(cognitive salience）においてさまざまに異なる対象や部分によって特徴づけられているということ――このような事実の認識を通じて、完全に恣意的に振舞う自由を享受する主体というホモ・ロクェンスというイメージが実は過度な思い入れであったことが教えられたのであった。

言語を使う主体についての認識の変化は、当然、言語そのものの在り方についての認識をも変化させる。言語は恣意性に特徴づけられた自立的な対象ではなくて、その至るところに人間の認知の営みが形成要因として〈多分かってフンボルトが〈フォルム〉(Form) という語で想定したと思われるようなものとして〉影を落としているという認識である。

本論考との関連で言うならば、とりわけ次の二点に注目しておけば十分であろう。一つは、言語についての人間の考察を支える諸概念も、他の対象についての認知的な営みの場合と全く同様に、〈プロトタイプ効果〉を伴うカテゴリー――つまり、カテゴリーに属する成員がすべて共通の必要かつ十分条件によって平等に特徴づけられているのでなく、成員らしさを典型的に備えているものから、それ程でもないものに至るまで、段階性のあるものとして把握される――という形で機能しているということ、もう一つは、言語の在り方も、人間の使う他のすべてのものの在り方と全く同様に、「機能が構造を規定する」――つまり、人間がそれに課す機能を果たすのに十分に適《かな》うような形で構造化される――という明らかな傾向性を呈しているという認識である。

二点のうち、後者によって、言語とはそうなっているからそうなのだとしか言えない恣意的な性格の存在であり、従って〈形式的〉な記述をするにふさわしい、また、それだけで十分な対象であるという認識は崩されてしまう。そうではなくて、言語は人間の認知の営みによって十分に〈動機づけられた〉(motivated)、あるいは〈有契的〉なものであり、その在り方はそのような動機づけとの関連で〈説明〉できる可能性を孕《はら》んだものという認識がとって代わる。言うまでもなく、〈記述〉よりも〈説明〉の方が学問的要請を高度に満たした、より魅力的なものである。同時に、このような考え方は、まともな形での「日本語論」といったものと取り組むための一つの理論的な基礎としても役立ちそうである。

一方、前者の〈プロトタイプ効果〉に関する点の意味するところは、言語についての議論では〈プロトタイプ性〉の確認が欠かせないということである。典型的な場合にはどうなるのか——先に触れた〈動機づけとの関連での説明〉ということと結びつけて言うならば、そのような〈説明〉は何よりもまず、そのような典型的な場合に着目してなされなくてはならないということになる。逆に、典型的な場合に関わるのでなければ、断定的な反例が一つあったからと言って、議論全体が無効になるというような状況ではないということにもなるわけである。

10 〈恣意性〉と〈動機づけ〉のせめぎ合い

このように考えてくると、一見「日本語論」と呼べるような議論にとって心強い支えばかりのように思えるかも知れないけれども、もちろん、言語についての議論が常にそうであるように、事態は決してそれ程単純なものではない。「動機づけられてはいるが、完全に予測できるようなものではない」(motivated, but not predictable) (Lakoff 1987) というよく知られた認知言語学のテーゼに言われている通り、動機づけがあるからといって、それが百パーセント言語構造上の特徴として実現されるとは限らないということがあるからである。

このことは〈動機づけによる説明〉という操作原則に対して、深刻な問題を提起する。ある言語的な特徴Aに対して、その説明要因として動機づけXを想定し、その限りにおいては十分説得的な議論になっているとしよう。しかし、同じ動機づけXの存在が十分に想定できるのに、別の場合にはそれによって予測されるような言語的な特徴Aが必ずしも見出せるとは限らないというわけである。そのような状況で、なお〈動機づけXによる説明〉ということに言及し続けるとすれば、それはまさに結論を先取りしてのアド・ホックな説明でしかないということになる。

言語に内在するこのような困難な状況に関して、一体どのような対処の仕方が考えられるであろうか。一つの可能性は、既に触れた〈プロトタイプ性〉という観点から問題となっている事象の持つ重みを考察するということである。つまり、〈動機づけXによる説明〉に対する反例が典型的な事例に関わるものでなければない程、重大な反証にならないということである。しかし、完全な予測の不可能性という状況は、むしろ言語そのものの本質と結びついたところから出てきているものであるから、〈プロトタイプ性〉への言及だけで問題の片付かないことは明らかである。

この問題は最終的には、言語における〈いくつかの動機づけの間での競合〉(competing motivations (DuBois 1985)) という観点から考えなくてはならないであろう。言語の在り方に関わる動機づけには、言語全体としては複数個のものが共在しており、その間での競合もありうるというのがその基本的な認識である。このような認識が説明原理として有効に機能するためには、確かに何らかの評価基準が必要であろう。右で言及した論文ではそのようなものとして、単一の動機づけが競合なしに働いている場合が認定できること、そして出来れば、なぜその特定の場合に競合の可能性が排除されるのかが明らかにされ得ることを挙げ、〈能格性の分裂〉(split-ergativity) の現象を例として実践してみせているが、「日本語論」のような場合への応用の際も、同様のことが期待されよう。そしてさらに、それに先立つ前提として、想定される〈動機づけ〉が複数個であるにせよ、それらが人間の認知の営みについての知見によって十分に制約された性格のものであり、またまさにその理由から個別言語間の隔りを越えて継起し、遍在するものであることという一項を加えておかなくてはならないであろう。

最後に、以上一連の議論から引き出せる一つの重要な点は、例証なり、反証なりにする言語事象は、抽象されたレベルでの言語の構造なり、規則なりに関わるものだけでは不十分であって、実はそれらに関しての話し手の〈パフォーマンス〉にもっと多くの注意が向けられなくてはならないということである。二つの言語が構造や規則に関しては同様であっても、それらについてそれぞれの言語の話し手がどの程度、またどのように利用するかという点では有意義な差があるというのは十分に予想されることであるし、また、関与する〈動機づけ〉の認定も、パフォーマンスのレベルにおいての方が遥かに鮮明に読みとれるものである。しかし、パフォーマンスのレベルの状況に通じるということは、母語以外の場合は、構造や規則に通じるということよりもずっと困難である。母語以外についての場合、個別言語志向的な類型論が正当に理解、評価され難いものになりがちな理由の一つがこの点にあることは間違いない。

文法的範疇としての〈数《すう》〉

1 〈数〉がないということ

名詞は、意味的にも統語的にも目立つ品詞である。典型的な名詞ならば、一方では具体的で個体性のある〈モノ〉という知覚の対象となり易いものを指すし、他方では、文の構成に参加する際〈主語〉／〈話題〉など重要な役割を担う要素として登場する。とにかく語の中でも目立った存在である。もっぱらこのように目立つ品詞と関連して現れるということからも、〈数〉はいろいろな文法的範疇の中でも目立った存在である。さらに言語によっては「（数の）一致」と呼ばれる現象を通して、もう一つの重要な品詞である動詞にもその関わりを示すこともあり、そうなると、その存在はますます目立つということになる。

このような印象を背景として、「日本語には〈数〉がない」ということが指摘され、それがさらに西欧の言語では〈数〉は当然の文法的範疇となっているということと対比されると、一見この違いは確かに重大なもののように思える。その上、西欧の言語における文法的範疇としての〈数〉は、〈一つ〉ならば〈単数〉、〈二つ以上〉であれば〈複数〉という一見単純明快な区別に基づいているというように見える。そうするとそのような単純明快な区別すらしない言語を使っているということに、何かうしろめたさすら感じられるということにもなり兼ねない。しかし、文法的範疇としての〈数〉は、果たしてそれ程単純明快なものであろうか。〈一つ〉のものと〈二つ以上〉のものという一見明快な捉え方の背後に、むしろ、よくある例の「客観主義的」な思い込みが気づかれないうちにかなり深く入り込んでしまっているのではないであろうか。

2　〈双数〉の意味

〈双数〉(dual) をめぐっての議論は、この点に関して考えるのに大変よい出発点を提供してくれる。言語によっては、〈単数〉(singular) と〈複数〉(plural) の他に〈双数〉という〈数〉の範疇のあることがある。このような場合、三つの〈数〉の区別は、指す対象の数が〈一つ〉、〈二つ〉、〈三つ以上〉のいずれであるかによると普通教えられる。ところが実際にはそのように文法上三つの〈数〉を区別する言語でも〈複数〉の表示形式は〈二つ〉のものについても、ごく普通に用いられるということが起こるという。つまり、〈二つ〉の対象の表示に関しては、〈双数〉形と〈複数〉形とが対立するわけである。当然、対象の客観的な数ではなく、何らかの捉え方の上での差が予想されるはずである。

現在のヨーロッパの諸言語の大半が属する印欧語族と呼ばれる言語グループでは、〈数〉に関して、古い時期には〈単数〉、〈複数〉と並んで〈双数〉の形が存在していたことがよく知られている。そして、二つの対象が言及される場合には、〈複数〉形が用いられることも〈双数〉形が用いられることもあった。そのような場合、普通に用いられるのは〈複数〉形の方である。ただし、特に二つが一組として関係し合っているという意味合いが際立たせられる時には、〈双数〉形が選ばれるという。例えば両眼、両手のように形態的にも機能的にも明らかに対《つい》をなす存在、それから、夫婦というような特別の関係にある二人、さらに進んで、両側に対置されたかがり火といったものという具合である（泉井・一九七八）。つまり、〈双数〉の選択を規定しているのは、単に対象が二つであるという客観的な数の問題であるのではなくて、二つのものが対をなして機能し、従って一つのまとまりとしての意味を有すると捉える話し手の側の意識の問題であるということなのである。

実際にそのような状況であったであろうということは、言語についてのわれわれの経験に照らし合わせてみても、よく分かる。例えば英語にも、'a pair of'（あるいは、現在では〈二つ〉という制約がすっかり緩んでしまったが、本来の意味での'a couple of'）とか、'both ~ and ~'や'either ~ or ~'といった特に〈二つ〉のものについて用いられる表現がある。このような表現が選ばれるのは、問題となる二つの対象が一つのまとまりをなしているか、あるいは、一つのまとまりをなすものとして提示される場合である。日本語で「両」(「両手」、「両側」、「両雄」)や「双」(「双肩《そうけん》」、「双子《ふたご》」、「双璧《そうへき》」)が用いられる場合も同じことであろう。〈双数〉という〈数〉の範疇の機能も、本質的にはこういう場合と変わらないものであったのではないかと想像される。そのような意味で、〈双数〉は明らかに〈有徴〉(marked)の表現であるということになる。それが〈有徴〉であるということは、平行する場合に英語なら、'a pair of' とか 'both' や 'either'、日本語なら「両」や「双」という文字通りに〈有徴〉の表現形式が採られるということによっても、形態上の裏付けを得ている。

〈双数〉は印欧語の歴史の中で〈数〉の範疇としての地位が次第に不安定なものとなり(例えば、主語が〈双数〉形であっても述語動詞の方は〈複数〉形で一致するといった過程も経て)、次第に〈複数〉の範疇に取って代わられ、消滅して行く。

リード(Reid 1991)には、古代ギリシャ語のホーマーの叙事詩における〈双数〉の用法についての興味深い分析が言及されている。ホーマーの時期になると、両方の眼をまとめて指す場合を除いて、〈双数〉の形が用いられることは、対をなすものの場合でも少なくなり、〈複数〉形の使用の方が普通になるという。相対的には少ない〈双数〉形の名詞がどういう場合に用いられているかを検討してみると、問題の名詞が主語として用いられている場合の方が主語以外として用いられている場合よりも多いということ、また主語として用いられている場合でも、主語が明示されている場合の方が主語が暗示されるにとどめられている（つまり、一致する動詞の活用形のみで〈双数〉であることが示されている）だけの場合よりも多いということが分かるという。このことから、〈双数〉形が用いられるのは、対象が単に二つ一組として捉えられるというだけのことではなくて、むしろ話し手がそれら二つ一組の対象に対して特別な関心を寄せており、それらに焦点を当てて表現している場合であると解釈する。（なぜなら、一般に話し手が際立った形で提示したいと思う対象は、例えば目的語などとしてよりは主語として、暗示にとどめるよりは明示して言語化されるからである。）つまり、この段階では、〈双数〉形は文法的な手段から文体的な手法という性格を帯びてきているわけで、その使用が対象の数そのものよりも、話し手の捉え方に依存するという状況がますます鮮明になっているということである。

以上の考察から、少なくとも二つの教訓が得られる。一つは、〈数〉の範疇も（その他のさまざまな言語的範疇についても言われている通り）、単純に指示対象の数というような「客観的」な事実によって規定されるものではないらしいということ、もう一つは、（これまた他の言語的範疇においても、記号内容に対する記号表現の〈類像性〉(iconicity) ということで広く見られる通り）〈数〉の範疇にも〈無徴〉のものと〈有徴〉のものという対立が認められ、〈無徴〉の項の方が普通、〈有徴〉の項の方が特別な場合を表わしている、ということである。

3 〈数〉の対立の中和

理論的な考察を進める前に、具体的な言語使用のレベルで起こっていることに関して、いくつかの確認をしておきたい。究極的な検討の課題は、名詞に関して西欧の言語ではごく普通に「〈数〉の区別をする」のに対して、日本語では普通「〈数〉の区別をしない」ということの意味である。従って、とりわけ興味あるのは、西欧の言語でも「〈数〉の区別をしない」ように思える場合と、日本語でも「〈数〉の区別をする」という場合である。後者の方は、「人タチ」、「子供ラ」、「山々」などといった形式の表現との関連でときどき話題になる。ここでは、前者の方から取り挙げてみよう。

例えば「私ハ（自分ノカブッテイタ）帽子ヲ脱イダ」であれば、英語にした場合、'I took off my hat' というような表現になることはよく分かる。しかし、「私タチハ帽子ヲ脱イダ」というふうに、主語が複数になったら、「帽子」の方の〈数〉は英語でどうなるか。複数の人間がいるのであるから、帽子も当然複数個存在する。しかし、私たち一人一人が脱ぐのは自分のかぶっていた帽子一つであるから、もしかしたら単数でもよいのでは、なども考えられる。帽子ならまだ数は明確に数えられるからよいとしても、形のないものだったらどうなるのか。例えば、私たちが「決心する」(make up one's mind) と言うとしたら、'mind' は複数でなくてはならないのか、それとも単数で十分なのか、気にし始めると大変気になることである。

レイコフ (Lakoff 1987) の書物の中では、次のような一連の文が論じられていて興味深い。

(1) (a) We stubbed our *toes*.
　(b) I stubbed my toe, but didn't hurt *it*.

(2) (a) We held our *breath*(*s*).
　(b) I held my breath...and then released *it*.

(3) (a) We lost our *way*.
　(b) I lost my way, but found *it* again.

(4) (a) We took our *time*.
　(b) * I took my time, but wasted *it*.

(a)の文について見ると、主語が複数の場合、〈足の指〉(toe) だと複数、〈息〉(breath) だと複数でも単数でもよい。しかし、〈進路〉(way) や〈時間〉(time) となると、複数になる可能性が消えて単数のみで用いられるというわけである。しかも、〈進路〉と〈時間〉とでも、代名詞 it で受けられるかというと、(b)の文が示しているように、〈進路〉はよいが〈時間〉の方は it で受けられない。ところで、このような用法上の差は何によっているのかといえば、問題となる名詞の表わすものがどの程度の明確な輪郭をもつ〈個体〉として把握されうるかが関係していることは、容易に読みとれよう。一見同じような条件の下で使われていても、〈個体〉性のはっきりしないものに関しては〈単数〉対〈複数〉という対立がぼやけているということなのである。

4 客観主義的な見方の限界

この点を念頭に置いて、もう少し細かい例を検討してみよう。中学校で英語を習い始めて間もない時期に、'go to school' と言う場合には 'school' には冠詞をつけない、なぜなら「この場合の school は〈授業〉という意味であるからで、〈建物〉としての学校を意味する時には冠詞が必要である」というふうに教えられる。多分何となく分かったような印象を抱いた記憶が誰しもあるのではないであろうか。もちろん、この場合に起こっていることは、先程見たレイコフからの例で、(1)の 'toe' と(4)の 'time' の間に〈数〉に関しての扱われ方に差があるということと同じ原理に基づいている。'go to church' や 'go to bed' についても、全く同じ事が言える。

しかし、厳密に言うと、'go to school' と言う場合「〈学校〉ではなく〈授業〉という意味だから、冠詞はつかない」という説明は正確でない。このように言う場合でも、現実に〈学校〉へ行くということも排除されないからである。(同じことは 'go to church' では〈祈り〉、'go to bed' では〈就寝〉ということを意味するから、と言う場合にも当てはまる。現実に〈教会〉や〈ベッド〉に行くということは、普通伴なうはずのことである。) このようなことから分かることは、ここで関わっているのは、名詞の指示対象が〈個体〉であるかどうかという〈客観的〉な事実ではなくて、話し手が指示対象をどう捉えるかという〈主体的〉な営みである。〈学校〉や〈教会〉や〈ベッド〉は客観的には物理的存在物として〈個体〉であろう (そしてその意味では〈単数〉、〈複数〉の区別が問われうるであろう) が、'go to school/church/bed' のような表現では、人工的構築物としての存在としてより、それに伴なう〈機能〉という側面に話者の捉え方の焦点が合わされているわけである。

このように考えてくると、先程レイコフからの一連の例文における〈数〉の表現について言ったことも、いくらか修正しなければならないことがある。つまり、〈数〉の表示の仕方を究極的に決めるのは、名詞の指示対象が具体性のある〈個体〉か、個体性のない〈抽象体〉かということではなく、話し手が対象をいずれに捉えるかという〈主体的〉な営みの問題なのである。レイコフの例では、(2)の 'breath(s)' の場合には〈単数〉、〈複数〉いずれにするかに関して話し手の判断にばらつきがあるということであるが、これも〈息〉が〈個体〉性に関して明確さを欠く対象であるというレベルでなく、そのような曖昧さの可能性を含んでいるから、特に話し手の捉え方が動揺し易いのであるというレベルで解釈することが必要である。なぜなら、以下の例の検討からも明らかになってくる通り、話し手は、たとえまぎれもなく〈個体〉性の明確な指示対象であっても、それを非個体的な〈連続体〉であるかのように捉えたり、逆に、まぎれもない〈連続体〉であっても、それを〈個体〉化して捉えるという、知覚ないし認知的な営みをする能力を有しているからである。（そして、ここまで考えてくると、日本語のように、「〈数〉のない」言語というのも、人間の認知の仕組が生み出す一つの可能性として、十分ありうる姿であるということ、そしてそれを説明するには、どのような方向に論を進めればよいかということもかなり見えてくるのではないであろうか。）

'go to school / church / bed' と同じような状況は、それ以外にも広く行きわたっている。'by train' や 'on foot' の場合、本来〈個体〉を表わす名詞が冠詞もとらず、〈複数〉にもならない形——特に〈歩く〉場合は〈あし〉は複数のはずであるのに、単数形としてしか現れないことに注意——で使われているが、これももちろん、移動の手段という〈機能〉という様相で捉えられているからである。学校文法でお馴じみの 'elect him president' の類の言い方で補語に名詞が来ても冠詞をとらないというのも、名詞が〈資格〉を有する〈個人〉よりも、

〈資格〉そのものを意味する形で捉えられているからである。実は、ここでも捉え方の動揺は見られる。英語では目的補語の場合は右の捉え方に比較的几帳面に従うけれども、主格補語では〈個体〉性と結びつく表現の仕方をする。同じゲルマン語でもドイツ語では、〈資格〉としての捉え方が一貫している（Ich bin Japaner — I am a Japanese）し、ヨーロッパの言語の中では、この点での〈個体〉志向性ということでは英語はむしろ特殊と言えそうである。

'a kind of dog', 'a type of gun' といった表現で本来〈個体〉性の明確なはずの〈犬〉や〈鉄砲〉を表わす語が無冠詞、単数で用いられるのも、抽象的な一般概念を表わすものとして使われていて、指示的機能を担っていないからである。〈町の破壊〉ということで 'the destruction of a / the city' と 'city destruction' という対立が生じるのも、後者では 'city' という名詞は指示的機能を失っているからである。

指示的機能の喪失ということとの関連では、ドイツ語の次のような場合も考えてみると興味深い。

Spielen Sie Klavier ?（ピアノはお弾きになりますか）

Nehmen Sie bitte Platz !（どうぞお坐り下さい）

Klavier（ピアノ）やPlatz（席）という語は、このような場合、無冠詞で使われる。それぞれspielen（演奏する）、nehmen（とる）という動詞と意味的に融合して、〈個体〉としてのピアノや席を指すという意識が薄れてしまっているからであろう。'Auto fahren'（車を運転する）、'Schi laufen'（スキーをする）のような言い方になると、動詞が自動詞としてよく使われること（'fahren'（行く）、'laufen'（走る））からしても、'Auto'（自動車）や'Schi'（スキー）という名詞が〈個体〉的な対象を指示するという感じは、ますます薄れる。他方で'Klavierspieler'（ピアニスト）、'Autofahrer'（ドライバー）、'Schilaufer'（スキーヤー）などの表現が出来るということを考えると、右で扱ったような場合のKlavierほかの名詞は、前述の英語のcity destructionにおける名詞cityと同じ程度に、指示的機能を失ったレベルのものと考えることができよう。なお、英語では'Do you play the piano ?', 'Please take the seat'のように冠詞を伴なった言い方をするのが普通である。（ただし、職業的な演奏家について言う場合は、楽器名の定冠詞は落とせるという。）しかし、他方では、既に挙げた英語での冠詞のない'by train', 'go to school / church'といった言い方に対してドイツ語では定冠詞をつけた言い方（'mit dem Zug', 'zur Schule / Kirche gehen'）をすることもあるし、また'go to bed' — 'zu Bett gehen', 'go on foot' — 'zu Fuss gehen'などと冠詞なしで対応することもある。

5 〈数〉の用法の揺れ

〈単数〉として扱うか、〈複数〉として扱うか——一見指されている対象が客観的にどのようなものであるかによって決まる区別のように思えるが、実際にはそうではなくて、問題となる対象が話し手によってどのように捉えられるかに依るものである——こういうことを示唆する言語的な証拠をさらにもう少し見てみることにする。

英語だけを見ていると気づかないことであるが、同じ西欧の言語でも、〈単数〉扱いにするか〈複数〉扱いにするかということに関して、差が見られることがある。'information' は、多分そのもっとも目につき易い例であろう。英語の 'information' は〈複数〉にされない名詞であって、どうしても数を問題にしなくてはならない場合には、'two pieces of information' のような表現が採られるというのは学校でもよく教えられる通りである。しかし、フランス語の 'information'、ドイツ語の 'Information'、スペイン語の 'información' などは、(特に形容詞を伴なう形で) 不定冠詞と結びついたり、複数の語尾をとったりして使われる。同じように、英語の 'evidence', 'advice', 'knowledge' などは普通単数の形でしか用いられないが、これらとほぼ意味的に対応するフランス語やドイツ語の単語だと、複数形 ('conseils', 'preuves', 'connaissances'; 'Ratschläge', 'Beweise', 'Kenntnisse') で用いることが可能である (Mufwene 1984)。少し前までなら、これらは言語のまぎれもない〈恣意性〉を示唆する証拠ということで取り挙げられたことであろう。現在の時点ということで言うならば、これらは人間の認知の営みにとっては何が可能であるかを示唆する興味深い事実である。

この種の揺れは、実は他の言語との比較対照を考えてみるまでもなく、同じ一つの言語の中でも認められる。例えば〈小説〉の意味での‘fiction’と‘novels’、〈詩〉の意味での‘poetry’と‘poems’、〈牛(の群)〉の意味での‘cattle’と‘cows’など (Mufwene 1984) を考えてみるとよい。それぞれの組で最初の語はいわゆる〈不可算〉(uncountable) 名詞で原則として複数形にならないが、二番目に挙げた語の方は〈可算〉(countable) 名詞でごく普通に複数形になりうる。

さらに一見これらと似た関係にあるように思えるものとして、‘spaghetti’と‘noodles’、‘wheat’と‘oats’、‘garlic’と‘onions’といった対応 (Mufwene 1984) がある。いずれも最初の名詞が〈不可算〉扱いであるのに対し、二番目のものは〈可算〉扱いである。これらの例に見られる揺れについても、従来の解釈は言語は〈恣意的〉なものであるが故のことというのであった。例えば、一昔《ひとむかし》前の代表的な言語学の入門書であったグリーソンの書物 (Gleason 1961) では‘Rice is good for you’と‘Beans are good for you’,‘a grain of rice’/*‘a rice’と‘a bean’/*‘a grain of beans’のような対応が取り挙げられ、そのような趣旨での説明がなされている。最近では、例えばヴィエジュビカ (Wierzbicka 1985) が、

'wheat' と 'oats' について詳しく論じているように、現在の認知言語学的な立場はそれとは正反対である。このような揺れも十分に〈有契的〉(motivated) な現象であるというのである。究極的には、それは対象の視覚的なサイズばかりでなく、人がそれとどのような形でつき合うか——例えば、一粒一粒が意味を持つようなやり方なのか、ある程度まとまった量単位で普通扱われるものなのか——といった経験的基盤が関わっているものであるという。人間の認知的な営みは主体的なものではあるが、〈恣意性〉の発想を裏返しただけのように、完全に自由奔放な無制約性によって特徴づけられるものではないのである。

6 〈個体〉の〈連続体〉化と〈連続体〉の〈個体〉化

名詞の〈数〉の扱い方について、いろいろな揺れがあることを見てきたが、そのような観察からどのような結論が引き出されうるかは既に十分明らかであろう。すなわち、名詞が〈可算〉、〈不可算〉のいずれに扱われるかは、その名詞自体にもともと決まっていることではなく、話し手がその名詞の指示対象をどのように捉えるかによって決まってくるものであるということである。ただし、その名詞の指示対象自体の特性、および話し手の側でのそれとの相互作用のなされ方によって、〈可算〉、〈不可算〉のいずれとして扱うかに関して、ある程度の制約が課せられているということはつけ加えておかなくてはならない。

最近の辞書では、名詞に関してそれが〈可算〉、〈不可算〉のいずれに用いられるかを〔C〕や〔U〕という標示で表わすのが普通になっている。これは一見、〈可算〉、〈不可算〉の区別が個々の名詞についてもともと決まっているかのような印象を与えるが、実際にはその名詞が通常よく使われる場合を念頭に置いての標示に過ぎない。このことは、極端な場合を考えてみるとよく分かる。

極端な場合というのは、二つの形で起こりうる。一つは、通常まぎれもない〈個体〉を指して使われる名詞が〈不可算〉扱いになるという場合、もう一つは、通常まぎれもない〈連続体〉を指して使われる名詞が〈可算〉扱いされるという場合である。後者の場合は、辞書において、ないしは文法のレベルででも特に扱われることがあって、それ程珍しいことではない。例えば本来〈不可算〉扱いのはずの'wine'という名詞でも、それが異なるいくつかの〈種類〉を表わすような時には'wines'という複数形で使えるというような場合、あるいは、喫茶店でコーヒーを二人分注文する時、茶碗に入ってという拡がりの〈限定〉された形のものというイメージであるから'two coffees'と言ってすますことができるといった場合である。いずれにせよ、本来、質的に〈均質〉で量的に〈無限定〉であるはずの対象に、質的な差異化（cf. 'wines'）ないしは量的な限定（cf. 'coffees'）を加えるという操作が認知的に行なわれて、〈可算〉扱いの可能なものに転化させられたわけである。

これに対し、前者の場合、つまり、本来〈個体〉に適用される名詞が〈不可算〉扱いになる極端な場合、というのは、それ程話題にされない。しかし、もちろん十分ありうることである。そのような一例が哲学的な議論のコンテクストの中ででではあるが、ペルティエ(Pelletier 1979)によって論じられている。仮りに、そこに放り込むとすべてのものが無定形の物質に化せられてしまうような「万能破砕器」(universal grinder)があったとする。一個のステーキ(*a steak*)をそこに放り込めば、そこから出てくるのは無定形のある程度の延長を有する挽《ひ》き肉である。そのようなことを何度も繰り返して、得られたものが床に撒《ま》き散らかされていたとする。そういう状況を指して、無冠詞の*steak*という形を使って'There's *steak* all over the floor.'と言えるはずである。ところで同じことを人(*a man*)について行なったとする。そうすると、最終的に生じた状況について、'There's *man* all over the floor.'と言えるはずである。〈個体〉という概念のプロトタイプとも言うべき〈人〉を表わす語が、ここでは〈不可算〉として十分正当に扱われうるわけである。興味深いことに、既に構造言語学の段階でもグリーソン(Gleason 1965)が次のような例を論じている――'Johnny is very choosey about his food. He will eat *book*, but he won't touch *shelf*.' 白蟻《しろあり》の母親が息子のことを言っているという想定である。

このような例は、一見大変特殊な場合に初めて成り立つものに過ぎないように思えるかも知れないが、実はもっと日常的な状況で見られる次のような〈可算〉と〈不可算〉の交替と基本的には何ら変わるところがない(Mufwene 1984)。

(5) It is because I like *lambs* that I don't like *lamb*.

(6) (a) Add a little *apple* to the salad.

(b) Add a few *apples* to the tray of fruits.

(7) (a) Mary has been eating a lot of *fruit* recently.

(b) Mary has been eating a lot of *fruits* recently.

右の例からは、さらに他にも重要なことが読みとれる。三つの例のいずれにおいても、同じ名詞が一方では〈不可算〉（つまり、〈量〉扱い）、他方では〈可算〉（つまり、〈数〉扱い）となっている。(5)では'lamb'という名詞は一方では〈食肉〉、他方では〈(個体としての)動物〉を指しているから、〈不可算〉、〈可算〉の区別は一応現実の状態に対応しているとも言える。しかし、(6)の'apple'では、〈不可算〉、〈可算〉の区別は、〈果肉〉か〈(個体としての)果実〉という現実の状態に対応しているとは、もはや言えなくなる。現実にもっともありそうな日常的な状況では、リンゴはある程度の大きさで切り刻まれてはいるであろうが、完全に無定形の果肉になっている必要はない。さらに(7)になると、(a)の'fruit'を〈不可算〉扱いにしている表現は、メアリがいつも果物を〈個体〉としての形をとどめたまま、丸かじりしているといった場合でも全く差支えないわけである。現実にはまぎれもなく

〈個体〉であるようなものであっても、まるで〈連続体〉であるかの如く認知レベルで（そしてそれに基づいて、言語レベルでも〈不可算〉として）処理されうるということである。

7　メトニミー的過程㈠

前節で見た限り、〈個体〉の〈連続体〉化は二つに下位区分し得るようなやり方で起こっている。その一つは、それが言わばもっともまともに——つまり、物理的に——起こる場合である。一定の輪郭を有することによって特徴づけられた〈個体〉が何らかのやり方によって破砕され、無定形の（そして典型的には均質な）質量体に化せられてしまうという場合で、具体的には個体性を有する〈動物〉が〈食肉〉に、〈果実〉が〈果肉〉に、それぞれ変じられてしまうというような場合である。〈個体〉であった指示対象が無定形化、均質化されてしまうわけであるから、この場合の〈不可算〉名詞への移行は、一応指示対象に関わる客観的な状況の変化によって条件づけられている（あるいは、主体的な捉え方の変化もそれによって高度に規定されている）と考えることが出来る。

もう一つの場合は〈個体〉が直接〈連続体〉化するというのでなく、まず複数の〈個体〉が〈集合体〉を形成し、これが次に〈連続体〉化されるという場合である。この〈集合体〉が〈連続体〉に移行するという過程にも、いくつかの型がありうる。一つは、〈集合体〉を構成する〈個体〉のサイズが小さくなり、無限小に近づくという過程を通じての場合である。例えば〈小石〉(pebbles) ―〈豆〉(beans) ―〈米〉(rice) ―〈砂〉(sand) といった系列を考えてみるとよい。構成する〈個体〉の粒が小さくなるにつれ、〈集合体〉よりも〈連続体〉として知覚される容易さが増す。(そして、英語ではたまたまこの場合は、〈豆〉(beans) と〈米〉(rice) の間で、両者の境界線が越えられることになる。)

構成する〈個体〉の大きさということが個体の集合を〈集合体〉か〈連続体〉か、いずれとして知覚するかに重要な関わりを持っていることは明らかである。そして、この限りにおいては、現実に関わる客観的な状況も、〈可算〉か〈不可算〉かという認知に十分制約として働きうるわけである。しかし、ここでも究極的な要因は言語を話す主体の方にある。例えば〈個体〉として十分に目立つ程度の大きさを有しているものでも、それが群をなしている状況を十分に離れたところから見るのであれば、距離が大きくなればなるほど、個体のサイズは知覚的に小さくなり、遂には〈無限小〉に至るところがあるはずである。しかも、この場合の「距離」も物理的なものである必要はない。心理的な遠さであってもよいわけである。例えば典型的に〈個体〉性の顕著な〈人間〉であっても、広場に集まった状態で俯瞰《ふかん》されれば‘crowd’として、昆虫レベルの集合にも等しい扱いを受けうるわけである。

さらに、もう一つ、右で述べたのが話す主体としての人間の〈身体性〉に関わる要因であるとするならば、今度は人間が問題となる集合体とどのように関わるかという〈相互作用〉

という要因も無視できない。たとえ構成する〈個体〉の大きさが全く同じであっても、一方は〈集合体〉の状況で人が関わる対象であり、他方はなお構成する〈個体〉と関わる状況もあるような対象であるというような差があれば、〈可算〉か〈不可算〉かの認知にも十分な影響を持ちうる。〈牛〉というような一応十分に目立った〈個体〉性を有するものでも、その集合が'cattle'という形で単数扱いされうるような場合に関係しているのは、その要因であろう。当然ここでは、文化的な要因もかなり制約として働きうるわけである。

先程取り挙げた oats と wheat が〈数〉に関して違った扱いを受けるという場合についても、同様の文化的な要因を考えることができよう。食品として消費される段階でも、oats の方は例えばオートミールとして、ある程度の大きさを保った穀粒の姿で供される。他方 wheat の方は、普通、小麦粉として本来の穀粒としての姿もとどめないような形で出会う。この種の生活面でのその対象とのつき合い方の違いということも、〈数〉に関しての二つの名詞の扱い方の違いに全く無関係ではあるまい(Reid 1991 参照)。

ただし、一つぜひつけ加えておかなくてはならないことがある。伝統的には oats と wheat の違いは「恣意的」な事象、つまり、言語の気まぐれに過ぎないと考えられていた。しかし、右のように考えてくると、決してそのようなものではなくて、十分に「動機づけられた」事象であることがよく分かるという印象を受けるであろう。しかし、大切なことは、ここで言う「動機づけられている」ということは、自然科学の関わる典型的な事象における場合のように、ある原因があれば必ずそれに伴なう一定の結果が生み出されるというような関係の存在を前提とするものではないということである。経験面での動機づけの違いが必ず言語化される場合の差となって現れてくるという保証はない。また現れる場合でも、同一の結果として顕現されるとも限らない。例えばドイツ語では、oats と wheat に相当する差は言語化されていない。oats に相当する Hafer も wheat に相当する Weizen も、いずれも普通は単数形でしか用いられない名詞として共通の振舞い方をする。しかし、そうかといって、このような英独語における言語レベルでの扱い方の差が英語圏、ドイツ語圏における燕麦《えんばく》と小麦についての経験内容の差によって動機づけられているとするのは困難であろう。

人間における〈動機づけ〉は、一定の結果の生起と確実に結びつく〈原因〉と同じ次元では扱えない。自然現象について言えるような確実な「予測可能性」(predictability) は、前者には期待できるものではない。しかし、これは事情が全くでたらめによって支配されていて、前者のような発想が無意味だということではないのである。予測される結果が生起するかどうかは分からない――しかし、生起する限りは、それが予測されるような形で起こり、逆にはならないということである。つまり、食文化が英語圏と基本的に同じであるような言語圏である限りは、燕麦の方が単数扱いのみ、小麦の方には複数形が付与されるというようなことにはならないはず、ということである。

8　メトニミー的過程(二)

〈可算〉の名詞が〈不可算〉に読み替えられる場合の認知的な過程の一つとして、前節では、〈集合体〉であってもそれを構成する〈個体〉の間の空間を認知的に埋めるという操作によって、全体を〈連続体〉化してしまうという場合を見た。この種の認知的な過程は別に珍しいものではない。言語に反映された例としては、他にも、例えばレイコフ（Lakoff 1987）を読んだ人は、‘multiplex’（つまり、多数の個体より成る集合体）が‘mass’（つまり、均質な質量体）に変換される操作として‘over’の多義性の一つの場合の説明で言及されているのを記憶しているであろう。例えば、‘The guards were posted all *over* the hill’, ‘There were flies all *over* the ceiling’, ‘There was a veil all *over* her face’という三つの文での over という前置詞の意味を較べてみると、最初の文では岡に見張りが点在するだけであるのに対し、最後の文では、顔が余すところなくベールによって覆われているという違いがある（そして二番目の文はその中間あたりの段階に相当する）ということが感じとれよう。客観的には異なる状況でありながら、なぜ同じ over という語で言語化されているかといえば、個体の点在という‘multiplex’な状況があった場合、個体どうしの間隙《かんげき》を埋めて全体を一様な‘mass’に変換してしまうという認知的な操作が言語の使い手としての人間の側にあるからである。（少し先走ることになるが、言語を離れても、例えば芸術的な意味での〈間《ま》〉――例えば恐らくそのもっとも原型的な場合として、拍子木の打ち鳴らされる間隔を構成する空白が積極的な意味あるものとして受け取られる過程――に関して起こっていることも、基本的には同じものであろう。究極的には、バルトの言葉を借りると、「すべてのものを意味づけにしてしまわないと気のすまない」（Barthes 1970）人間の性《さが》にも、その延長を見てとることができるのかも知れない。）

右で見た過程は、メトニミーの中でも、〈部分〉―〈全体〉の関係に基づく型のものと考えることができる。〈集合体〉を構成している〈個体〉は、その〈集合体〉の部分である。本来そのように〈部分〉でしかない〈個体〉がその数を極限にまで増加させ、〈集合体〉内の空白を埋めつくして〈全体〉に等しくなるに至るか、あるいは、〈部分〉でしかない〈個体〉が言わば自らを展延して、遂には同じように〈集合体〉内の空白を埋めつくして〈全体〉に等しくなるに至る――このような過程が（物理的に起こっていようと、いるまいと）とにかく認知的に生じている場合である。この場合は、典型的には、〈個体〉がその内包はそのまま保ちつつ、外延だけを変化させるということが起こっている。（内包を保っているが故に、〈均質な〉連続体化ということになるわけである。）

〈可算〉名詞の〈不可算〉化を引き起こすメトニミー的過程には、もう一つの重要な型のものがある。例えば、'car' や 'bed' は通常は典型的な〈可算〉名詞ということであろうが、次のような用いられ方の例が挙げられている（Allan 1980：552）。

(8) *Car* is the best mode of transport.

(9) *Bed* has so many happy associations for them.

右の例のような場合、〈自動車〉なり〈ベッド〉なりといった〈個体〉が展延されることによって〈連続体〉化しているとか、あるいは、それらの〈個体〉より成る〈集合体〉が極限的な多数化、ないしは認知的な補塡《ほてん》によって〈連続体〉化している、というように捉えるのは困難に感じられる。

そうではなくて、このような場合に起こっているのは、本来〈具体的〉な〈個体〉を指示するという働きで用いられうる名詞が、〈一般的〉(generic）な意味で使われることにより〈抽象化〉し、まるで抽象名詞であるかのような振舞い方をしているということである。その点をいくらか強調する形で日本語に移してみるならば、「自動車トイウモノ」、「ベッドトイウモノ」といった訳が対応する使い方であるということである。このように〈一般化〉する意味で使われることによって、(8)の car も(9)の bed も〈指示する〉(refer to）という機能を失い、それぞれの属するカテゴリーのプロトタイプをラネカー（Langacker）の言う意味での〈スキーマ〉(schema）――つまり、ある（一連の）対象について共通に妥当するような抽象度の高い構造的図式——レベルのイメージとして〈表象している〉(represent) という感じである。

例文(8)、(9)のような場合は、極端な場合と考えられるかも知れない。もしそうならば、それと日常言語での普通の使い方とを結ぶものとして、学校文法でもお馴じみの「総称表現」の作り方を想起してみるとよい。

(10) (a) *A dog* is a faithful animal.
(b) *The dog* is a faithful animal.
(c) *Dogs* are faithful animals.

現代英語についての最高の文法書と目されるクワークほか共著の書物 (Quirk *et al.* 1985 : 281-82) では、三つの場合の違いについては、それぞれ(a)は「その部類の代表的なメンバー」、(b)は「典型的な標本によって代表されたその部類」、(c)は「区分のない全体として捉えられたその部類」と説明されている。

右の説明からも、(a)は〈具体的〉な個体レベルでの一般化、(b)は個体を超えた〈抽象的〉なレベルでの一般化、という対立は十分に読みとれよう。この対立は、実は現在のプロトタイプ論との関連で捉え直してみると、もっと広い展望と結びつけることが出来るように思われる。認知言語学的なアプローチでは、〈プロトタイプ〉はもっとも重要な基本的概念の一つであるが、現時点ではその規定に関して二つの対立する立場が存在している。一つは、そのカテゴリーのメンバーとしての認知に関わる具体的な特徴を典型的に備えた具体的な事例として捉える（その際には、そのカテゴリーのメンバーとして認知されるかどうかは、その典型的な事例にどの程度近似しているかで決まる）という場合、もう一つは、そのカテゴリーのメンバーを共通に特徴づける高度に抽象的な図式――つまり、〈スキーマ〉――として捉える（その場合には、そのカテゴリーのメンバーとして認知されるかどうかは、その共通の図式によって特徴づけられるかどうかで決まる）という場合である。そうすると、不定冠詞を伴なう(a)のような総称表現の背後にあるのは前者のプロトタイプ規定、定冠詞を伴なう(b)のような総称表現を支えているのは後者のプロトタイプ規定、という対応がごく自然に考えられるであろう。さらにそうならば、二つのプロトタイプ規定は相互排除的なものではなく、究極的に人間にとって可能な二つの基本的な認知様式で、相補的に機能するものということになるかも知れない。

話をもとに戻すと、(10b)のような場合、本来具体的な個体を指示して用いられる名詞が定冠詞を伴うことによって抽象化し、もはや指示機能を持たないという状態になっている。この方向でさらに抽象化が徹底した場合、(8)、(9)で見たように冠詞も伴わない形で使われる段階に至りつくと考えるわけである。定冠詞を伴なう段階であれば、コンテクスト次第では、なお指示機能と結びつくことも可能である。冠詞も伴わない段階に至れば、指示機能と結びつくことはもはや適わない。

9 〈部分〉―〈全体〉と〈具体〉―〈抽象〉

〈可算〉の名詞が〈不可算〉に読み換えられる認知的な過程に、二つの場合があるのを見た。第7節で見たのは〈連続体化〉という過程を通して、第8節で見たのは〈抽象化〉という過程を通して、ということであった。〈可算〉であるということが典型的に〈具体的〉な〈個体〉というものと結びつくということを考えれば、二つの過程はこの〈個体性〉と〈具体性〉という特徴のそれぞれと関わっており、いずれもその特徴の消滅という方向で働いていることが分かる。別の言い方をすれば、〈可算〉という特徴を典型的に備える個体名詞が、一方では集合名詞化の段階を経て物質名詞化するという過程によって、他方では抽象名詞化するという過程によって、それぞれ〈不可算〉化するということが起こっている。前者は、個体名詞がその外延に関して変化する（〈部分〉から〈全体〉へ）ということ、後者ではその内包に関して変化する（〈具体〉から〈抽象〉へ）ということ、がそれぞれ起こっているわけである。〈部分〉と〈全体〉、〈具体〉と〈抽象〉は、いずれも〈メトニミー〉を成立させる重要な関係である。メトニミーの重要な型としては、この他に〈時間的近接〉（そして、恐らくそれを経験的基盤として派生されると考えられる〈原因〉—〈結果〉という関係）があるが、こうした〈時間〉を基盤にするものを除くと、この二つの型の占める地位の重要さは明らかであろう。いずれも〈無時間的〉な性格のものとして、この二つの型にも共通の経験的基盤があるであろうか。〈部分〉—〈全体〉の関係に〈空間〉的な経験が関わっているのは、言うまでもないであろう。

〈具体〉—〈抽象〉の方は、〈空間〉的な経験というものとはすぐには結びつかない。しかし、媒介項として、〈特殊〉—〈一般〉という対立項の組を導入してみるとよいであろう。〈特殊〉—〈一般〉という対立は、〈包摂関係〉(hyponymy) にある〈下位項〉(hyponym) と〈上位項〉(superordinate) の関係として捉えられる。例えば〈針葉樹〉—〈松〉—〈赤松〉という包摂関係で、〈松〉という項はその上位項〈針葉樹〉との関連ではそれに包摂される〈特殊〉な部類であり、その下位項〈赤松〉との関連では、それを包摂する〈一般〉的な部類である。その意味で、〈上位項〉は〈下位項〉に対して、〈下位項〉をメンバーとして含む〈カテゴリー〉、〈下位項〉はメンバーとして〈上位項〉の表わす〈カテゴリー〉に属すると言うことができる。

ところで、〈カテゴリー〉という概念が認知的に把握されるもっとも普通の形式は、メンバーを収容するだけの拡がりを持つ〈容器〉というメタファー的捉え方であるということがよく指摘される (Lakoff 1987 : 283)。もしそうだとすると、〈下位項〉の容器の収容するメンバーは〈上位項〉の容器が収容しうるメンバーの部分集合でしかないという意味で、ここにも〈部分〉―〈全体〉の関係が認められるわけである。そこで、外延に関しての〈特殊〉―〈一般〉(=〈狭い外延〉―〈広い外延〉) という〈部分〉―〈全体〉関係が内包に関するものに読み替えられれば、〈具体〉と〈抽象〉(=〈多い内包〉―〈少ない内包〉) という〈全体〉―〈部分〉関係になる。外延の方が内包よりも、直接的な経験の対象として捉え易いということを考えるならば、〈具体〉―〈抽象〉という関係も〈特殊〉―〈一般〉という関係を媒介にして、結局は〈部分〉―〈全体〉という基本的には〈空間〉的な関係から派生されたものと理解することができる。

〈部分〉から〈全体〉、〈具体〉から〈抽象〉という二つの過程の並立が単に恣意的なものではなく、十分に動機づけられているということは、具体的な例との関連で裏づけることもできる。先に挙げた例文(8)、(9)と並んで、Allan (1980 : 552) には、実はもう一つ次のような例文が出されている。

(11) *Spider* is a shrike's best food.

最初の印象は多分、この場合の〈蜘蛛《くも》〉を表わす名詞の不可算化は前節で触れた次のような例文と同じ動機――つまり、〈食物〉という形での不可算化――によるものということであろう。

(12) Johnny〔a termite〕...will not eat *book*, but he won't touch *shelf*.

しかし、次のような例（Hirtle 1982：84）はどうであろうか。

(13) *Oak* and *beech* began to take the place of *willow* and *elm*.

一つの受け取り方は、〈個体〉から〈集合体〉、〈集合体〉から〈連続体〉という変換――つまり、〈部分〉→〈全体〉の過程――を経て不可算化が成立しているとするもの、もう一つは、具体的なメンバーとしてではなく、抽象的なカテゴリーのレベルで捉えられている――つまり、〈具体〉→〈抽象〉――によって不可算化が成立しているとするものであろう。しかし、(13)のような場合はそのいずれの捉え方がよいかということについては、断定的な判断は困難に思える。むしろ、両方の可能性が重なる曖昧な場合と受け取ることができよう。（このような場合を念頭に置いてもう一度先程の例文(11)を見直してみれば、〈部分〉→〈全体〉の型の過程ばかりでなく、カテゴリーとしての動物種が問題になっているが故の不可算化であるという意味で、〈具体〉→〈抽象〉の過程も関与しているという捉え方の可能性も十分に感じとることができよう。）具体的な使用例において二つの型の解釈が重なりうる――このことによっても、両者は十分に動機づけられた対立に基づいているということが分かる。最後に、以上の検討との関連で Hirtle (1982 : 57) で言及されている次のような例を考えてみよう。

(14) We bagged three *elephant* that day.

(15) We have reared three white *rhino* at the London zoo.

私たちは、英語では sheep, deer, fish といった名詞は例外的に「単複同形」であって、例えば three sheep/deer/fish のように複数語尾を伴なわないで——あるいは専門的な言い方では、〈ゼロ〉語尾を伴なって——使われると教わる。ところが(14)、(15)では、通常は複数の語尾 -s を伴なって使われるはずの名詞が「単複同形」であるかのように使われているのであるから、何か日本語の名詞の使い方を想起させるようで大変興味深い。普通なら複数形で使われるはずの名詞が、どのような場合に単数形のまま用いられるのであろうか。(14)、(15)に見られるような用法は、例えば野生動物保護区の係員とか、動物園の飼育係とか、その道の専門家による発言の場合に限られると言う。このような場合、通常のペットとして飼っている人たちの場合のように〈個体〉が重要な意味を持つのではなくて、「種の概念が前景化されている」(species-animated) 使い方であるから、複数形にならないというわけである。個々のメンバーのレベルでなく、それらを包摂するカテゴリーのレベルで捉え表示しているのであるとすると、これも〈具体〉↓〈抽象〉という過程を通じてのメトニミー化の起こっている場合の一つということになる。ただし、そのままの形で数詞を伴なうといういわゆる「内部複数」(internal plural) の形をとっているから、具体的な個体のイメージもまだ喚起可能な状態にとどまっているわけである。その意味では、〈部分〉↓〈全体〉の過程での〈集合体〉から〈連続体〉へ移行するすぐ手前あたりの段階にあるとも言えよう。ここでも〈具体〉↓〈抽象〉と〈部分〉↓〈全体〉という二つの過程の重なりが認められるわけである。

10 主体的把握としての〈単数〉と〈複数〉

ふつう私たちが英語を教わる折には、sheep, deer, fish といった名詞に限って例外的に単複同形であると教えられる。そのため、それら以外の例えば elephant という名詞について 'three elephant' のような使い方がされることがあるというのは俄《にわ》かには信じ難いという気がするであろうし、また仮りに事実だとしても、英語の話し手たちがどのように意識しているのか、いささか不思議という気持が残るのではないだろうか。

英語の〈数〉についてのリードの著作 (Reid 1991) には、このあたりについての認識を深めるのに役立つような、興味深いインフォーマント・テストが論じられている。

問題となるのはbearという名詞であって、次の三つの用例について判断が求められる。

A　I pressed my head against the bars of the cage. Two *bears* were nuzzling each other, while a third was warming himself in the sun.

B　Late that night the park ranger sighted several *bear* / *bears* prowling near the garbage pile.

C　Eskimos often hunt *bear* by luring them out of their lairs with the carcass of a seal.

Aは多分動物園のようなところで熊のいる檻《おり》をのぞき込んだ際の状況描写、Bは国立公園のような広大な地域をパトロールしていた係官が残飯をあさる熊を目撃したという報告、Cはあざらしの肉でおびき出して熊を捕えるというイヌイット族の狩猟のやり方を説明したもの、である。Aでは複数形のbears、Bでは複数形のbearsまたは単複同形のbear、そしてCでは単複同形のbearが提示される。

テストでは、この三つの例文がAとB、BとC、AとCというふうに二つずつ組み合わされる。そしてAでは常に複数形bears、BではAと組み合わされた場合はbear、Cと組み合わされた場合は bears、Cでは常に単複同形の bear という形での提示がなされ、それぞれの場合に単複同形の bear を使っている方について自然な用い方かどうかを判断させる。その結果は、それぞれの場合で単複同形の使用を是とする反応はA（bears）―B（bear）という組み合わせで七四パーセント、B（bears）―C（bear）という組み合わせで八二パーセント、A（bears）―C（bear）という組み合わせで九八パーセント――全体を通しての単複同形の使用に対する是認度は平均して八七パーセント――であったという。

三つの例文からも分かる通り、Aは主人公が物珍しげに檻の中の個々の熊の振舞い方を観察しているという場合、Bは熊の一般的な生態について既に承知しているはずの人物による観察、そしてCは狩猟の対象とされる類としての熊への言及という差がある。AからB、BからCへと移るにつれて、個々の熊に対する関心から種としての熊への言及へと捉え方が移行しているのが読みとれよう。そして、組み合わされる二つの例文で、個々の熊に対する関心が相対的に低く、逆に種全体としての熊への言及が相対的に強く出ている方で単複同形の使用が十分に高い割合で是認されているわけである。

テストの結果の示唆するところは明らかであろう。テストの対象となった英語を母語とする話し手たちは、bear という名詞が場合によって単複同形で使われうること、そしてそのように使いうるのはどのような場合であるのかをいちいち教えられているわけではない。同じように二頭以上の熊のことを言語化する際でも、個々の存在というレベルでの熊に関心のある場合には〈有徴〉の複数形のbearsを使い、そうではなくて、種のレベルでの把握ということになると〈無徴〉のbearを選択する――こういう使い分けが言語直観としていつの間にか身についているということである。

さらに興味深いのは、複数の個体の存在というレベルでの把握の場合には-sという語尾を伴なった〈有徴〉の形が使われ、種というレベルでのまとめての把握という場合には何ら語尾を伴なわない〈無徴〉の形が選択される――こういう使い分けにも、一種のふさわしさが感じられるであろう。（もし対応が逆であったら、どのように感じられるかを考えてみるとよい。）言語化される〈内容〉とそれを言語化する〈形式〉の間に認められるこの種の平行性は〈類像性〉（iconicity）と呼ばれる。ある内容が言語によって表現される場合、この〈類像性〉という要因が基本的な傾向としてしばしば働くということが認識されている。種のレベルでの把握になると、単複同形で言語化されるということも、実は人間に内在するごく自然な認知的傾向の顕現に過ぎないわけである。

もう一言つけ加えておくなら、辞書で例えば〈鹿〉はdeer（単数）―deer（複数）で単複同形の不規則変化、〈熊〉はbear（単数）―bears（複数）で規則変化と記述してあっても、それは英語の話し手がそのような区別を規則として身につけていて、それに従って英語を使っているというのではないのである。そうではなくて、話し手が持っているのは、個体を意識させるような集合であれば〈有徴〉の形で言語化し、意識させないような集合であれば〈無徴〉の形で言語化するのが自然と感じられる言語的直観である。そのような直観に従って言語化を行なっているからこそ、辞書には記載がなくともbearsでなくbearという「複数形」が現れたりするのである。逆に、deerでなくdeersという複数形がごく自然に出てきたりもする。次の例（Reid 1991：130）では、夜たまたま窓の外に鹿の姿を認めた折の様子が語られているのであるが、deerからdeersへの切り替えがごく自然に起こっていて興味深い。

I looked out and saw seven or eight *deer* standing out in the field. ...As I looked at the *deers* I thought about how nice it was they were safe on our land.

目撃した鹿に対する共感（empathy）が増すにつれて、deersという〈有徴〉の形への切り替えが起こっているのが興味深い。

以上のような検討を通しても十分に理解できる通り、〈数〉という文法的範疇を有している言語においても、〈単数〉―〈複数〉の区別が対象となるものの客観的な数によって決まるのでもないし、また辞書や文法の規定に従って行なわれるのでもないということ、そうではなくて、話し手の捉え方にしなやかに反応する言語的直観によるものなのである。

11　〈数〉のカテゴリーの習得

　ところで、話し手たちはそのような言語的直観をどのようにして身につけて行くのであろうか。〈単数〉と〈複数〉の区別をするか、しないかは、名詞の指す対象を〈可算〉的なものとして捉えるか、〈不可算〉的なものとして捉えるかによる。この区別の習得は、どのように行なわれるのであろうか。実際の習得過程の観察や実験的研究についての報告を綜合すると、英語の場合、ほぼ次のような状況であるように思われる。

　一般に二歳過ぎになる頃までは、すべての名詞を〈不可算〉であるかの如く（つまり、複数形を使うべき場合をも含めて、常に単数形のまま）用いる傾向がある。その後、複数形をとりうる〈可算〉名詞と、とらない〈不可算〉名詞とがあることが習得されて行くが、五歳から六歳過ぎの段階では、〈可算〉か〈不可算〉かどちらの型の名詞であるかは、個々の名詞によって決まっている（つまり、ある名詞は常に単数形でのみ用いられ、他のある名詞は単数、複数いずれもの形で用いられうる）かのような使い方が見られるという。そして、次に大抵の名詞は実際にはコンテクストによって、どちらの型の名詞として用いることが出来るということが理解され、そのような使い方が定着してくるのであるが、それは八歳頃以降ということである。

ところで、子供は何を手がかりに名詞についての〈可算〉、〈不可算〉の区別を身につけて行くのであろうか。この点に関しては、二つの見方が競合した。一つは、名詞によって指される対象の性質(例えば、人間のように個体性を有しているか、あるいは、水のように連続体であるかという区別)に基づいてなされるという考え方、もう一つは、名詞と結びつく限定詞や数量詞が何であるかを手掛りにして(例えば、another と結びつくのは〈可算〉、much と結びつくのは〈不可算〉というふうに)習得して行くという考え方であった。研究の結果は、前者の考え方は妥当しないようであるということであった。というのは、名詞の中にはそれが指す対象が典型的に〈個体〉的であるもの(例えば、person)と典型的に〈連続体〉的であるもの(例えば、water)がある一方、それ程典型的でなくどちらかであるというもの(例えば、cake, bean, noodle など)がある。もし〈可算〉—〈不可算〉の区別が名詞の指す対象の性質によっているものならば、典型的にどちらかであるようなものを指す名詞とそうでない名詞との間では、〈可算〉—〈不可算〉の区別の習得に関して差が出てきてよいはずである。ところが、実際にはそのような差は習得過程の観察データからも、実験的研究の結果からも読みとれないというのである。

そういうわけで、〈可算〉—〈不可算〉の区別の習得には、むしろ名詞がどのような限定詞や数量詞と結びついて用いられるかという言語表現そのものの慣用上の特徴が大切な手掛りとなっていると考えられているようである。ここでも、数量詞によっては使い方の定着する時期に違いのあることが知られている。もっとも早いのはoneとanotherで、これらと結びつく名詞が単一の個体を表わすということの理解は既に二歳台で出来上がると言う。each, every, eitherが単数形の個体名詞とのみ用いられるようになるのは四歳から五歳にかけて、manyと複数形の個体名詞との結合が定着するのは六歳から七歳にかけてのあたり、そしてmuchが単数形の名詞とだけ用いられるようになるのは、さらに遅れるとのことである。

どのような限定詞や数量詞と共起するか——こういうことを手掛りに子供は名詞の中に複数形でも用いられるものと用いられないものがあることを習得して行く。つまり、〈可算〉名詞と〈不可算〉名詞の区別は、何よりもまず言語の慣用上の特徴を手掛りに身につけられて行くわけであるが、実はこの過程で子供は二つの型の名詞の間には、どのような性格の対象を指すかという点でも違いがあること——つまり、〈可算〉名詞は〈個体〉性のあるもの、〈不可算〉名詞は〈個体〉性のないものをそれぞれ指すということ——に気づく。そして以後は、そういう把握を目安に名詞を使いこなすようになると考えられている。この段階で、母語としての話し手にとっての〈可算〉―〈不可算〉の区別についての言語的な直観が出来上ったことになる。

ここで興味あるのは、実際にもし右に述べたようなやり方で英語の話し手の〈可算〉―〈不可算〉という区別についての言語的直観が成立するということであれば、その区別は英語という特定の言語における慣用を踏まえて成り立っていると言える向きが多くあるということである。現実には、〈個体〉性のあるものと〈個体〉性のないものの間に明確な境界線が存在しているわけではない。中間あたりには、どちらとも捉えうるような場合が連続して存在しているはずである。このような場合、どこで境界線を引くかに関して、異なる言語間でずれがあってもおかしいことではない。しかし、一旦線が引かれて言語使用の上での習慣として定着してしまえば、その言語の話し手にとっての〈個体〉性のあるもの、ないものという区別が出来上ってしまうわけである。こういうわけで、既に見た通り、ある言語では〈不可算〉扱いの対象や内容が別の言語では〈可算〉扱い（またはその逆）になったり、あるいは、同じ言語の中で一応同じと思える対象や内容を〈可算〉扱いする語と〈不可算〉扱いする語が並存するということも、十分に起こりうるわけである。

〈可算〉と〈不可算〉という対立に関しての言語的直観の成立に際して、単数あるいは複数のいずれかの形の名詞としか共起しない限定詞や数量詞の存在が深く関わっているとすると、そのような言語的手段が存在しない言語では一体どういうことになるのかという興味が残る。例えば日本語はまさにそのような言語的手段の存在しない言語である。日本語の話し手は〈可算〉―〈不可算〉という対立の把握に関して、英語の話し手と違った振舞い方をするのであろうか。

〈可算〉対〈不可算〉という区別は、基本的には対象なり内容なりを〈個体〉として捉えるか、〈連続体〉として捉えるかということである。〈個体〉は一定の輪郭を有しているのであるから、その認知に際しては当然その〈形態〉に注意が向けられよう。〈連続体〉の方にはそれを特徴づける一定の形はないのであるから、何らかの形を与えられる前の〈素材〉という点での注目が際立つことになろう。こういう想定で、英語を母語とするグループと日本語を母語とするグループについて、それぞれ二歳から四歳あたりの子供、および成人を対象としてなされた実験が報告されている（Imai and Gentner 1993）。

実験は次のようなものである。まず、ある素材で造ったある形態を有する対象物（例えば、コルクで作ったピラミッド）を提示し、それにある仮りの名称（例えば、「ダックス」）を与えておく。次に、それと同じ形態を有するが素材の異なる対象物（例えば、プラスチックで作ったピラミッド）と同じ素材の単なる断片ないし堆積《たいせき》（例えば、コルクの断片）とを提示して、先程の名称を適用するとすれば、どちらに適用するかを言わせる、というわけである。被実験者がもし前者に同じ名称を適用すれば、〈形態〉の上での共通性がカテゴリー化において注目されたということであるし、適用されるのが後者であれば、〈素材〉の上での共通性に注目してカテゴリー化がなされたということである。

実験の結果は単純ではないが、大変興味深い。提示された対象がかなり複雑な形態を有するものの場合（例えば、ジューサー）は、英語の話し手と日本語の話し手の間で振舞い方に有意義な差はない。いずれのグループの被実験者も、〈形態〉の類似に注目した反応をし、この傾向は子供でも大人でも違わない。しかし、提示される対象の形態が比較的単純なもの（例えば、ピラミッド）になると、英語の話し手と日本語の話し手とで著しい差が出てくる。前者は〈形態〉の類似に注目した反応が圧倒的に多い（七〇〜九〇パーセント台）のに対し、後者はそれが目立って少なくなり（三〇〜五〇パーセント台）、むしろ〈素材〉の共通性に注目した反応が優勢になる。さらに提示される対象の形態が極度に単純（例えば、スプレー式の泡で描かれた逆L字形と粘土で描かれた逆L字形といったような場合）になると、二歳台の子供ではどちらのグループでも〈素材〉に注目した反応が優勢（五〇〜七〇パーセント台）という点で共通であるのに、成人になると英語の話し手では〈素材〉の共通性に注目した反応が四〇パーセント台に減るのに対し、日本語の話し手では八〇パーセントという高い割合を占めており、しかも、この英語の話し手と日本語の話し手の間の振舞い方の差は既に四歳児において顕著に（五〇パーセント台と九〇パーセント台）認められるという。

〈形態〉と〈素材〉のいずれに注目するかという点に関して、二歳児の段階では英語と日本語の話し手の間で有意義な差のなかったのが、四歳児になると早くも大きな差が認められ、以後成人に至るまでそれぞれの違った傾向が維持されて行くということなのである。

しかもこの場合、傾向の違いが英語の話し手の方は〈形態〉への注目（あるいは、〈個体〉

志向的）、日本語の話し手の方は〈素材〉への注目（あるいは、〈連続体〉志向的、または、少なくとも〈個体〉非志向的）という対立で現れるということは大変興味深い。実験の結果からすると、この対立は二歳から四歳までの発達段階で急速に顕著になるようである。この期間は丁度初期段階の言語習得が著しく進む時期であることを考慮すると、それぞれの認知的傾向の発達にはそれぞれの言語の習得――つまり、〈可算〉―〈不可算〉を区別して表現形式を選ぶことが義務づけられている言語とその必要のない言語という違った形の言語の習得――が深く関わっていることが十分に想像できる。

ただし、注意しておかなくてはならないのは、このことから単純に、人の認知的傾向は習得する言語の型によって規定されるのであると速断してはならないということである。実験の結果も示している通り、問題となる対象がある程度複雑な構造を有しているような場合（例えば、ジューサー）、英語、日本語いずれの言語の話し手であるかに関係なく、〈形態〉に注目した反応が出てくる。話し手がその対象の機能についても――つまり、それとどう関わるかということをも――知っていれば、〈素材〉への注目の可能性はますます少なくなることも十分想像できよう。

構造的にも機能的にも一定の特徴を有する個性ある対象として把握されているのであれば、そのような〈個体〉に対しては、仮りに言語の型に由来する〈素材〉志向的な認知傾向があったとしても、それが働く余地はないということであろう。逆に対象が〈個体〉であっても、構造、機能の上で何か意味ある存在物と受けとることの出来ないようなものであればある程、〈素材〉志向的な認知傾向が顕在化するということが出来るのであろう。

12 〈名詞〉の本質的な〈不可算性〉

以上、本章では現実に文法的カテゴリーとしての〈数〉のある英語のような言語において、話し手がどのように〈単数〉―〈複数〉の区別を運用しているのか、そして、そのような運用の仕方の背後にある言語的直観とはどのようなものなのか、また話し手はそのような言語的直観をどのようにして身につけるのか、といった問題を考察してきた。

そのような考察から得られた一つの重要な点は、〈単数〉―〈複数〉いずれの形として言語化するかは表現の対象となるものの数が客観的にいくつかということで決まるのではなくて、話し手が対象を〈個体〉性のあるものとして捉えるか、捉えないか――つまり、話し手の主体的な判断によって決まるということであった。（だからこそ、一方で'I saw six *bear*' という言い方がなされたり――本来〈個体〉であるものが〈個体〉性を有しないものとして捉えられる場合、他方で、'Two *beers*, please' と言ったり――本来〈個体〉でないものが〈個体〉性を有するものとして捉えられる場合、のいずれもが起こりうるわけである。）

このように考えてくると、一見過激に見える次のような発言も十分それなりの理由のあるものとして受けとることが出来よう。

……潜在的にはどの名詞も両方〔つまり、単数と複数〕の機能で用いられうるものである。(Christophersen and Sandved 1969 : 110)

あらゆる証拠からして、名詞は基本的には不可算的なものであって、そのうちの多くのものがそれなりの程度で可算的になるということである。……不可算性は無徴である。故に、それが基本形であると推断することが出来る。(Allan 1980 : 554)

可算名詞であれば、単数ならば不定冠詞、複数ならば複数語尾を伴なうという形で〈有徴〉化される。(不可算名詞は、このように〈有徴〉化されることはない。) 不可算名詞であっても、それを可算扱いにしようとすれば、単位化する表現を伴なうとか (例えば、a glass of beer)、複数の語尾を伴なうとか (例えば two beers) して〈有徴〉化されなくてはならない。そうすると、名詞は意味的には〈不可算〉、形態的には何ら他の形式による追加、修正を受けない、言わば裸のままの姿がそのもっとも基本的な在り方であるということになる。

名詞のこのような状態は、たとえて言うならば、動詞の場合の〈不定詞〉のようなものである。〈不定詞〉(infinitive) というのは、〈定動詞〉(finite verb) と対立する概念である。

〈定動詞〉というのが（例えば〈三人称・単数・現在〉というように）主語との〈人称〉や〈数〉の一致、あるいは〈時制〉や〈法〉に関しての限定を通じて、形態の上でも意味の上でも特定化された動詞の形であるのに対し、〈不定詞〉はそのような限定を受けていない、文字通り〈不定〉の形である。

当座の議論の流れの中では、〈不定詞〉に関して次の二点を確認しておくとよい。一つは、〈不定詞〉は普通、動詞が具体的な場面で文の述語として用いられる場合に受けるような限定を受けていないのであるから、ある出来事の特定の事例を〈指示〉しているのではなく、それと慣習的に結びついて喚起される出来事の概念を〈表示〉するのが基本的な機能であるということ、もう一つは、それ故に具体的な場面と関連する文を構成する一部として用いられる場合は、それが用いられている脈絡によって間接的に限定を受けるということである。（例えば、'*To see* is *to believe*' とか 'I like *to walk*' など、いわゆる一般の真理とか習慣を表わす文では、具体的な場面との関連での限定は大変稀薄であるから、〈不定詞〉の本来の機能である概念を〈表示〉するだけという状況がまだ十分受けとれる。しかし、例えば 'I liked to walk' としただけでも、この場面の 'to walk' は話者の過去に関わることという限定が生じてくるし、'John stopped to smoke' ともなれば、ジョンが立ち止まったという過去の時点でのジョンの意図内容を表わしているという限定された解釈を与えられる。）

ところで、動詞の〈不定詞〉についてのこの議論を今度は名詞に適用してみたら、どういうことになるであろうか。先程、英語のように〈可算〉—〈不可算〉の違いを区別して言語化することが高度に義務的である言語においても、〈不可算〉として把握されたレベルでの名詞が名詞の基本形であると考える理由があることを見た。そこで、まず、このようなレベルの名詞をいわば動詞の場合の基本形である〈不定詞〉に相当すると考えることが出来そうである。そうすると、〈不定詞〉について見た二つの特徴——つまり、概念としての表示にとどまり、〈指示〉の働きが稀薄なこと、具体的な場面との関連での〈指示〉は、本質的に〈無徴〉である〈不定詞〉の形に人称や時制に関わる形態上の変化が加えられることによって〈有徴〉化されるか、さもなくば、脈絡からの限定が読み込まれて起こるということ——のいずれもが名詞の基本形としての〈不可算〉レベルで把握された名詞というものにも、十分当てはまるということが見てとれよう。つまり、名詞はすべてそれ自体では何らかのものの概念を表示するだけであるが、それが具体的な場面で用いられ、特定の個体(あるいは個体の集合)を指示する機能を与えられる段階では、必要な限定が加えられる。そのような限定は明示的に言語化して行なうことが義務づけられている場合もあるし、暗示的に脈絡に依存して読みとらせるのに任せるという場合もある、というわけである。

このように名詞の意味を本質的に〈不可算〉的なものとする考え方は、確かに一見とっつき難いという感じがする。数えられる〈個体〉の状態であるものを指して用いる方が名詞にとって普通の場合であって、輪郭の定まらない〈連続体〉を指すのはむしろ特殊な場合である――このような印象を抱いているのではないであろうか。現に〈典型的〉な名詞ということで実験が行なわれれば、人や身近かな動物、あるいは生活で関わりの深い人工物（机とか車など）が挙げられるのが普通である。これらはすべて〈可算的〉な対象である。

しかし、これらは実際のコミュニケーションの場面で、名詞がどのような対象に対してしばしば適用されるかということに関しての経験に由来する認識である。一方、話し手の頭の中には、現実の場面でのそれぞれの名詞の適切な使用をコントロールしているような何かがあるはずである。そのような何かを私たちは常識的なレベルで語の〈意味〉と呼んでいる。あるいは、最近の認知科学的なコンテクストでの議論の慣例に従って、〈概念〉と呼んでもよいであろう。言語の話し手としての私たちは、問題の名詞が適用されるのはこのような〈モノ〉であるという〈概念〉を頭の中に持っている。現実の対象とその〈概念〉とを突き合わせてみて、一応十分と思える程度の一致があると判断するならば、その〈概念〉を表わす名詞を適用するわけである。

ところで、固有名詞は別として一般の名詞の場合、ある名詞が適用される対象は特定の一つの〈モノ〉でなく、一連の基本的には不特定多数の〈モノ〉である。そればかりでなく、それら不特定多数の〈モノ〉は、私たちのことばについての経験からも分かる通り、互いに完全に同じ〈モノ〉ではなく、多かれ少なかれその属性に関して〈ゆらぎ〉の認められる集合である。そのような〈ゆらぎ〉を示す一連の〈モノ〉を捉える〈概念〉ということになれば、

〈概念〉の方もそれに対応するだけの柔軟さを備えているようなものでなくてはならない。

語の〈意味〉としてのそのような〈概念〉をどう表示するかということになれば、恐らくラネカーの言う〈スキーマ（schema）〉（Langacker 1987, 1990, 1991）という形で捉えるのが便利であろう。ここで言う〈スキーマ〉とは、高度に抽象的な心的イメージのことである。この点に関して重要なのは〈高度に抽象的〉であるという点であって、具体的な例で言うならば、かつて哲学者ロックが〈典型的な三角形〉のイメージとは「正三角形でも二等辺でもなく、また不等辺でもなく、同時にこれらすべてでもあり、かつそのいずれでもないようなもの」であると述べた程度に抽象度の高いものと考えればよいであろう。抽象度が高いが故に、個々の具体的な場合に応じていろいろなやり方での特定化を許容するだけの融通性を内蔵しているわけである。

〈三角形〉という概念をスキーマとして捉えるのが可能なのと同じように、〈名詞〉という概念もスキーマとして捉えることが出来るはずである。ラネカーによれば、〈名詞〉とは〈モノ〉を表示するもの、そして〈モノ〉とは、ある概念分野に位置する一つの〈領域〉（region）というスキーマで捉えられるとする。既に考察してきたことを加えるならば、この〈領域〉を規定する境界はこの段階では規定されているわけでもないし、規定されていないわけでもない。そのいずれに特定化されるかは、個々の名詞が具体的なコンテクストで使用される時点で話し手が選ぶことである。（ただし、どのような概念分野のものを指す語であるかによって、境界が特定化され易い、あるいは、され難いという差のあることも、既に見た通りである。）

具体的な言語使用の場で〈可算〉であることの方向で特定化が行なわれる段階では、既に触れた通り、言語的手段を通して明示的に行なわれる場合と、コンテクストに任せて暗示的に行なわれる場合とがあるわけである。言語的手段による場合なら、まず例えば〈可算〉と〈不可算〉とで別の語を用意しておく（ウォーフ（Whorf 1956）の言及しているホーピ語の〈水〉を表わす二つの語——kēyi と pāhe——など）とか、広義の分類詞を添えて可算化する（「一枚ノ紙」、'a sheet of paper' など）といったことがある。これらは語彙的手段による可算化であるが、他方、不定冠詞を添えたり、複数形の表示にするということになると、文法的手段による可算化である。語彙的手段の場合と違い、文法的手段はその適用が一部特定の語に限られるわけではないから、可算化を言語化する手段が言語により深く組み込まれている場合と言える。文法的手段による場合を一方の極とするならば、もう一方の極は何ら特別の語彙的、文法的手段を使うことなく、可算化の解釈を完全にコンテクストに委《ゆだ》ねるという状況ということになろう。英語のように名詞の〈可算〉化が文法的手段として組み込まれている言語では、そのような状況は例外的にしか起こり得ない（例えば、'John ate some fish' のような場合が考えられよう）が、日本語の場合はむしろそれが常態である（例えば、「枯枝ニ烏ノ止マリタルヤ秋ノ暮」の「烏」の数）。

以上のような考察を重ねてくると、名詞に関して〈単数〉―〈複数〉の区別をしないという日本語の状況も、かなり違ったふうに見えてくるのではないであろうか。少なくとも、何か極めて特異な状況というのではなく、あり得る場合の一つが具現されているだけのことであるという印象が抱けるのではないかと思われる。この点についてもう少し立ち入って考えてみる前に、これまでに確認できた重要と思われる事項を見返しておこう。

まず、〈単数〉形を使うか〈複数〉形を使うかというのは、対象の数が〈一〉であるか〈二以上〉であるかという客観的な状況との対応で決まってくるのではなくて、話し手が対象をどのように捉えるか――特に、対象をどの程度〈個体〉性のあるものとして捉えるか――という主体的な営みに関わることという認識があった。そして、そのような捉え方の差が言語化される場合にどのような違いとして現れてくるかを見てみると、一般に〈個体〉的に捉えられるということは、何らかの〈有徴〉的な形で言語化されるという傾向が確認された。このことが意味するのは、名詞の意味として話し手が把握しているものは、〈個体〉性に関しては無限定であるというのが基本と考えられるということであった。名詞が具体的な場面と関連して用いられる段階では、必要に応じてこれに限定が加えられるわけであるが、その際、言語的手段を用いての有徴的な限定の加え方がなされることもあるし、特別な言語的手段は用いず、限定の解釈はコンテクストに任せるということもあるということであった。

〈名詞〉から〈動詞〉へ

1　〈モノ〉の数と〈コト〉の数

名詞という領域における〈数〉の現象に対応するような、動詞の領域における現象とはどのようなものであろうか。前者が基本的に〈モノ〉の数の問題であるとするならば、後者は〈コト〉の数とはどのようなものかを問うということになろう。

〈モノ〉に関して〈数〉ということが問題にできる典型的な状況とは、空間の中に明確な輪郭によってその周辺空間とは不連続な形で限定された(bounded)個体が存在するという場合であった。そのような状況で、問題となる個体が一つか、あるいは二つ以上なのか、というのが〈数〉の区別をする言語でもっとも基本的な区分の仕方であった。

〈モノ〉が〈空間〉的な存在として特徴づけられるならば、〈モノ〉との対照がもっとも際立った様相での〈コト〉を特徴づけるのは、それが〈時間〉的な存在であるということになる。

〈モノ〉の数ということが自らの周囲とは不連続に限定された〈個体〉の存在ということによって媒介されるとすると、〈コト〉の数も時間の流れの中で自らの周囲とは不連続に限定された〈コト〉の存在ということによって媒介されることになろう。そのような〈コト〉を〈出来事〉(event) という概念として捉えるということは、現在では既にほぼ了解ずみの事項になっているように思える。すなわち、〈出来事〉とは状況に変化を生じさせるような〈コト〉のことである。変化を生じさせるという意味で、〈出来事〉も(空間的な存在としての〈個体〉が周囲に対して有する非連続性と同様に) 周囲との断絶によって限定された存在である。〈モノ〉の典型としての〈個体〉が周囲との非連続性によって認知的に顕著な (salient) 対象となるように、〈コト〉の典型としての〈出来事〉もその周囲との非連続性による認知的顕著さによって特徴づけられる。時間的存在としての〈コト〉における〈出来事〉の概念は、空間的存在としての〈モノ〉における〈個体〉の概念と相同的に対応するわけである。

もし、空間的に配置されたいくつかの〈個体〉という経験的状況によって〈モノ〉の〈数〉という概念が媒介されるとするならば、〈コト〉の〈数〉という概念の経験的な基盤となるのは、時間的に何度か継起する〈出来事〉ということになろう。言い替えれば、〈空間〉という領域での〈個体〉の数に相同的に対応するのは、〈時間〉という領域での〈出来事〉の反復回数ということになる。

2 〈個数〉と〈回数〉の相互乗り入れ

〈空間〉における〈個体〉の個数と〈時間〉における〈出来事〉の回数——この二つの概念の言語的な扱われ方に平行性があるかどうかを検討することの前に、実は両者が相互に相手の領域に乗り入れるという形で二次的な概念化を行なうという現象を見ておくことにする。両方向への乗り入れの可能性のうち、よく知られているのは、「実体化」(reification, hypostatization) と呼ばれる認知操作、つまり、〈コト〉を〈モノ〉として捉え、時間的な〈回数〉を空間的な〈個数〉に読み替えるというやり方である。例えば、ある問題についてAという人がある時期に出した結論と、同じ問題についてBという人が別の時期に出した結論とを指して'Their *conclusions* contradicted each other.'と言うような場合、あるいは、時期を隔てて起こった二度の地震について、'The two *earthquakes* were the heaviest in history.'と言うような場合である。このような〈実体化〉による〈コト〉の〈個数化〉は程度の差こそあれ、どの言語にも多かれ少なかれ見出せる現象であるようで、人間の認知に見られる顕著な傾向性の一つであることは間違いない。

この状況は、最近の認知言語学で言う「継起的スキャニング」(sequential scanning) と「要約的スキャニング」(summary scanning) という概念との関係で捉えることが出来る。

時間の流れの中で生起、進行、完了する出来事は多かれ少なかれ、何らかの程度の継続性を有している。この継続性は、認知的には二つのやり方で処理されうる。一つは時間の流れに沿って刻々と進行する変化を追うという〈継起的〉なやり方で、もう一つは、生起、進行、完了する出来事を一つのまとまりとして全体をいわば〈要約〉する形で捉えるというものである。

この二つの捉え方は、普通は一つの出来事についての二通りの捉え方ということで説明されているが、ごく自然に拡張して、時間の流れの中の異なる時点で起こった二つ以上の出来事に対しても適用することが出来る。異なる時点と関連して成り立っている二つ以上の〈コト〉が、関連する時間の次元を消去されてしまうことによって、無時間的な二つ以上の〈モノ〉に転化されてしまうというわけである。

少し前にも触れた通り、この〈コト〉から〈モノ〉への転化——そして、それに伴なっての〈回数〉を〈個数〉に読み替えるという変換——は、ごく遍在的なもののようである。これに較べると、〈モノ〉の〈個数〉を時間的な〈回数〉に読み替えるというのは、それ程普通ではないようである。

しかし、ドイツ語にはこの点に関連して興味ある言い廻しが存在する。例えば、「十ペニヒ切手を二枚下さい」と言う場合には、次の二通りの言い方が出来る。

(2) (1) Zwei zehn Pfennig *Briefmarken*, bitte!

Zweimal zehn Pfennig *Briefmarke*, bitte!

(1)は英語に直訳すれば'Two 10 p. stamps, please'となり、そのまま英語でも使える言い方である。ここでは〈切手二枚〉がまともに〈個数〉が二つという形で表わされており、〈切手〉を表わす名詞はもちろん複数の形になる。これに対し、(2)は直訳すれば'Two times 10 p. stamp, please'（つまり、'2×10 p. stamp'）ということで、〈切手二枚〉を〈回数〉が二回という形で表わしており、〈切手〉を表わす名詞は単数の形である。英語ではこのような場合、この型の言い方はしない。

英語を身につけた後でドイツ語のこのような言い方に接すると、大変便利で有難いと思えることがある。特に、学校文法で「物質名詞は複数形にならない」などと教えられ、レストランなどで'Two beers'とか'Two waters'と言うのすら何となく躊躇《ちゅうちょ》を感じる程文法に意識的な人にとっては、'Zweimal Bier'とか、'Zweimal Wasser'のように名詞を単数のままで処理できるというのは心理的にも気楽なことである。（ついでながら、この種の注文といった言語行為の場合の略式の表現として、ドイツ語では'Zwei Bier'（＝'Two beer'）という言い方も行なわれる。Bierを複数形にして英語の'Two beers'と同じ表現をすることもないことはないそうであるが、こちらの方は少数派とのことである。なお、フランス語では‘deux cafés’のような表現は英語並みに普通のようである。）

ただし、ドイツ語でもこの種の一見〈個数〉を〈回数〉に読み替えているように思える表現も無制限に使えるわけではないようである。一番普通に使われるのは切符を買う場面のようで、‘Zweimal nach Frankfurt, bitte!’（直訳すれば‘Two times for Frankfurt, please!’）のように言ったりする。英語だったら‘Two tickets for Frankfurt, please’と〈個数〉で表現するしかない場合である。ドイツ語を母語とする話者に〈回数〉的な表現をする心理を尋ねてみると、少し考えた上で、切符を一枚一枚と相次いで出すということになるからではないか、といった答えが普通返ってくる。（そう言えば、例えば一マルク貨幣で二マルクの商品を買う自動販売機では、貨幣の投入口に‘2×1 Mark’という表示がなされている。）しかし、他方、ケーキやパンの買物の際に、いくつ欲しいかという問いに対して例えば「二個」と答えるような場合には‘Zwei Stück’（直訳は‘Two piece’——名詞は単数形が普通）と答えるのが普通で、‘Zweimal’（直訳は‘Two times’）と言うのは余り自然でないと感じられるようであるし、さらに進むと子供が何人いるかという質問に対して「二人」というつもりで‘Zweimal’と答えるのは問題なく不自然と判断される。

一方、筆者自身が経験した例では、チェーン・レストランのMövenpickがミュンヘンに二つ目の店を出したという広告に‘Jetzt zweimal in München’（直訳は‘Now two times in Munich’）とあったたし、「赤頭巾《あかずきん》」の話のパロディなど十二篇を集めて検討している論文のタイトルが'Zwölfmal Rotkäppchen'(直訳は'Twelve-times Little Red Riding Hood')となっていた。それからまた、ドイツ語文法で知られた関口存男氏の未整理の遺稿の中に独伊合作でのナポレオンを主人公とした映画の製作の進行を伝える新聞記事の切り抜きがあり、同じナポレオンの扮装をした独伊二人の俳優を並べて撮った写真に'Zweimal Napoleon'('Two-times Napoleon')という見出しがついていた。(英語なら'Two Napoleons'とでも言うところである。)また、英国航空がエアバスA三二〇という機種を三十六機発注したというニュースを伝える電光掲示板には'36mal A320'と表示されていた。この種の例から分かるのは、複数形にして使い難い名詞の場合に利用される傾向があるようだということである。

使用の上でかなりな制約のあるのは事実であるが、使用の許される範囲では、本来〈モノ〉の〈個数〉として処理されてよいはずのところが、〈コト〉の〈回数〉として捉えられるということが起こっているわけである。この変換は、〈モノ〉が本来の〈モノ〉としてのレベルでなく、その〈モノ〉が関与する〈コト〉のレベルで——例えば、その〈モノ〉が出現するという〈コト〉として——捉えられるということによって起こっているように思える。関与する〈モノ〉が同じカテゴリーに属する事例ということであれば、同じ〈モノ〉が反復して関与しているということで、その〈モノ〉を表わす名詞は複数形にする必要はなくなる。つまり、このように反復する〈コト〉として捉えられると、単複の区別が中和されうるわけである。

〈反復〉から時間という次元を抜き去り、他方〈要約的スキャニング〉はまだ行なわないという段階を考えてみると、〈順序〉という関係性が残る。よく知られている通り、〈個数〉を表わす〈基数詞〉(cardinals) と並んで、〈順序〉を示す〈序数詞〉(ordinals) を用意している言語がある。文法的な〈数〉のカテゴリーを有する言語だと、〈基数詞〉と結びつく名詞は、結びつく相手の〈基数詞〉が何であるかによって、単数、あるいは複数、いずれかの形を指定されるのが基本である (one *ball*—two *balls*)。一方〈序数詞〉と結びつく場合は、そのような形での指定はなく、反復ないし順序づけられるものが個体か集合体かによって、単数、あるいは複数、いずれかの形が〈序数詞〉の何であるかには関係なく、すべての場合を通して一律に使われる (the first ball / balls—the second ball / balls)。つまり、〈基数詞〉が基本的に〈個数〉に関わるものであるのに対し、〈序数詞〉は基本的には〈回数〉に関わるもので、伴なわれる名詞はすべての〈序数詞〉を通して不変化——なぜなら同じものごとが関わっているから——であるということになる。

このように考えてくると、ウォーフ (Whorf 1956) を読んだことのある人ならば、アメリカ先住民のホーピ族の言語では〈日〉とか〈春〉とか〈年〉といった期間を表わす語は複数形として使われることがない——従って、例えば 'He stayed for ten days' のように〈基数詞〉を使って複数形の名詞を伴なった言い方は出来ず、'He left on the tenth day' あるいは 'He stayed until the tenth day' のように〈序数詞〉を使って単数形の名詞を伴なった言い方をしなくてはならない――と述べているのが想起されよう。比較的最近の研究（Gipper 1972, Malotki 1983）によると、ホーピ語でもこの種の〈期間〉を表わす語でも複数形で使うことはあると言う。（ただし、これがホーピ語自体の中で変化が起こった結果なのか、ウォーフ自身の観察が不十分だったのかは、よく分からない。）断片的ではあるがホーピ語のデータを見てみると、この言語には〈基数詞〉と〈序数詞〉の区別がない。つまり、'ten day' のような表現があるわけである。他方、この 'ten day' のような表現が〈十日間〉という基数詞的な〈期間〉を表わすのか、〈十日目〉という序数詞的な〈順序〉を表わすのかは動詞のアスペクトに依るらしい。仮りに動詞のアスペクトが〈期間〉を表わしているという状況で〈日〉を表わす語を単数でしか使わないとすると、訳として 'stay until the tenth *day*' のような表現が作り出されたということは十分理解出来よう。そうだとすると、ウォーフの英訳にはホーピ語が如何に違うかを殊更に強調するための作為が入っていたということになる。

しかし、認知的な観点からすれば、回帰、反復する〈期間〉を表わす表現が単数形としてしか使われない――つまり、そこでは単複の対立が中和される――というのは、ごく自然なことである。ウォーフ自身もあるところで説明している通り、'ten books' と 'ten days' とでは、人間の知覚の対象として確かに性格を異にするものである。〈十冊目の本〉というのであれば、例えば目の前に並べるなり、積むなりして、同時に全部を見てとるということとは十分に可能である。しかし、〈十日〉という対象ではそうは行かない。どうしてみたところで、人間にとって知覚できるのは今自分の経験している一日だけであるからである。

このように考えてくると、回帰、反復する〈期間〉は言語的には単複の対立がないものとして〈無徴〉の単数形としてだけ扱われるという方が人間の知覚を自然に反映したものであり、反復を複数として処理するのは、(これ自体も人間の認知では顕著な傾向なのであろうが) 時間的な経験を空間的なメタファーで処理するという操作が入っているということになろう。

例えば英語のような言語でも、古くはyearという語は〈単複同形〉(つまり、いつも単数形) で使われていたが、これもただの偶然ではないであろう。〈時間〉的な表現を離れても、それと以た状況が他の例えば〈測定値〉を表わす表現に見られることがある。測定値は、基本的な単位の何倍という形で捉えられるものである。従って'five *foot* three'のような表現の仕方が'five *feet* three (inches)'と並んで使われるのも不思議なことではない。(前者での〈基本単位の何倍〉という発想が、後者では〈基本単位が何個〉という捉え方に取って代わられているわけである。ドイツ語では〈ビール二杯〉は、'Zwei *Glas* Bier'——文字通りには、'two *glass* beer'——で、数える単位となる〈杯〉は単数形である。) 'a five-*foot* man'というような言い方では、修飾用法という名詞の指示機能が失われるコンテクストに用いられることによって、本来の使い方が保存されるということであろう。('custom house’と‘customs house’の間の揺れなど考え合わせてみると興味深い。かつての文法書は、通常複数形で用いられる名詞でも修飾用法の場合は単数形になると教えたものである。）

3　〈出来事〉以外の〈コト〉

〈モノ〉でなく〈コト〉に関わる事態については、単数・複数という対立が中和されてしまう——これが前節の考察で確認された要点であった。ただし、前節で考察の対象としたのは、〈コト〉が〈モノ〉の概念ともっとも典型的に対応する場合、つまり、周囲との非連続性によって限定され、それを通じて目立った顕著性を得ている〈出来事〉という概念の場合であった。

しかし、〈モノ〉と対立するのでなく対応するという意味で、〈出来事〉の概念は〈コト〉の中でもむしろ特別な場合と考えることができる。典型的な〈モノ〉の概念ともっとも際立った形で対立する〈コト〉の概念ということになれば、〈空間〉的な存在である〈モノ〉に対立して〈時間〉的な存在であるという基本的な性格の上に、〈モノ〉の〈限定性〉、〈具体性〉に対して、〈無限定性〉、〈抽象性〉ということによって特徴づけられるものでなくてはならない。〈コト〉の領域において〈無限定〉であるということは〈変化〉の介入がないということであると考えてよいとするならば、このもっと典型的な〈コト〉とは、普通〈状態〉(state)、ないしは〈過程〉(process)——つまり、〈変化〉が一定のペースで進行する状態——という用語が適用されるような場合——つまり、時間の経過を通して変化することなく存続する事態——であると考えることができる。

このような〈状態〉の概念はそれ自体すでに〈抽象的〉な性格のものであるが、そこからさらにその抽象度を高めることによって想定できる〈コト〉の概念がある。つまり、〈時間〉的存在という特徴を捨象させ、超時間的な存在として想定された事態というのがそれである。ライオンズ(Lyons 1977：442-443)の規定で〈空間〉的存在として特徴づけられる〈第一次的存在物〉(first-order entity)、〈時間〉的存在として特徴づけられる〈第二次的存在物〉(second-order entity)に対して、〈時間〉、〈空間〉の制約を超えた(例えば、命題内容のような)〈第三次的存在物〉(third-order entity)と呼ばれているのがこれに当たる。〈第二次的存在物〉としての〈コト〉と〈第三次的存在物〉としての〈コト〉とで、そのいずれが〈コト〉の典型かというのも興味ある問題であるが、ここで立入る必要はない。いま重要なのは、いずれの場合の〈コト〉であっても、数の対立は原則として中和されてしまうということである。このことは、とりわけ動詞に現れる〈数〉の一致の現象としてよく知られている。

「文関係節」(sentential relative clause：Quirk *et al.* 1985：1118 f.)は、そのような現象が

特によく観察される場である。次の例では、(3)では〈出来事〉が、(4)では〈状態〉が、それぞれ単数扱いされている。

(3) Things then improved, which *surprises* me.

(4) John loved my sister and Bill also loved my sister—which *means* there was a love triangle.

(3)と(4)で問題になっているのはいずれも過去の特定の時期における事態であるから、〈第二次的存在物〉の場合である。次の例は、言語的相対論を論じているウォーフが西欧的な見方が唯一のものとは限らないと主張しているコンテクストで出てくる文である。

(5) ... "all modern Indo-European speaking observers" *is* not the same thing as "all observers".

明確に複数と表示された主語に単数形の動詞が一致しているわけであるが、理由は十分に明らかであろう。日本語で言えば、主語の部分は「現代ノ印欧語ヲ話シテイル観察者スベテトイウコト」とでもなろう。関与する〈モノ〉の数は明らかに複数であるが、それらを包括する〈コト〉(この場合は、〈第三次的存在物〉としての〈コト〉)のレベルで事態が捉えられており、そのために数の対立が問題にならなくなってしまっている。次の例(Allan 1980)も基本的に同じ性質のものであろう。

(6) Five men have volunteered, which *isn't* many.

日本語で言えば、「五人トイウノハ(多クハナイ)」ということになろう。しかし、ここまでくると、〈コト〉が〈第二次的〉、〈第三次的〉のいずれのレベルのものかを細かく問うのは余り意味がないと感じられよう。次のような場合(Quirk *et al.* 1985 : 1258)も同様である。

(7) Anna is a vegetarian, *which* no one else is in our family.

〈菜食主義者〉という本来人間を表わす名詞を先行詞としていながら中性の関係代名詞が用いられているのは、実は〈菜食主義者であること〉というレベルで受けているからであるが、この場合の〈コト〉は現時点と関連した〈第二次的存在物〉とも、超時間的な命題内容としての〈第三次的存在物〉ともとれる。

4　基数詞と序数詞

〈モノ〉と〈コト〉の数え方ということとの関連でぜひ検討しておかなくてはならないのは、数詞の中での〈基数詞〉(cardinals) と呼ばれるものと〈序数詞〉(ordinals) と呼ばれるものとの間の区別である。数えられるのが〈モノ〉の個数であれば基数詞、時間という次元の関わってくる〈コト〉の順序であれば序数詞、というのが通常の把握の仕方であるが、実際に、そのように単純明快に区別されるものであろうか。

数詞の中で〈基数〉を表わす語と〈序数〉を表わす語とが形態的に明確に対立させられている言語であっても、相互の間でどちらをどのような場合について用いるかに関して、不一致のある場合がある。よく知られた例は、王様の名称で「ヘンリー四世」に相当する言い方は、英語やドイツ語では序数詞を使った表現 (Henry the Fourth, Heinrich der Vierte) になるところが、フランス語では基数詞ですます (Henri quatre)。ところが「ヘンリー一世」の場合だと、フランス語でも英語、ドイツ語と同じように序数詞を使った表現 (Henry the First, Heinrich der Erste, Henri premier) となるから、同じフランス語という言語の中でも使い方が首尾一貫していないわけである。

それからまた、基数詞を使った表現と序数詞を使った表現とが同じ言語の中で交替するという場合も、特に珍しいことではない。日本語の「第二次世界大戦」に相当する英語の表現は、'the *Second* World War'と'World War II [Two]'がある。(ドイツ語、フランス語では〈序数〉による表現—— der *Zweite* Weltkrieg, la Seconde Guerre Mondiale ——のみである。)この種の対立は特定の表現だけに見られるのではなく、可能性としてはかなり生産的なパターンである。例えば日本語の「(第)二頁」に対応して'the second page'と'page two'、「(第)二行」に対応して'the second line'と'line two'といった具合である。(この二つの場合は、ドイツ語、フランス語でも同じ交替が可能である。)

ただし、基数詞を使った表現と序数詞を使った表現とが交替するといっても、両者が全く同じ意味であるというわけではない。右で触れた〈頁〉や〈行〉の場合、まず言えることは基数詞を使った表現の方が頻度が高いように思えるということ——つまり、こちらの方が〈無徴的〉な表現であって、序数詞を使った表現の方は、配列の順序が特に関心の対象となるという〈有徴的〉な性格のもののように思えるということである。それから、交替して使える表現ではあるが、〈序数〉を使ったものには定冠詞が伴なうが、〈基数〉を使った方には何もつかないという点にも注目するとよいであろう。かつてアメリカの大学に留学していた時、'l. 2 (= line two)'のような表現にはなぜ定冠詞をつけないかと尋ねたら、言語学の教授から「固有名詞みたいなものだからだ」と答えが返ってきたのを今でも鮮明に覚えている。'father'や'dad'という語を自分の家族の中での〈父〉を指して用いる時は、定冠詞もつけないで'Father'や'Dad'という言い方をするのと同じような心理が働いているというわけである。

〈固有名詞〉のようであるとすると、その対象は十分確認可能な性格のもの、それ自体で十分自立したもの、という把握のされ方をしていることになる。一つの系列の中である特定の位置を占めているものというような把握ではなく、もっと自立したものとして、いわばその〈個体〉性が浮彫りにされるということになろう。'the third page' と言えば問題の頁は全体の何枚かの頁の系列の中で占めている三番目の位置という側面に焦点が当てられているという感じがするのに対し、'page three' の方は（固有名詞によって指される対象がそうであるように）他と区別されて特に問題にされうる特定の対象という意味合いを帯びて感じられよう。

このように考えてくると、英語には〈何番目〉かを問う疑問詞がないということも興味深い。「リンカーンハ何代目ノ大統領デスカ」というのは日本語ではごく自然に出来る表現であるが、英語ではこれを文字通りに置きかえて言うことが出来ない。'How many presidents preceded Lincoln ?' のような言い方が普通対応すると言う。すぐ分かる通り、これはリンカーンに先行する大統領という〈個体〉の数を問うているわけであるから、本来〈順序〉を問うところを〈個数〉を問う形で代用しているわけである。つまり、英語には 'one, two, three, ...' という〈基数〉に対応する 'how many ?' という疑問詞はあるが、'first, second, third, ...' という〈序数〉に対応する疑問詞はないということである。（ドイツ語には

〈基数〉に対応して'wieviel?'、〈序数〉に対応して'wievielt?'という疑問詞がある。フランス語では、状況は英語と平行しているようである。）英語でも'What number president is Lincoln?'という言い方が可能とのことであるが、ここで〈何番目〉に相当する'What number'という表現には、〈序数〉一般に対応する疑問詞と言える程、文法の中に組み込まれた表現ではない。

5 〈基数詞〉の無徴性と〈序数詞〉の有徴性

〈基数詞〉と〈序数詞〉の交替するいろいろな場合を見て分かる通り、〈基数詞〉が〈序数詞〉本来の機能である〈順序〉を表わすのに用いられている場合が結構ある。つまり、〈基数詞〉の方は〈序数詞〉との関連では基本的に〈無徴〉の項に相当すると言えそうである。

このことは、日本語の場合を考えてみるとよく分かる。例えば「二頁」というような表現に接した場合、〈基数〉的な解釈（英語で言えば'two *pages*'）と〈序数〉的な解釈（英語で言えば'*page* two'あるいは'the second *page*'）のどちらをまず感じるであろうか。どちらの解釈が先行するかは微妙であるが、いずれにせよ、余り差のない形でいずれもが読みとれると感じられよう。「二」という基数詞はここでは〈個数〉と〈順序〉に関しては完全に〈無徴〉な項として働いているわけである。しかもこの場合、〈基数詞〉の〈無徴〉項としての解釈が関係する名詞が単複に関して〈無徴〉であることによって支えられていることにも注意しておくとよい。一般論として、〈基数〉と〈序数〉の間の曖昧さは、名詞が〈可算〉、〈不可算〉に関して曖昧であることと相関しうるわけである。ただ、それがどのように、またどの程度言語化されて文法に組み込まれるかは、個々の言語によって違いうるわけである。〈基数詞〉が〈個数〉にも〈順序〉にも用いられ、しかもそれを支える名詞に〈単数〉―〈複数〉の区別がないとすると、〈基数詞〉+〈名詞〉という表現が〈個数〉を表わすか、〈順序〉を表わすかは、究極的には〈聞き手〉ないし〈読み手〉の方の判断ということになる。先程見た通り、「二頁」のような場合はコンテクストなしにはこの点の判断は微妙である。しかし、「二人」、「二頭」、「二本」など本来〈個体〉を指す語が関わっている場合は、圧倒的に〈個数〉という解釈が優勢であろう。（例えば「左カラ二人」という言い方で〈二人目〉を指すことは不可能ではなかろうが、まずは〈個数〉と受けとられるであろうし、〈順序〉なら「二人目」といった言い方がなされよう。）「二年」という表現も〈基数〉的な解釈（'two years'）が先行するように思えるが、例えば「小学校ノ二年」という表現では〈序数〉的な解釈（'the second year'）が先行するであろう。しかし、「二歳」という表現ではどうであろうか。筆者自身の印象で言うと、この場合、「二」は〈序数〉的よりは〈基数〉的、しかし、「歳」の方は〈複数〉よりも〈単数〉――こういう本来ならば矛盾するはずの取り合わせがごく自然に組み合わさっているという感じである。このような印象を説明するとすれば、多分「歳」

の方は一つずつ次々に通過して行く段階、「二」の方はこれまでの通過の回数、といった捉え方をしているということであろう。本人が通過中の段階として体験的に意識できるのは、常に現在の特定の年齢だけである。ウォーフがホーピ語について言及している複数にならないという〈日〉を表わす語、古い時代で複数にならなかったyearという語——このような表現の背後にあったのも、同じ受け取り方であったのではないかと思われる。

6　〈個数〉の複数と〈回数〉の複数

以上、いろいろな考察をした後でもう一度〈複数〉の機能ということに立戻って見返してみると、単純に二つ以上の〈個数〉を表わすというようなことで到底尽くせるようなものではないことが分かる。差し当たって、われわれの今の関心に関わる働きということで言うならば、一見〈個数〉を表わしているように見えて実は〈回数〉を表わしていると解した方がよく分かるという場合である。ピーターセン（1990：32-33）で論じられている次の例は興味深い。

(8)　Blue *skies* shining on me.
Nothing but blue *skies* do I see.

アメリカの作詞・作曲家バーリン（Irving Berlin）の一九二七年作 'Blue Skies' という曲の中の文句であるが、言及しているピーターセンは「時間の流れを意識して空を複数形にした」ものと説明している。一見〈個数〉を表わしていると思える複数形に、実は時間的な〈回数〉の意味合いが込められているということなのである。

このような解釈を許す複数形の使い方がどれ位普通なのかはよく分からないが、それとの関連で思い出した複数形を使った例が一つある。芭蕉《ばしょう》の古池の句を訳したラフカディオ・ハーン（小泉八雲）の作で、次のようになっている。

Old pond—frogs jumped in—sound of water.

原句の「蛙《かわず》とびこむ」のところの「蛙」が、この訳ではまぎれもなく複数形になっている。数多くの俳句の中でももっともよく知られた句の一つということもあって、この句の翻訳は多数ある。佐藤紘彰（Sato 1983）によって言及されている研究によると、この句の百篇の英訳のうち、「蛙」を複数形で訳しているものが二篇あると言う。現代の平均的な日本人の読者の感覚からすると、もしどちらかに割り切らなくてはならないとしたら、この「蛙」は単数でしかあり得ないというのが多分大多数の反応であろう。（なぜそう感じるのか、そしてまた、なぜ「岩に浸《し》み入る蟬《せみ》の声」の「蟬」や「烏《からす》のとまりたるや秋の暮」の「烏」は日本人の読者としての感覚にも単数か複数か曖昧に感じられるのか――これはまた興味ある問題ではあるが、今は論じる場所ではない。）「古池の蛙」は単数というイメージが余りにも明白に思えるが故に、これを複数に訳しているという二人の訳者は、如何にも日本文化の機微を理解していないとすら感じられるかも知れない。ところがその二人のうちの一人というのが、事もあろうに、日本文化のよき理解者として知られている小泉八雲なのである。その英訳は先程挙げた通り――冠詞なども省いているのは極度に日本語の感じに近づけることを狙っているのかも知れないが、「蛙」は'frogs'といとも明快に複数形にしている。

八雲がなぜ複数形を選んだのか、そしてまたその際、もしかしてどの位のためらいがあったのか――これらはもちろん知る由《よし》もない。確かに、何匹もの蛙がピョンピョンと跳び込むというのは、もとの芭蕉の句との関連では堪え難いイメージという感じがする。

しかし、先程のバーリンの'blue skies'と同じように、もっと時間的に拡がりのある複数だとするとどうであろうか。芭蕉の弟子の一人の支考が記した『葛《くず》の松原』には、この句の成立の折の状況として次のような記述が残されている（復本・一九八八）。

……弥生も名残をしき比《ころ》にやありけむ。蛙の水に落《おつ》る音しばしばならねば、言外の風情この筋にうかびて、蛙飛《とび》こむ水の音といへる七五は得玉《えたま》へりけり。

また、去来の手になるとも推定されている『伝書・古池之解』と題した書にも、次のような記述があるとのことである。

向ふ人もなく、あれ果たる芭蕉庵の春雨に、ひとり柱にもたれて、来しかた行末の事共を観念するに、庭の古池を、折々蛙のづぼんづぼんと飛込音《とびこむ》、その淋しさ、閑さ、言語に述る処に不有《あらず》。

もし芭蕉の感興を呼び起こしたのが静寂を一瞬にして破った一度限りの音というのではなくて（あるいは、それと並んで、）時折間《ま》を置いて聞こえてくる蛙の跳び込む水の音であったとすると、「蛙」は複数でしかあり得ず、'frogs' という訳も十分に意味をなす。もちろん、これも八雲が意図したところかどうかは、今は知るべくもない。名詞自体が名詞の複数形が時間的に継起する二回以上の出来事を表わすという働きは、前にも触れた出来事を表わすようなものの場合なら特に目新しいことではない。例えば前にも触れた 'two earthquakes' と言うような場合である。このような場合は、これも既に触れた通り、時間的に継起する出来事という状況から、いわば時間が捨象されてしまい、まるで空間的に共在する個体であるかのように実体化という認知的な操作が加えられているわけである。

これに較べると、先程取り挙げた'blue skies'（それから同じような解釈が出来るとしての'frogs'）のような場合は、名詞そのものは出来事を表わしているのではないから、逆に本来時間の意味合いの入っていないところに時間が読み込まれるという認知的操作が加えられるということになる。ただし、このような場合でも、'blue skies'と'frogs'を較べても分かる通り、場合によって時間を読み込むという操作について容易さの程度に差がありうることが分かる。〈青い空〉というものは〈個体〉性が薄い。殆んど〈状態〉というふうに捉えることも十分に可能であり、〈状態〉ということになれば、反復して生起するものとして時間軸に組み込むことは容易である。これと較べると、〈蛙〉は〈個体〉性の明白な存在である。従って、これを時間軸に組み込むためには、蛙について繰り返して生起する〈行為〉ないしは〈状態〉を想定することが必要となる。どういう〈行為〉ないし〈状態〉を想定するかは、コンテクストに基づいての聞き手、ないし読み手の操作に任せられるわけで、こちらの方がより強い認知的な動機づけが前提となる。いずれにせよ、そのような解釈が施されれば、〈時間的継起〉を〈空間的共在〉と読み替えるというごく一般的な認知的操作とは逆の方向の――つまり、〈空間的共在〉であるかのように提示されているものを〈時間的継起〉として読み替えるという――操作が可能になるわけである。

7 〈量〉や〈程度〉に関わる複数

〈複数〉は、〈可算〉、つまり〈個体〉性を有するモノを表わす名詞に関わる典型的な文法的カテゴリーである。このことからも、〈複数〉の典型的な機能が空間的に共在する個体に関わるものであることは疑いない。同時に〈複数〉には、〈空間的共在〉以外のいくつもの機能が課せられているということにも注意しておかなくてはならない。前節で見た〈時間的継起〉もその一つであろう。そして、〈空間的共起〉と〈時間的継起〉の間の認知的な動機づけも既に見た通りである。〈複数〉の機能のこの他の派生的なものについて、今の議論との関連性の深いものをいくつか取り挙げておくことにする。

〈複数〉が〈数〉の多さではなくて、〈量〉の多さを表わしていると思える場合がある。例えば'the *snows* of Kilimanjaro','the *sands* of the desert','sailing on the great *waters*'(Quirk *et al.* 1985：5. 75) のような例である。これらの使い方はいくらか詩的な感じを伴なう表現とされるようであるが、'sands'という複数形が〈砂漠〉を意味する使い方などは、間違いなくこうした用法の延長として生じたものであろう。伝統文法では、この種の用法は〈強意複数〉(intensive plural) と呼ばれることがあった。〈量〉の多さを強調しているという意味合いである。

また、〈複数〉が〈程度〉の高さを表わすと言われる場合もある。'the deep *silences* of the

night' のような場合である。'serious *doubts*', 'grave *fears*' (Quirk *et al*. 1985 : 5. 75) も同じように解されることがある。ただし、例が挙げられているクワーク他の文法書では、特にどういう意味合いなのかという説明はない。現在では、単に慣用的な用法として受けとられるのかも知れない。'hope' という語は、'have *hopes* of playing in Wimbledon', 'pin one's *hopes* on getting this job', 'raise one's *hopes* of meeting someone nice', 'in *hopes* that one gets the job' (*LDOCE* 3, **hope** など) のように複数形で使われる慣用表現がいくつかあるが、これらももともとは〈程度〉の高さを表わす用法であったのかも知れない。伝統文法では、これらの〈程度〉の高さを表わす用法の場合も〈強意複数〉の中に含めて扱うのが普通であった。考えてみれば、確かに境界線は曖昧である。例えば '*Thanks* !' という言い方は感謝の気持の〈量〉にも、また〈程度〉にも関わっていると考えることが出来ようし、'Many *thanks* !' という言い方のされることから見ても、〈数〉の多さというところからの転用が起こっていることも読みとれよう。(因《ちな》みに対応するドイツ語の表現は 'Vielen Dank !' ——直訳は 'Much thank' ——で量扱いである。)〈数〉と〈量〉が曖昧になると言えば、'I haven't seen you for *ages*' のような使い方を考えてみてもよいであろう。

8　〈近似的〉な複数

もう一つ、〈複数〉の機能として注意しておくとよいものとして、伝統文法で〈近似複数〉（'plural of approximation'：Jespersen 1914：4. 5）と呼ばれていた用法がある。普通〈複数〉と言えば、同一の名詞によって指される——つまり、同じカテゴリーに属する——個体の集まりが指される。例えば、tables＝table＋table＋table＋…というわけである。しかし、そうでない〈複数〉形もある。例えば1990's（1990年代）＝1990＋1991＋…＋1999であるし、the Johnsons（ジョンソン夫妻、あるいは、ジョンソン一家）＝Mr. Johnson＋Mrs. Johnson（＋their children）ということで、集まりを構成するメンバーは均質でない。（〈近似複数〉と言われるのも、そのためである。）〈近似複数〉の中でも、日本語との関連でもっとも興味深いのは、人称代名詞の一人称、二人称の複数形である（Jespersen 1914：4. 52）。通常の使い方の場合、'we'＝'I'＋'I'＋…という等式は成り立たない。'we'という語を発した話し手が'we'という語で意味しているのは、〈話し手である私と私以外の関連する人（たち）〉——イェスペルセンの表記だと、"I＋one or more not-I's"——ということで、複数形'we'は単数形'I'の単なる加算ではない。複数形の'you'の場合は、二通りの可能性がありうる。一つは、話しかけているのが現にその場で聞き手の立場にある人たち全体であるならば、複数形の'you'は単数の'you'の単純可算——イェスペルセンの表記だと、'you = thou + thou + …' ――として表わせる。しかし、複数形の'you'は、しばしば、現にその場で話しかけられている聞き手（一人、あるいは二人以上）とその場にいない関連ある第三者をまとめて指すという形でも用いられる。この場合、複数形の'you'は〈聞き手であるあなたとあなた以外の関連する人（たち）〉――イェスペルセンの表記だと、'thou + one or more other people not addressed at the moment' ――ということになる。

このことを念頭に置いて、日本語で〈複数〉の表示として用いられると言われている「タチ」や「ドモ」や「ラ」の使い方を考えてみると興味深い。例えば「女タチハソノ場ヲ立去ッタ」と言う場合、「女タチ」という表現は〈何人かの女性〉という意味のこともちろんあるが、同時に仮りにその何人かの女性がそれぞれ子供を連れている――従って、数からしても子供たちの存在が無視できるようなものではない――というような場合にでも用いられる。つまり、このような場合の「女タチ」は〈女性たちとそれ以外の関連する者としての子供たち〉を意味しており、〈近似複数〉の機能を持っているわけである。（極端な場合、女性は一人であってもよいわけである。英語ならば――子供たちがそのコンテクストで無視できない存在である限りは―― 'women and children' と言わなくてはいけないところである。）「太郎タチ」というように、固有名詞にも「タチ」がつくということも、「タチ」のこのような意味が基本的であることを示唆している。この表現は〈太郎とそれ以外の関連する者（たち）〉ということを言っており、〈それ以外の者〉というのは〈人間〉に限らず、例えば連れている〈犬〉であっても可能であろう。（英語の固有名詞と較べてみると興味深い。英語では例えば'John'のような固有名詞には原則として〈複数〉形はない。そして仮りに'Johns'という〈複数〉形で使われたとしても、それが意味するのは〈何人かのジョン〉——つまり、'Johns=John+John+…'——であって、〈ジョンとそれ以外の関連する者〉ということにはならない。）

「近似的」な複数に関する本節の最後に、一つ個人的な経験をつけ加えておきたい。つい先日もあったことなのであるが、長男の通っている小学校で親たちが集められて先生方から教育方針などについて話を聞かされるということがある。女子大学の附属の初等部であるということもあって、生徒も九対一くらいの割合で圧倒的に女子が多いし、この種の集まりの場合も出席する親は母親が殆んどである。しかし、稀《まれ》に家内の都合で私が出席することがある。これまで二度あったこのような機会で、一度は学年全体の親の集まりで百数十人中、男性は私一人、もう一度はクラス単位の集まりで三十数人中、男性は私を含めて二人という状況であった。興味深かったのは、いずれの場合も親たちに対して話をした初等部の先生（一人は女性、一人は男性）は、親たちに対する呼びかけとして「オ母サンガタ、今日ハヨクイラッシャッテ下サイマシタ」のように「オ母サンガタ」という表現で首尾一貫していたということである。（念のためにつけ加えておくと、私自身は話をしている先生からは十分によく見える位置に坐っていたのにも拘らず、そういうことであったのである。）その時思ったのは、フェミニスト的な意味での'invisible'という言葉であった。（例えば歴史の記述で、ある男性の「業績」について多く書かれることがあっても、その妻については、仮りにそれなしでは男性の方の業績が考えられない位の献身的な内助の功があったにせよ、歴史の記述にとどめられ、残ることはまずない。つまり、女性は常に〈見えない〉存在にされるということである。）男性である自分が見事に逆に〈見えない〉存在として扱われているという意識であった。

しかし、日本語で一見複数と思える表現が実は〈近似的〉な意味への強い傾斜を含むものであるということを考えると、「オ母サンガタ」という呼びかけも、差別ではない正当な使い方と言えるのかも知れない。それとも、日本語そのものの中に、関与者の一部を〈見えない〉存在にしてしまうことを許容するという差別への指向性が組み込まれているということなのであろうか。

9　日本語の複数表現

日本語では同一語を反復して〈複数〉らしい意味を表わすことがある。例えば、「人々」、「木々」、「山々」、「島々」、「家々」などのような場合である。このような使い方の可能な語は限られているようで、例えば「猫々」、「草々」、「川々」、「塔々」などは、明らかに不自然である。どういう場合にこういう使い方が可能になるかといえば、多分、ある程度の〈個体〉性を持っていて、〈群〉の形で日常経験することの多いもの、といったことになるかも知れない。ただし、すぐ分かる通り、〈動機づけは存在するが、予測は不可能〉という人間の認知の働き方と言語の在り方の関係の仕方はここでも妥当する。右のような説明も十分条件となるには至っていない。それからまた、〈個体〉性と〈群〉の形という条件の間でも、〈個体〉性の方は例えば「木々」とは言っても「草々」とは言わないといった場合に関連しているように思えるのに対し、「山々」とは言っても「川々」とは言わないといった場合には〈群〉の形での存在という特徴の方が重要になっているというように思えよう。いずれにせよ、この型の〈複数〉表現では、例えば「山々」＝「山＋山＋…」のように同じ種のものの集合が指されるようで、この点、「たち」などの〈近似複数〉的な働きをするものとは性格を異にする。

繰り返しによる〈複数〉表現は、時間的な反復の場合にも見られる。「時々」、「度々」、「日々」、「年々歳々」などといった場合である。特に時間的な単位の反復ということになれば、同じ種のものの集合という意味合いは極めて鮮明である。「石タチ」、「石ラ」、あるいは「日タチ」、「日ラ」といった表現はいずれも不自然であるということでは同じであるが、後者の「日」を〈複数〉化している表現の方が一層無理と感じられるのではないであろうか。もしそうだとすれば、それは「石」や「日」を代表とする近似複数的なグループは考え難いということの上に、「日」の持っている単位としての同質のものの反復という意味合いによるものかもしれない。

さらに興味あるのは、この繰り返しによる〈複数〉表現が〈強意複数〉のような使われ方をすることもあるということである。「みずみず（しい）」、「あおあお」、「くろぐろ」など明らかに〈強意〉という働きの感じがする。ただし、繰り返される名詞は〈個体〉を表わすようなものではなくなり、出来上った表現も形容詞ないし副詞に近い機能を帯びている。

このように見てくると、〈複数〉によってどういうことが表わされるかという点に関する限り、日本語でも英語でもたいして差はないということが分かる。同一のカテゴリーの個体の集合を表わす用法、〈近似複数〉、反復を表わす用法、〈強意複数〉など、いずれもどちらの言語においても認められる用法である。ただ違うのは、どの用法が主流的であるかということである。英語（そして恐らくは西欧的な言語一般）では、同一のカテゴリーに属する個体の集合を表わす用法（persons, tables, など）が中心であるのに対し、この用法は日本語ではもっぱら繰り返しによる複数表現に特徴的なものである。日本語ではむしろ、〈近似複数〉的な用法（「男ラ」、「女タチ」など）が中心であるように思える。この用法は英語では逆に限られた範囲でしか認められない。

この一見対照的に見える相違が意味のあるものかどうかは、すぐには明らかでない。それは、これと平行した対比がそれぞれの言語の他の部門にも見出せるかどうかということにかかっている。日本語の方について多分関係あることとして思い当たるのは、「ナド」という語の用いられ方である。例えば、厳密に指示機能ということだけであれば「客ガヤッテキテ、大変ダッタ」、「雨ガ降ッテ、大変ダッタ」と言えば十分であろうと思われるような状況で、「客ナドヤッテキテ……」、「雨ナド降ッタリシテ……」といった表現のされることがよくある。「客ナド」という表現が文字通りに意味することは、〈客とそれ以外の(多分関連ある)何か〉ということであり、一見〈近似複数〉の感じに近いことが分かる。似ているところがあると同時に、「客ナド」と言うのは「客タチ」と言うのともちろん同じではない。「客タチ」と言えば、現実の指示対象としての複数個の関連する何かの存在を意味している。(特に日本語ではこのような形で複数を表示することは極めて〈有徴〉であるから、なおさらである。) 他方、「客ナド」という表現の方は、現実の指示対象としての複数個の関連する何かの存在を可能性として意味するにとどまっており、だからこそ、現実には指示対象が単数である場合にも用いられるわけである。

いずれにせよ、いま問題にしているような「ナド」の用い方には、潜在的な〈近似複数〉といった意味合いが漂っている。そして、このような意味合いを帯びた言い廻しの延長線上には、「客ナンカガヤッテキタリシテ……」、「雨ナンカガ降ッチャッタリシテ……」といった類の表現が位置していることも、十分に感じとれよう。さらに視野を拡げるならば、

「コノ／ソノ／アノ」で済むと思われるところに「コンナ／ソンナ／アンナ」、あるいは「コノヨウナ／ソノヨウナ／アノヨウナ」という言い方を好んでするということ（「アノ人ハ嫌デス」と「アンナ人ハ嫌デス」など）、「デモ」を添えての言い廻し（「オ茶デモ飲ミマセンカ」）、そして同じことが〈モノ〉から〈コト〉へ拡張されているように思えるいろいろな場合（「彼ノ言ッタコト」─「彼ノ言ッタヨウナコト」、「ソンナコト言ッテ構ワナイノ」─「ソンナコト言ッタリシテ構ワナイノ」、「彼ガ戻ッテクルコト」─「彼ガ戻ッテクルトイッタコト」）に気づくことであろう（池上・一九八二）。いずれの場合も、指されているのが一個の〈モノ〉、一回の〈コト〉であっても、それらと類比できるような何か他の〈モノ〉なり〈コト〉の存在を暗示するような意味合いになっていて、日本語の話し手がパフォーマンスのレベルでこの種の言い廻しへの強い傾斜を有していることをよく示している。

10　〈コト〉志向的表現としての〈数量詞遊離〉

〈個数〉と〈回数〉の相互乗り入れということとの関連で考えてみると興味深い現象として、〈数量詞遊離〉(quantifier floating) と呼ばれているものがある。例えば次の二つの文で 'all' という数量詞は(9a)では 'the people' という名詞句の前に置かれてそれを限定する働きをしているが、(9b)では 'all' が 'the people' から遊離して、述語の中に含められた形での表現になっている。

(9) (a) *All the people* were delighted at the news.
(b) *The people* were *all* delighted at the news.

日本語でも同様の交替が可能である。

(10) (a) スベテノ人々ハソノ知ラセニ喜ンダ。
(b) 人々ハスベテソノ知ラセニ喜ンダ。

この限りでは一見英語と日本語の間で平行しているようであるが、実際には英語の方にはこの用法に関してはかなりな制限がある。例えば、日本語では次の(11)のような交替が可能であるが、英語では(12)のように数量詞を遊離した言い方は出来ない。

(11) (a) 私ニハ三人ノ子供ガイル。
(b) 私ニハ子供ガ三人イル。

(12) (a) I have *three children*.

(b) ＊I have *children three.*

細かい議論は省略するが、英語の場合、'all'，'each'，'both'はよいとして、一般の〈数詞〉(例えば(12)の'three')については遊離が出来ないこと、仮りに主語を限定する場合には遊離が出来ても、目的語を限定するものについては(目的語が代名詞である場合を除いて)やはり遊離が出来ない、ということが知られている。右の(12b)の例文は、この二つの制約のいずれにも触れている場合である。

〈数量詞遊離〉に関しては日本語の方が制約の緩い言語であるということを念頭に置いて、次の(a)と(b)の言い方を較べてみよう。

(13) (a) 太郎ハ同ジ本ヲ三冊買ッタ。
(b) 太郎ハ同ジ本ヲ三度読ンダ。

(14) (a) 花子ハ子供ニ三人出会ッタ。
(b) 花子ハ子供ニ三度出会ッタ。

いずれの場合も、(a)は〈数量詞遊離〉による〈個数〉の表現、(b)はごく普通の形での〈回数〉の表現であるが、両方が全く同じ統語形式によって表現されていることが分かる。しかし、

(a)の方は次のようにさらに二通りの形式による表現が可能であるのに対し、(b)の方は同じ形式での表現は出来ない。

(15) (a) 太郎ハ三冊ノ同ジ本ヲ買ッタ。
(b) ＊太郎ハ三度ノ同ジ本ヲ読ンダ。

(16) (a) 太郎ハ同ジ本三冊ヲ買ッタ。
(b) ＊太郎ハ同ジ本三度ヲ読ンダ。

(15)と(16)では、数量表現が意味的には「同ジ本」という〈モノ〉を表わす名詞句と(15)では限定、(16)では、同格という形で）直接関係づけられている。十分予想できる通り、このような関係づけの下では、〈個数〉表現は自然であるが、〈回数〉表現は不自然である。ここで先程の(13)の表現形式をもう一度見直してみると、そこでは数量詞は〈行為〉（つまり〈コト〉）を表わす動詞句（「買ッタ」、「読ンダ」）を限定するかのような位置に用いられており、事実(13b)の方は意味的にもごく自然に〈行為〉の回数を限定する読みになっている。(13)について見たことは、それと同じ表現形式の(14)についても同様である。(14a)の方は「三人ノ子供ニ出会ッタ」、「子供三人ニ出会ッタ」が可能であるが、(14b)の方はこのような言い替えは不自然で(14b)のままの形でしか可能でない。）このように見てくると、〈数量詞遊離〉と呼ばれる形の⒀や⒁は、基本的には〈回数〉表現としての固有の形式と言うことができよう。(13b)や(14b)の〈回数〉表現が〈無徴〉であるのに対し、(13a)や(14a)のような〈個数〉表現は〈数量詞遊離〉という操作の加わった〈有徴〉のものと解することが出来る。

なお、しばしば指摘される通り、(13a)、(15a)、(16a)の類の〈個数〉表現には二つの読みが可能である。一つは同時的な（つまり、三冊の本を同時に買ったという）読み、もう一つは継起的な（つまり、何度かに分けて計三冊の本を買ったという）読みである。〈個数〉の関わる〈モノ〉は本来〈空間的〉な存在であり、そこには〈時間〉の次元は介入しない。〈時間〉に関して無限定（つまり〈無徴〉）であるということが、このように同時的、継起的、いずれの意味も許容するということであろう。(14a)、および〈数量詞遊離〉によるその変形文についても同様のことが言える。ただし、次のように「ニ」と「ト」を交替させてみると、「ト」の方が同時的な読み（つまり、三人の子供に同時に会ったという読み）の方が強くなるという印象を受ける。

⒄ (a) 花子ハ三人ノ子供ニ／ト出会ッタ。
(b) 花子ハ子供三人ニ／ト出会ッタ。
(c) 花子ハ子供ニ／ト三人出会ッタ。

おそらくは、出会った両者の対等性を強調するという「ト」の意味合いが影響しているのであろう。とりわけ、(b)の型の構文でその感じが強いように思える。多分、同格的な構文で「三人」が「出会ウ」という動詞の直接の目的語となるような位置に出ているからであろう。次の(18)に見られる通り、本来(c)の構文が固有である〈回数〉表現では、(b)の構文は(a)の構文に較べると自然さが落ちるように思える。

(18) (a) 次郎ハ三度ノ失敗ヲ犯シタ。
(b) ?次郎ハ失敗三度ヲ犯シタ。
(c) 次郎ハ失敗ヲ三度犯シタ。

これも、「三度」という回数表現が「犯ス」という動詞の直接の目的語であるかのような位置に立つために、意味的な整合性に影響が及ぶことになるためであろう。

このように考えてくると、〈数量詞遊離〉という形式での〈個数〉表現とは、本来〈回数〉の表現の形式であるものでもって〈個数〉の表現を処理していると解釈することができる。〈個数〉はもともと〈モノ〉、つまり〈名詞句〉として言語化されるものに、一方、〈回数〉はもともと〈コト〉、つまり〈動詞句〉として言語化されるものに、それぞれ関係するはずのものであり、文法的には、〈名詞句〉と関係する〈個数〉表現は〈形容詞〉的、〈動詞句〉と関係する

〈回数〉表現は〈副詞〉的な機能性を帯びる。〈数量詞遊離〉においては、〈個数〉表現が〈名詞句〉から切り離され、〈動詞句〉の中に含め込まれて、あたかも〈副詞〉のような色合いを帯びているかのように感じとれよう。

この点から、次のような〈数量詞遊離〉文の解釈を考えてみると興味深い。日本語では（英語の場合とは違って）数量詞は主語からでも、目的語からでも遊離される。

(19) (a) 客ガ三人来訪シタ。
(b) 客ヲ三人招待シタ。

右のような場合は、文の中の名詞句は一つであるから、遊離された数量詞は名詞句が主語であろうと目的語であろうと、それと関係する。しかし、同じ文の中に主語と目的語の二つの名詞句があって、どちらの名詞句も数量詞を取りうるというものであった場合、遊離された数量詞はどちらの名詞句と関係するものとして捉えられるであろうか。例えば、次の(20)のような場合である。

(20) (a) 味方ガ三人敵ヲ射殺シタ。
(b) 味方ガ敵ヲ三人射殺シタ。

⒇ⓑの方は、問題なく〈三人の敵〉という解釈が得られよう。⒇ⓐの方は、いくらか曖昧である。〈三人の敵〉という解釈の方が優先するように思えるが、〈三人の味方〉という解釈も十分可能性があるように感じられる。

しかし、⒇の二つの文の語順を次のように変えてみると、今度は〈三人の敵〉という解釈が一義的に出てくる。

(21) (a) 敵ヲ三人味方ガ射殺シタ。

(b) 敵ヲ味方ガ三人射殺シタ。

また、書かれた形だけでは一応曖昧に思える⒇ⓐのような場合でも、「味方ガ三人」と言ったところで休止をとれば、後者の解釈になろうし、「三人敵ヲ」が休止なく言われれば、前者の解釈になろう。しかし、「味方」という名詞につく助詞が「ガ」でなく「ハ」になると、〈三人の敵〉という解釈で落着く。

⒇ (a′) 味方ハ三人敵ヲ射殺シタ。

このようにして見てくると、日本語の場合、遊離された数量詞は文の動詞句を中心とした述語の中に一つの構成要素として含め込まれてしまうと考えればよいのではないかと思われる。つまり、本来〈モノ〉に関わる限定が〈コト〉にまつわる限定に変換され、機能的に副詞に似たものにされてしまうと言えばよいのではないかということである。

これに較べると、英語の場合、数量詞は遊離されても、それが関係していたもとの名詞句との結びつきを強く保っているように思える。これは一つには、英語では遊離できる数量詞が'all','both','each'など、〈定冠詞〉的な意味合いと深く関係するもの——'all the ~','both the ~','each of them'といった表現でも用いられる語であることを参照——に限られるという点にも窺える。〈既定的〉(definite)というレベルで捉えられた名詞句は、〈モノ〉の〈有界性〉という特徴が強調されており、副詞的な機能を帯びることに対する抵抗が強い。そのため、遊離された数量詞はそれがもともと関係していた名詞句と〈同格〉(apposition)と言ってよい場合に近い関係に立っているという印象を与える。例えば(9b)として取り挙げた'*The people* were *all* delighted at the news'のような場合、'all'は'the people'と同格と言ってよい関係に近いのではないかということである。

このことは、限定用法の場合と単独で用いられた場合とで語形が違う数量詞を見てみると分かる。英語では、既に触れた通り、現在では目的語として機能する名詞句からの〈数量詞遊離〉は許されない(12b)参照)が、少し古い時代に遡れば、次のような言い方がされることもあった。

(22) *Gold and silver* have I *none*.

目的語を話題として前置した強調構文であるが、現在なら普通次のように言うところである。

(23) I have *no gold and silver*.

(22)と(23)を比較して分かる通り、遊離された数量詞'no'は、独立用法では不定代名詞'none'の形をとって、明確に〈同格〉の関係に立っていることが反映されている。

また、一部の数量詞に〈数〉や〈格〉による語尾変化の残っているドイツ語のような場合だと、遊離された数量詞はもともと関係していた名詞句との文法的な一致の標示を保ったままである。(9a)と(9b)に対応するドイツ語の表現は、次のようになる。

(24) (a) *Alle Leute* waren mit der Nachricht vergnügt.

(b) *Die Leute* waren *alle* mit der Nachricht vergnügt.

(24b)の‘alle’は、(24a)の場合と同様、〈複数〉の標示‘-e’を保ったままである。強い〈名詞〉性によって〈同格〉関係が支えられているということは、さらに次のように、前置詞句の中の名詞句に関しては〈数量詞遊離〉が成り立ち難いということからも窺える。

(25) (a) *Mit allen Leuten* habe ich darüber gesprochen.

(b) ?*Mit den Leuten* habe ich *allen* darüber gesprochen.

ついでながら、〈数量詞遊離〉はドイツ語の方が英語よりも広い範囲で可能なようである。次のように〈数詞〉を遊離させる構文は、ドイツ語では許容されても（Vater 1980）、現在の英語ではその直訳は不可能である。

(26) Bücher habe ich dreissig.

(27) *Books have I thirty.

(26)と(27)のような対比を見てみると、〈数量詞遊離〉には〈主題〉―〈叙述〉(topic-comment) という文構成の許容度と関連性があるように思える。(26)は日本語で言えば、次のような典型的な〈主題〉—〈叙述〉の構文で表わされよう。

(28) 本ハ〔本ナラ〕三十冊持ッテイルヨ。

英語のように典型的な〈主語優越型〉の言語（subject-prominent language）になると、主語以外の文構成成分を文頭に移動しての〈話題化〉(topicalization) が余り自由でなくなり、その段階でこの種の〈数量詞遊離〉を適用し難くなるということであろう。また既に見た通り、〈数量詞遊離〉の起こる場合でも、数量詞とそれが限定する名詞句との間に〈同格〉関係が想定される場合に限られているように思えるのも、〈主語〉—〈述語〉型の言語としての硬直した文法構造から来る制約かも知れない。

最後に、余り注目されていないように思えるが、〈数量詞遊離〉に類比できる現象が数量詞以外にも見られることがある。次のような交替はどうであろうか。

(29) (a) 明ルイ太陽ガ輝イテイル。
(b) 太陽ガ明ルク輝イテイル。

(30) (a) 鋭イマナザシヲ投ゲカケル。
(b) マナザシヲ鋭ク投ゲカケル。

(31) (a) モトモトノ意味ハ違ッテイタ。
(b) 意味ハモトモト違ッテイタ。

〈数量詞遊離〉の表現はこれらの場合の(b)の型に対応しているわけであり、(a)における〈形容詞〉—(b)における〈副詞〉という交替の仕方を考えてみると、（少なくとも日本語の場合は）遊離された〈数量詞〉が〈副詞〉的な性格を帯びている（従って、動詞によって表わされる〈コト〉と関連している）ことが分かる。

右の(29)〜(31)のような場合だと(a)型、(b)型、いずれの表現も自然と受けとられよう。しかし、時にはこうした〈形容詞〉の遊離が意味的な逸脱を伴なって（そのため、同時に詩的な効果をも伴なって）起こっていることもある。次の(32b)は、詩の作品からの引用である。

(32) (a) 白イ萩ノ花ガコボレル道
(b) 萩ノ花ガ白クコボレル道

(32b)のようになると、〈転移修飾句〉(transferred epithet) と呼ばれる修辞的手法の一つの場合と言うこともできよう。ただし、通常の〈転移修飾句〉は形容詞的な語句が本来関係するはずの名詞から他の名詞に転移するような場合（例えば、「緑ノ草木ノ間ヲ吹キ抜ケル風」

のような表現を連想させつつ、「緑ノ風」といった表現が創り出される場合）であるから、転移先が動詞である(32b)のような表現は逸脱度が高いとも斬新とも受け取られよう。次の(33)のような表現はさらにその延長上にあるものとして解することができる。

(33)　衣片敷キ独リカモ寝ム。

「片敷ク」は、共寝する相手がいず、〈片方の当事者の衣だけを敷く〉ということである。

面白いのは、稀にこれとは逆方向での転移も起こりうるということである。

(34)　小首ヲカシゲル。

(35)　小手ヲカザス。

「コ（小）」という語は名詞についているけれども、本来は〈ちょっとした〉動作を表わし、意味の上からは動詞に関係するものである。

第二部　〈モノ〉と〈トコロ〉――その対立と反転

1 〈有界的〉な〈モノ〉と〈無界的〉な〈トコロ〉

〈モノ〉と〈コト〉という概念の対立は、個体発生的なレベルでの人間の認知能力の発達過程で一つの重要な段階を構成している。流動的で変化の可能性を孕む〈コト〉の様相の中から、恒常性、同一性によって特徴づけられる〈モノ〉と呼ばれる対象が如何にして抽出されてくるか、という問題である（水谷・一九八八）。〈モノ〉と〈トコロ〉という概念の対立は、これと較べると関わる範囲がやや限定されるということもあって、話題として取り挙げられることも比較的多くないように思える。

〈モノ〉と〈コト〉が基本的に〈具体的〉対〈抽象的〉、〈有界的〉対〈無界的〉という二つの次元で対立すると同時に、〈部分〉と〈全体〉というメトニミー的関係に立っているということは既に見た。〈モノ〉と〈トコロ〉の関係はこれとは異なる。基本的には両者とも〈具体的〉であるという措定から出発することは許されるであろう。その上で、以下の議論においては、両者は〈有界的〉(bounded) 対〈無界的〉(unbounded) という形で対立し、同時に基本的には〈近接〉という型のメトニミー的関係に立っているが、その関係は〈部分〉—〈全体〉というもう一つの型のメトニミー的なものとの間で揺れ動く——こういう状況を確認してみたいと思う。この過程では、〈トコロ〉という概念の内包する両義性も明らかになるはずである。

〈モノ〉と〈トコロ〉が直接に関係するのは、〈空間的存在〉という様相において――つまり、ある〈モノ〉がある〈トコロ〉に存在するという形での関係において――である。この場合、〈モノ〉と〈トコロ〉の両者は、相互に〈近接〉の関係にあるという意味でメトニミー的関係にあるわけであるが、両者は対等の資格で〈近接〉しているのではない。

一般に〈有界的〉な対象と〈無界的〉な対象が接触するという形での〈近接〉関係にある場合、どちらを〈モノ〉、どちらを〈トコロ〉として概念化するかに関しては、明らかな非対称性が認められる。例えば海に浮かぶ船を表現する場合、「海上ノ船」は自然と感じられようが、「船下ノ海」はそうではない。同じように、霧に包まれた人を表現する場合なら、「霧ノ中ノ人」が自然で、「人ノ周リノ霧」は特別という感じを受ける。いずれの場合も〈有界的〉な対象を〈モノ〉とし、〈無界的〉な対象を〈トコロ〉とする捉え方の方が自然と感じられるわけである。〈有界的〉対〈無界的〉という対立がこれ程極端でない場合でも、捉え方の非対称性はなお認められる。例えば机に置かれた本は、言語化されれば「机ノ上ノ本」が自然で、「本ノ下ノ机」は特別という感じがする。机の表面部の拡がりが相対的に〈無界的〉という扱いを受けるのであろう。

名実ともに〈モノ〉と呼ばれるのがふさわしい、顕著に〈有界的〉な対象の場合になると、〈トコロ〉として扱われるためには、何らかの形で拡がりを有するものとして捉え直されることが必要である。例えば、〈ランプ〉と〈テーブル〉とが空間的近接の関係にあり、かつ

〈ランプ〉が〈テーブル〉の上に位置しているという状況があった場合、もっとも普通に予想される表現は(1)のようになろう。

(1) テーブルノ上ニランプガアル。

〈テーブル〉が〈トコロ〉に、〈ランプ〉が〈モノ〉に擬せられた形の言語化であるが、〈テーブル〉の方が〈ランプ〉よりも大きな延長を有するのが普通であるから、非対称性の導入の仕方は自然という感じがする。

(1)の文は、英語では二つの文が対応する。(余分な問題点の介入を避けるために、名詞はすべて定冠詞のついた形で挙げておくことにする。)

(2) (a) The lamp is on the table.
(b) The lamp is over the table.

(a)はランプがテーブルの上に乗せられて両者の間に接触のある場合、(b)はランプがテーブルの上方に吊るされていて両者の間に接触のない場合である。いずれの場合も、テーブルの方が〈トコロ〉に擬せられていて自然という感じがする。

しかし、同じ二つの場合について今度はランプを〈トコロ〉に擬して表現しようとしてみると、差が出てくる。(2a)、(2b)に対応するのは左の(3a)、(3b)である（〈上方〉について言う場合のonとoverに相当する対立は、〈下方〉の場合は出てこない）が、(3b)の方は(2b)と同じ状況を別の視点で言語化したものとして自然であるが、(3a)の方は(2a)と同じ状況について言った表現としては大変不自然である。

(3) (a) ?? The table is under the lamp.
(b) The table is under the lamp.

つまり、ランプがテーブルの上方に吊るされているような場合ならよいが、テーブルの上に置かれているというような場合は不自然になるわけである。そう言えば、(1)と同じ状況をランプを〈トコロ〉に擬して言語化した日本語の場合も同様である。(4)から読みとれるのは、ランプが上方に吊るされている場合（つまり、(3b)に相当する場合）である。

(4) ランプノ下ニテーブルガアル。

テーブルを〈トコロ〉とした場合とランプを〈トコロ〉とした場合とで起こるこの違いは興味

深い。ランプがテーブルの上に置かれているという状況でランプを〈トコロ〉にするとなぜ不自然に感じられるかといえば、ランプは〈トコロ〉としてテーブルを包摂するには大きさが小さ過ぎるという印象であろう。〈ランプの下〉という空間は、ランプの台がテーブルに接触している部分だけという感じがする。ところがランプが上方に吊るされているという状況だと、〈ランプの下〉という空間はもっと拡がって、およそそのランプの光によって照らされうる範囲なら〈下〉と言ってよいという感じがする。

このように拡がった空間としての読みとり方をするということは、人間が空間の範囲を自らの関心との関連で主体的に規定するという基本的な営みの一つの場合に過ぎない。（例えば、‘the bird *in* the tree’は物理的対象としての〈木〉という〈モノ〉の中に巣を造って入り込んでいる鳥しか指せないというわけではないし、‘pears *in* the bowl’という表現は一部の梨がボウルからはみ出していても（外へ落ちてしまわない限りは）十分適用できる（Herskovits 1988）。）興味あるのは、この種の場合、〈トコロ〉に擬せられる空間はその周辺部がかなり自由に拡がって行くような形で捉えられるということである。先程の〈ランプの下〉という空間の場合もそうであったし、他にも例えば「銅像ノ左手ノベンチ」や‘the bench to the left of the statue’といった表現でもベンチは話し手から見て直角のすぐ横にある必要はなく、像からの隔り方に従ってかなり直角の横方向からずれた位置にあってもよいわけである。「陽ノ下デ」というような言い方になると、光に照らされうる限りという機能的な連想も入って、空間の拡がりは極大になるし、「頭ノ上デ」も同様に〈上〉で指される空間の拡がりは著しい。

このように考えてくると、基本的に一定の輪郭を有する（従って、他者との対立が明瞭に出る）〈モノ〉に対し、〈トコロ〉の概念は基本的に〈無界的〉な指向性——つまり、一定の輪郭を持つことなく拡がって行く傾向を有するものではないかと考えられる。

なお、〈モノ〉と〈トコロ〉の非対称性を媒介するものとして、〈有界的〉対〈無界的〉という対立の他にもいくつかの要因が指摘されることがある。例えば、〈動く〉対〈動かない〉という対立である。確かに〈動く〉ものは〈モノ〉と、〈動かない〉ものは〈トコロ〉と結びつけられる傾向があることは理解できる。ただ、通常〈有界的〉な〈モノ〉が〈動く〉として知覚されることは容易に起こるが、〈無界的〉な事象については必ずしもそうとは言えない。流れる河や氾濫して拡がる洪水は水の動きは含んでいるが、全体としては動きのない延長や拡がりとして容易に受け取られる。輪郭のはっきりしたものであれば、空間的に移動したかどうかは確認し易いが、輪郭が不定で、しかも無限定に拡がりうる潜在性を備えているものについては、困難である。〈動く〉対〈動かない〉という要因は、〈有界的〉対〈無界的〉という対立要因と高い相関関係にあり、基本的にはそちらに還元されうるようにも思える。

もう一つ、〈馴じみあり〉対〈馴じみなし〉という対立も非対称性を導入する要因として言及されることがある（Svorou 1994：11）。〈馴じみあり〉のものを踏まえて、それとの関連で〈馴じみなし〉のものが言及されるのが一般的な傾向であるというのである。その通りであるが、この要因は既に触れた〈有界的〉対〈無界的〉という対立とは別の次元、つまり、具体的な言語化の行なわれる特定のコンテクストで、働く要因――場合によっては、〈有界的〉対〈無界的〉という要因による捉え方を修正し、くつがえす可能性を孕んだ要因として解すべきではないかと思われる。既に取り挙げた机の上に本が置かれているという状況において、「机ノ上ノ本」の方が「本ノ下ノ机」よりも自然な言語化と思われるというのは、特別な事情がない（いわゆる「デフォールト」の）場合であって、例えば、本の置かれている机をかなり離れたところから見ているという状況で特に机の方を話題にしたいという場合なら、「アノ君ノ大切ナ聖書ノ下ノ机」というような言及のされ方がなされうることは想像できよう。日常的なコミュニケーションの場面であれば、「聖書ノ下ノ机」というような言い方よりも、「聖書ガ置カレテイル下ノ机」というようなもっと詳しい明示的な表現がなされるであろうが、このことからも本の方を〈トコロ〉化するのは言語化の仕方として〈有徴的〉であるということが窺える。しかし、具体的なコミュニケーションの場面では、相対的に〈無界的〉なものの方を焦点化せざるを得ない場合も起こりうるわけで、そのような場合には、〈馴じみあり〉対〈馴じみなし〉という要因が〈有界的〉対〈無界的〉という要因による規定をくつがえすことが出来るわけである。（ついでながら、仮りに聖書が何冊も堆《うずたか》く積み上げられているというような状況であれば、聖書の方の相対的な無界性が増し、

「聖書ノ下ノ机」というような言語化の不自然さはさらに減少する。）

日本語では〈モノ〉については「大キイ」、「小サイ」、〈トコロ〉については「広イ」、「狭イ」という対立が比較的明瞭に認められるが、これらの形容詞の用法について、次のような指摘がなされている。

> ……オーキイ、チーサイは形のあるものについて用いられるが、ヒロイは形のつかめないものについても言える。ヒロイウミ、ヒロイソラはいいが、オーキイウミ、オーキイソラとはふつう言わない。（服部・一九六八・一五）

「広イ」という語には、対象を〈無界的〉なものとして捉える指向性があるという指摘で興味深い。

英語のwideが日本語の「広イ」とはかなり意味がずれていることは、よく知られている。wideの基本的な意味は〈幅が長い〉ということであるから、'a wide highway'や'a wide river'は自然な表現であっても、'a wide room'や'a wide stadium'は横長の奇妙な形をしているというのならよいが、日本語の「広イ部屋」や「広イスタジアム」の場合のように面積の広さを言っているということにはならない。現代英語でのwideの定義は'having a larger distance from one side to the other than is usual or expected, esp. in comparison with its length'（*COBUILD*）——要するに、幅が奥行きに較べて不釣合いに長いということ——であり、さらに「現在では現実に距離が測れる場合に限る」（*OED*）という注記まで見られる。しかし、かつては〈広く（無限定に）拡がっている〉との意味でも使われていた語で、現在でも'wide open'という表現にはなおその名残りが感じとられる。（逆に wide の意味が〈有界的〉になってきたということも、英語のその他の部門に見られる〈有界化〉への一般的な傾向を考えると興味深い（Ikegami 1993c）。）

2 〈無界性〉と〈部分〉・〈未完了〉

〈トコロ〉が基本的に輪郭のぼやけた概念であることは、「トコロ」という語のいろいろな使い方にも反映されているように思える。例えば「今ノトコロ」、「コレ位ノトコロ」などといった言い方では、特定の時点や程度を明示するのを避け、指示範囲をその前後、周辺にまで拡大しているという印象を受ける。時間的に継続しうる出来事に添えられる場合は、出来事全体をまとめて捉える代わりにその過程がまだ進行中である（従って、完結して輪郭のはっきりしたものではない）ことを表わす。例えば「仕事ヲシテイルトコロデアル」と言うような場合である。面白いことに、ドイツ語では'an der Arbeit sein'という言い方で同じことを表わすことができる。この表現は'an der Tür sein'（戸口にいる）と同じ形式を有している。an は本来ある個所との接触を表わす前置詞（語源的には英語の on と同じだが、英語の on は上からの接触というふうに意味がさらに特殊化している）である。従って、全体としては〈仕事という個所にいる〉という意味合いの表現である。英語で言えば'be at work'という表現が対応するが、英語の表現も'be at the door'（戸口のところにいる）という空間的存在の表現と同じ形式を持っている。また、英語の進行形はもともと'be on working'という場所の前置詞 on を伴なった表現だったのが、'be a-working'という形を経て、現在の'be working'という形に至ったものである。働いている発想はドイツ語の'an der Arbeit sein'と基本的に同じである。

また、次の(5)は日本語の「小説ヲ書ク」、(6)は「小説ヲ書イテイル」にそれぞれ対応する意味合いのドイツ語と英語の表現である。

(5) (a) ein Roman schreiben
(b) write a novel

(6) (a) an einem Roman schreiben
(b) be writing a novel

(5)では〈小説〉という〈モノ〉表現が〈書く〉という行為に関わっているという形式の表現であ

るが、行為が継続中（あるいは未完了）という意味合いを明示している(6)の表現では、ドイツ語は(a)のように〈小説において〉という〈トコロ〉表現が〈書く〉という行為に関わっているという形式をとっている。(b)の英語の表現はいわゆる進行形であるが、これもすぐ右で述べた通り、もともとは'on writing a novel'（小説を書いているところ）という〈トコロ〉表現がbeに伴なうという形式であったものである。

行為が未完了であるということは、行為が予想される全体を通してなされたのでなく、その一部が演じられたに過ぎないと読み替えることができる。このように行為の遂行が未完了ないし部分的であるという意味合いは、他の前置詞を伴なう〈トコロ〉表現によっても明示されることがある。例えばドイツ語での次のような対立はその例である。

(7)　(a)　ein Buch lesen

　　(b)　in einem Buch lesen

(8)　(a)　jemanden anrufen

　　(b)　bei jemandem anrufen

(7)では、〈本〉を表わす名詞（Buch）が直接目的語になっている(a)に対して、〈～の中〉を表わす前置詞（in）を伴なった形が〈読む〉という行為を表わす動詞と共起している(b)の方は、読みが部分的であるという有徴的な読みになる。(8)はいずれも〈ある人に電話する〉ということであるが、電話の相手を直接目的語で表わしている(a)に対し、前置詞（bei）を伴なって場所化された形が動詞と共起している(b)では、〈電話する〉という行為の過程に意味の焦点が移り、行為の完了性（つまり、相手が応答したかどうか）に関しては完全に無徴的な読みになる。(7b)と(8b)のいずれの場合においても、行為が向けられている本来〈モノ〉である対象が〈トコロ〉化されることに伴なって、未完了、部分的という読みの方が優勢になる。このことは、〈トコロ〉としての概念化が本質的に〈無界性〉への指向性を伴なうことを示唆している。

右で見たようなドイツ語における〈モノ〉的表現と〈トコロ〉的表現の対立を念頭に置いて、英語における次の二つの表現の対立を考えてみると興味深い。

(9) (a) forget one's birthday
(b) forget about one's birthday

〈誕生日〉(birthday) は抽象概念ではあるが、輪郭の明確さという〈モノ〉的概念の特性をまだ色濃く残している。(a)ではそのような〈モノ〉的表現が動詞（forget）と直接結びついているのに対し、(b)では本来〈～のあたり〉を意味する前置詞（about）が伴なう形で〈トコロ〉化された表現が同じ動詞と共起している。この表現形式の上での差は、両者の意味の差にも反映されている。(a)のまず第一の読みは、自分の誕生日が何月何日であるかを忘れてしまったということである。他方、(b)は、何月何日であるかを忘れたわけではないが、例えば忙しすぎて、当日になっても誕生日であることに気づかないというのが読みである。この違いは、日本語なら次のような対立で表わされるところである。

(10) (a) 誕生日ヲ忘レル

(b) 誕生日ノコトヲ忘レル

英語が〈トコロ〉的表現で処理しているところを、日本語は〈コト〉的表現で処理しているのが興味深い。〈コト〉という概念も、〈トコロ〉という概念も、〈モノ〉に較べると輪郭がぼやけるわけで、その点で(9b)と(10b)のような対応も可能になるということである。((10b)におけるような「コト」の使い方は、「太郎サンノコト好キ」という場合のような「コト」の使い方と相通じるところがあろう。どちらも、話題としている〈モノ〉の輪郭をぼかして指示の直接性を弱めているという感じである。池上・一九八二を参照。)

似たような問題が絡んでいると思える場合として、フランス語における代名詞'lui'と'y'の用法上の対立も興味深い。フランス語の「à＋名詞句」は代名詞化される際、'lui'

となったり、‘y’となったりする。動詞によってどちらの形で代名詞化されるかが傾向的にほぼ決まっていることもあるが、どちらをもとりうるという動詞もあり、その場合は意味の上で例えば次のように対立が出てくる(大橋ほか・一九九三)。

(11) (a) Il comptait organiser une entreprise financière et *lui* destinait toutes ses resources.

(b) Il comptait organiser une entreprise financière et *y* destinait toutes ses resources.

(a)の‘lui’が使われている場合は、指されているのは問題になっている〈事業〉そのもの、(b)の‘y’が指しているのは〈事業を組織すること〉という解釈になるという。‘lui’の方が輪郭の明確な〈モノ〉的に捉えられた内容を指しているのに対し、後者はそれがメトニミー的に拡張された〈コト〉レベルでの指示ということになろう。なお、どちらか一方しか普通とらないという動詞の場合にも、これと平行した意味の対立が読みとれる。

(12) (a) Il parle souvent à cette fille.—Il lui parle souvent.

(b) Il pense souvent à cette fille.—Il y pense souvent.

(a)は〈その少女に話しかける〉という場合で、行為の対象は典型的に〈人間〉ということで特定化されている。一方(b)は〈その少女に想いを馳せる〉ということで、行為の対象は少女にまつわる事柄というふうにメトニミー的に拡張されている。日本語で言えば、「ソノ少女ノコトヲ想ウ」となるところである。人称代名詞としての性格の明確な'lui'に対し、場所の副詞としての用法もある（従って、〈トコロ〉的な表現である）'y'が輪郭のぼやけた内容の方に用いられているわけである。

〈モノ〉的な表現と〈トコロ〉的な表現とが交替して使えるような場合、後者の表現の方が指示が漠然としていると思えることは、日本語の場合にも認められる。「ソレ」（〈モノ〉的な表現）と「ソコ」（〈トコロ〉的な表現）の間に見られる次のような対立を考えてみることが出来よう。

(13) (a) ソレガ問題ダ。
　　(b) ソコガ問題ダ。

「ソレ」の方は、あるまとまり〈全体〉を、「ソコ」の方は、ある範囲、ないしは、ある流れの中のある〈部分〉を指しているという感じである。

(14)　(a)　ソレ／ソコヲ知リタイ。
　　(b)　ソレ／？ソコヲ知ッタカラニハ……。

「知リタイ」という（〈潜在態〉で捉えているが故に）他動性の低い動詞句の場合は、「ソレ」と「ソコ」は(13a)、(13b)で見たような意味的な対立を含みつつも）両方が自然に使えるものに対し、「知ッタ」という（〈顕在態〉の故に）他動性の高い動詞句の場合は、「ソコ」との結合は自然とは言えない。一般に、他動詞の高さは高い〈有界性〉と相関する（cf. Hopper and Thompson 1980）から、〈トコロ〉的表現に伴なう〈有界性〉の低さとは合致し難いということであろう。

日本語の「オモウ」という動詞がもともと知的よりも情的なニュアンスに傾く向きのあることはよく指摘されるが、「ソコ思ウ」というように〈トコロ〉的表現と結びつきうることも示唆的である。あるいはまた、現在の日本語で相手に対して〈甘え〉を許容することを前提して頼んでいるというニュアンスを含んだ「ソコ（ノトコロ）ヲ何トカ」といった言い方でも、〈トコロ〉的表現が幅をきかせているのも興味深い。

ついでながら、右のような日本語における「ソレ」と「ソコ」に似た対立が、英語で‘it’と‘so’の対立で処理されることがある。

(15) (a) I know it / *so.

(b) I hope so / *it.

心の働きが〈知的〉な性格の強いものになると、それを言語化する動詞の他動性が高くなるという一般的な傾向がある。これは know は基本的に他動詞（know it）、hope は基本的に自動詞（hope for it）という違いにも反映されているが、前者が典型的に〈モノ〉的な表示（〈それ〉）である it を伴なうのに対し、後者は言うならば〈輪郭のぼやけたモノ〉的な表示（〈そのようなモノ〉）である so を共起の相手として要求する。

また、英語と日本語の間で一応対応しているかのように見える think と「思ウ」を比較してみると、この点で違いのあることが分かる。

(16) (a) *What* do you think?

(b) ドウ思イマスカ。

think が what（つまり、it に対応する〈モノ〉的な表現）を伴なうのに対し、「思ウ」は「ドウ」（つまり、so に対応する〈ぼやけた輪郭のモノ〉的表現）を伴なう。先程も触れた通り、日本語の「思ウ」はかつての情的な意味合いをなおかなり引きずっているわけである。

3　〈トコロ〉の二面性と〈身体性〉

以上〈トコロ〉の概念の〈無界性〉指向という点に焦点を当てて検討してきたが、今度は〈トコロ〉という概念はその〈無界性〉指向という特徴は保持しつつ、基本的には二つのスキーマに収斂するという点を見てみたい。二つのスキーマのうちの一つは、通常〈トコロ〉としてまず抱かれるイメージ・スキーマであって、〈モノ〉を〈モノ〉として存在させる場としての〈トコロ〉である。例えば、「ソコニアルノハ何デスカ」というような場合の〈トコロ〉のスキーマである。もう一つは、〈全体〉(ただし、この全体は完結した輪郭によって特徴づけられている必要はない)に対する〈部分〉としての〈トコロ〉で、例えば「ソコガ凹《ヘコ》ンデイル」などと言うような場合である。この〈トコロ〉の二つの型は、メトニミーの二つの主要な型とされる〈近接性〉と〈部分・全体〉にそれぞれ対応しており、従って相互に全く関連性を欠くようなものではないことが分かる。第二の型のスキーマに基いて「ソコガ凹ンデイル」と言っている場合でも、「ソコニ凹ミガアル」と言えば、第一の型のスキーマで捉え直したことになる。

二つの型のスキーマに基づく「トコロ」という語の用法は、日本語のごく古い時期から認められる。次の二例は、それぞれ『万葉集』と『古事記』からのものであるが、『日本国語大辞典』（小学館）では、両者は同じ意味分類項目のもとに挙げられている。

(17) (a) 河洲ニモ雪ハ降レレシ宮ノ内ニ千鳥鳴クラシ居ムトコロ無ミ。

(b) 吾ガ身ハ成リ成リテ成リ合ハザル処一処アリ。

前者は、千鳥という〈モノ〉の存在する場としての〈トコロ〉、後者は国生みの営みに関わろうとする二柱の神が自らの身体について語り合っている場面での発言で、身体のある部分を指して〈トコロ〉が使われている。

〈トコロ〉の概念に内在するこのような二面性は、何を意味するのであろうか。それが由来する何か経験的基盤といったようなものが考えられるであろうか。もしそのようなものが見出せるならば、〈メトニミー〉の概念に内在する二つの型（つまり、〈近接性〉と〈部分・全体〉——後者は時に〈シネクドキー〉という名称を特に与えられ、独立したものとしての扱いを与えられることもある）の本質も確認しうることになる。

〈トコロ〉の概念の二面性を媒介するものとして、〈身体〉の二面性ということは考えてみるに値するように思える。〈モノ〉としての身体と〈トコロ〉としての身体ということである。

皮膚によって覆われ、一定の輪郭を保持している身体は、何よりもまず〈モノ〉としての性質を有している。皮膚による区画は、皮膚の〈ウチ〉なる身体という領域と、皮膚の〈ソト〉なる領域とを分ける。これは〈自我〉対〈他者〉という対立の元型であろう。〈自我〉は、例えば衣類をまとうとか、車に乗るとかといった物理的な支えを得て、あるいは自らの力への信頼、身近かにあるものへの共感といった心理的な支えを通じて拡張され、いわゆる〈拡大自我〉の様相をとる（第三部・20節を参照）こともあるが、〈自我〉対〈他者〉、あるいは〈ウチ〉対〈ソト〉という対立の構図はそのまま保持される。つまり、〈モノ〉としての身体という様相は、身体の〈対他的〉な関わりという側面で際立ってくるように思える。

これに対し、〈対自的〉な対象として考えた場合、身体は〈トコロ〉的な様相を帯びてくる。身体内的な感覚に言及するとき、私たちは例えば「ドコガ痛イノデスカ」と言って、「ナニガ痛イノデスカ」とは言わない。この種の感覚は、まさに英語で言う'take place'（あるいは、ドイツ語の stattfinden、フランス語の avoir lieu）するもの（つまり、ある〈トコロ〉を占めるもの）である。しかも、人間の身体は厳密に区分された部分から合成されているのでなく、部分と部分は連続して確定した境界線は引き難い。さらに身体の内部のこととなると直接観察不可能であるから、境界はさらに不確定である。〈対自的〉な対象としての身体がとる〈トコロ〉的な様相は、高度に〈無界的〉な性格を帯びている。〈無界的〉な性格を帯びるのは、感覚が生じる〈トコロ〉だけではない。生じる感覚というもの自体も、考えてみればすぐ分かる通り、感じている本人にとっては〈制御不能〉(uncontrollable)な性格のものである。従って、完了の時点を明確に確定し難い〈無界的〉なものという性格を帯びる。ここでも、〈未完了性〉と〈無界性〉とが共存するわけである。

以上のように、身体は一方で〈モノ〉として、他方で〈トコロ〉として、それぞれ捉えられるという二面性を有する存在である。そして既に見た通り、〈モノ〉としての身体は〈対他的〉な側面、〈トコロ〉としての身体は〈対自的〉な側面をそれぞれ表わしているとするならば、この二つの側面というのは、実は〈動作主〉(agent)としての人間と〈感受者〉(sentient)としての人間という、人間存在の二つの基本的な様相(池上・一九九三a、Ikegami 1994b)に対応すると考えることが出来よう。〈ソト〉からの刺戟を〈ウチ〉なる身体という〈トコロ〉で受けとめ(感覚)、〈ソト〉にある刺戟源を特定し(知覚)、それが何ものであるかを確認する(認知)、そして、それに対して適切に反応する(行為)——身体の両面性は生存のためのこうしたサイクルに根差していると考えることが出来る。

4　〈モノ〉としての身体と〈トコロ〉としての身体

身体を〈モノ〉として捉えるか、あるいは〈トコロ〉として捉えるか、という認知的な選択は、言語化される際の表現形式の違いとして反映されてくる。例えば英語のような言語では、両者の差は典型的には名詞句の形で表現されるか、前置詞句の形で表現されるかの差となる。次のような言い方では、二つの様相での捉え方が同一の文に共在している。

(18) *I* pulled the knob *toward me*.

(19) *She* closed the door *behind her*.

(20) *He* had an umbrella *with him*.

文頭では〈モノ〉として主語に擬せられているのと同じ人物が、文末では〈トコロ〉として捉え直されている。文末の代名詞がなぜ再帰代名詞の形をとらないのか、ということとの関連でよく問題になる場合であるが、主語の行為の目標になっている（例えば、He shot a revolver at *himself*, He threw the paint over *himself* のような場合）というのでなく、行為の起こった場所の参照点になっているだけであるからである。十分予測可能ということから、場所の参照点としての役割が明示されなくなると、次のような言語化にもなる。

(21) *She* had a blue dress *on*.

身体の部分も〈モノ〉としての把握と〈トコロ〉としての把握との間で揺れることがある。

(22) (a) *My joints* ache.
(b) I ache *in the joints*.

(23) (a) He struck *my head*.
(b) He struck me *on the head*.

いずれも、(a)の場合は身体部分が一応自己完結的な〈モノ〉として捉えられているが、(b)では同じ身体部分が〈トコロ〉として捉えられているのみならず、主語として表示されている全体との関連でその部分であるという意味合いも伴なっている。

ついでに、ドイツ語では、もう一つの型の表現の可能性が加わる。

(24) (a) *Seine Hände* zittern.
(b) *Er* zittert *an allen Gliedern*.
(c) *Ihm* zittern *die Hände*.

(24a)と(24b)は、(22)と(23)で見た英語の(a)と(b)の型に相当する表現である。(24a)では〈両手〉が〈モノ〉として主語化され、(24b)は〈両手両足、四肢〉が〈トコロ〉として捉えられ、同時に主語として表示されている全体との関連でその部分であるという意味合いも含んでいる。(24c)は英語にない言い方で、〈両手〉が文法上の主語であるという点では(22a)の場合と同様〈モノ〉化されていると言えるが、身体全体に相当するものも表現されている。ただし、与格の形での表示であるから、〈両手〉という〈モノ〉の震えの方が中心で、それが身体全体にも影響するという感じの表現である。基本的には〈方向〉を表わしているのであるから、広義では〈トコロ〉としての表示と言えるが、他方、この型の表現が可能なのは原則として〈人間〉を表わす名詞に限られるから、〈モノ〉的な性格も残している。

このような、いわば中間的な形式での表現の可能性が加わるために、他者に対する働きかけが言語化される際にも、表現の選択肢がふえる（池上・一九九三a）。

(25) (a) Er kratzte *seinen Rücken.*
(b) Er kratzte ihm *auf dem Rücken.*
(c) Er kratzte ihm *den Rücken.*

いずれも誰かの背中を掻いたという内容の言語化であるが、(a)と(b)は既に見た英語での(a)と(b)に相当する形での表現、(c)は先程の(24c)に対応する形での表現である。(b)型と(c)型の混淆とも見える表現が可能になる動詞もある。次の(d)がそれである。

(26)
(a) Er schlug *seinen Kopf*.
(b) Er schlug ihn *auf den Kopf*.
(d) Er schlug ihm *auf den Kopf*.

5 〈トコロ〉としての概念化から〈モノ〉としての概念化への反転

身体に関わる表現をもとにして、〈モノ〉としての概念化と〈トコロ〉としての概念化が反転する例を見てきたが、こういった〈モノ〉と〈トコロ〉の反転をもっと一般的な視点から見てみることにする。ライオンズ（Lyons 1977：479-80）は、この点について次のように述べている。

言語によっては、場所を指示する普通名詞がなくて、あるのは指示副詞（「ココ」とか「ソコ」）や場所指示の固有名詞だけであるというようなことも、考えられないことではない。同じようにまた、一連のモノ指示の語彙素とは統語論的にも形態論的にも区別される一連のトコロ指示の語彙素を有する言語というようなものがあっても、おかしくない。

英語や日本語の場合でも、例えば次のような言い方ができるかできないかという対立の背後には、右で指摘されているような問題が絡んでいることが読みとれよう。

(27) (a) I went to the station.
(b) ＊I went to *it*/I went *there*.

(28) (a) 私ハ駅ヘ行ッタ。
(b) ＊私ハソレヘ行ッタ／私ハソコヘ行ッタ。

(29) (a) He came to *me*.
(b) 彼ハ私ノトコロヘ来タ。

(27)と(28)からは、本来なら〈モノ〉として扱われることが可能でitや「ソレ」によって指される〈駅〉が、方向表現の中に組み込まれると〈トコロ〉として（従って、thereや「ソコ」で指されるものとして）捉えられることが分かる。(29)はそのような捉え方の切り替えに関して、言語による差がありうることを示している。〈人間〉が方向表現に組み込まれることに関して、英語より日本語の方が抵抗のあることが示されている。

〈言語的相対論〉の考えで知られるウォーフ（Whorf 1956：92-93）にも、同様の点への言及がある。'I live in Boston' とは言えるが、この 'Boston' という名詞のところに〈モノ〉指示の 'it' という代名詞を入れることはできない（＊'That's *Boston*. I live in *it*.'）ことを指摘した後、ウォーフはアメリカ先住民の言語の一つであるホーピ語では、〈トコロ〉を表わす名詞は場所格でのみ使われ、主格や対格の形をとらないことなどを指摘している。

言語として表現される場合、〈モノ〉と〈トコロ〉に異なった扱いがなされるということは、両者が基本的に対立する概念化に基づくものとして捉えられるということであろう。興味あるのは、もともと〈モノ〉なり〈トコロ〉なり、そのいずれかで一義的に概念化されるような対象のある一方で、同じ対象についての概念化が〈モノ〉と〈トコロ〉の間で反転するという場合である。以下、そのような事例について検討してみることにする。

ライオンズ（Lyons 1977：477）は、先程引用した個所の近くで〈場所格の主語〉（つまり、場所の表現が主語に立てられていること）という項目で、次のように述べている。

多くの文において、〈トコロ〉指示の表現が〈モノ〉指示の表現と相互に交換できる（そしてまた並置されうる）ことがある。

ライオンズが考えているのは、例えば次のような場合である。

(30) (a) It is cold *in London.*
(b) *London* is cold.

London は名詞としての扱いを受けているから、(b)のように主語化されうる潜在性はもともとからあるわけである。それに較べると、次のような交替では、問題となる語がもともと副詞であるから、(b)の主語化された表現の方は派生的という感じが強くする。

(31) (a) It is draughty *everywhere*.
(b) *Everywhere* is draughty.

〈トコロ〉から〈モノ〉へのこの種の転化が体系的に文法に組み込まれているのは、be と have という動詞の交替に伴なう次のような対立である。

(32) (a) A book is *on the table.*/There is a book *on the table.*
(b) *The table* has a book on it.
(33) (a) Two windows are *in the room.*/There are two windows *in the room.*
(b) *The room* has two windows.

(32b)と(33b)を較べても分かる通り、beとhaveの交替に伴なう〈トコロ〉の〈モノ〉化にも、段階のあることが見てとれる。(32b)の方は、前に(18)〜(20)あたりで扱った中間的な段階に相当している。言い替えれば、(33b)の方が〈モノ〉への転化が進んだ段階ということで、これはbeとhaveの交替ということとの関連で言うならば、(32b)の方がまだ〈存在〉のレベルでの言語化という意味合いを残しているのに対し、(33b)の方は〈所有〉という概念化レベルでの色合いが強くなっているということである。

〈トコロ〉から〈モノ〉への転化の例をさらに見て行く前に、一見似ていて実はここで問題としているものとは区別しておかねばならない場合に触れておきたい。その単純な場合は、例えばWashingtonとかBordeauxといった地名が〈アメリカ政府〉とか〈ボルドー産のワイン〉といった意味で用いられる場合である。ここで起こっているのは、本来〈トコロ〉を表わす表現がその〈トコロ〉と近接の関係にある〈モノ〉を指す表現として転用されるということであって、本来〈トコロ〉として概念化されていた場所が〈モノ〉として概念化されるようになるということではない。後者が概念化のレベルにおける切り替えであるのに対し、前者は指示対象がすり替えられるという現象である。日本語の「水／井戸ガ涸《カ》レル」、「湯／風呂ヲ沸カス」、「財布／ポケットヲ探ス」、「汗／身体ヲ拭ク」、「字／黒板ヲ消ス」とか、英語の'Gas/The pipe leaks', 'The water/The kettle boils', 'wipe the sweat/the body', 'erase the letters/the blackboard' といった表現に見られる交替についても言える。これらは今問題にしている場合とは異なるので、これ以上は触れない。

ここでのテーマ、つまり、〈トコロ〉としての概念化から〈モノ〉としての概念化への切替えということ、に立戻るとすると、まず次のような場合は、身体の部分に関わる表現ということでの関連で(22)で既に触れた。

(34) (a) John struck *Bill's head.*
(b) John struck Bill *on the head.*

(35) (a) John kissed *Mary's cheek.*
(b) John kissed Mary *on the cheek.*

身体の構成部分については、隣接する構成部分との境界が必ずしも明確でなく、従って自立的なまとまりとしての把握も必ずしも確実でないということを既に見た。そのように、本質的に〈モノ〉あるいは〈トコロ〉としての把握に関しては両義的であることを反映して、(34)や(35)のような場合も、(a)のような〈モノ〉としての把握と(b)のような〈トコロ〉としての把握のいずれが先行するかは容易に判断し難いという印象を与える。ただ、行為動詞が目的語としてとるのは基本的に〈モノ〉を表わす名詞であること、日本語のように(a)の型の表現

（「ジョンハビルノ頭ヲナグッタ」）はするが、(b)の型の表現（＊「ジョンハビルヲ頭ニタタイタ」）はしない言語のあること、などからすると、あるいは〈モノ〉から〈トコロ〉への転用ということで扱った方が妥当なのかも知れない。

次の一連の例にも一見似たような交替が見られるが、今度の場合は関連する名詞の表わす意味からして〈トコロ〉が〈モノ〉に擬せられる場合と考えてよさそうである。

(36) (a) Bees swarm *in the garden*.
(b) *The garden* swarms with bees.

(37) (a) He sprayed the paint *on the wall*.
(b) He sprayed *the wall* with the paint.

日本語では(b)型（つまり、〈モノ〉に擬した場合）の表現は、一部の限られた動詞の場合を除いて出来ない。

(38) (a) 蜜蜂ガ庭デ群ガッテイル。
(b) ＊庭ガ蜜蜂デ群ガッテイル。

(39) (a) 彼ハ塗料ヲ壁ニ吹キツケタ。

(b)＊彼ハ壁ヲ塗料デ吹キツケタ。

ただし、次のような動詞では(a)と(b)のいずれの型の構文も可能である。

(40) (a) 太郎ハ水ヲバケツニ満タシタ。
(b) 太郎ハバケツヲ水デ満タシタ。

(41) (a) 花子ハ花ヲ部屋ニ飾ッタ。
(b) 花子ハ部屋ヲ花デ飾ッタ。

(a)型と(b)型は、基本的には GIVE 型の把握（GIVE X TO Y）と PROVIDE 型の把握（PROVIDE Y WITH X）の対立である。このそれぞれの型には、前者には〈(ある〈トコロ〉への）移動〉としての把握（X GO TO Y）、後者には〈(ある〈モノ〉の）状態の変化〉としての把握（Y BECOME WITH X）が内蔵されており、(a)型と(b)型の構文の間に認められる意味の差――つまり、動詞の表わす行為による影響が(a)では〈部分的〉、(b)では〈全体的〉という違い――も、究極的には(a)が〈トコロ〉としての把握、(b)が〈モノ〉としての把握ということに由来するものと考えられる。

もう一つの〈トコロ〉から〈モノ〉への転化ということでの重要な例は、英語の移動動詞について見られる次のような交替である。

(42) (a) He walked *over the course.*
(b) He walked *the course.*

(43) (a) He swam *across the channel.*
(b) He swam *the channel.*

移動動詞の意味は〈トコロ〉の概念と切り離せない。(a)では移動の場所に相当する部分が前置詞句として〈トコロ〉の概念にふさわしい言語化を与えられているのに対し、(b)では同じ場所が直接目的語として、〈モノ〉にふさわしい形の言語化を受けている。この表現の仕方の差、そしてその背後にある把握の仕方の差は、(a)と(b)の意味の差にも反映されている。(a)では〈コース〉なり〈海峡〉なりが通過の場所として捉えられているだけという印象を与えるのに対し、(b)の方では〈コース〉が重要な試合の前に検分の対象とされているとか、〈海峡〉が横断を試みる人のチャレンジの対象と受けとめられているといった印象を与えるという（Dixon 1991）。つまり、(a)では単なる経路として概念化されているに過ぎなかった〈トコロ〉が、(b)では検分なり横断という行為を通じて取り組まれる対象（つまり〈モノ〉）として概念化されているわけである。（ついでながら、日本語の「コースヲ歩ク」という言い方は表面的には(b)型の表現と同じように見える。しかし、そこには英語の(42b)に認められるような取り組みの対象といった意味合いは全くない。日本語で移動動詞に伴なうヲ格の名詞は、英語で(42)や(43)に見られるような移動動詞に目的語として伴なう名詞とは根本的に機能が異なるわけである（池上・一九九三b）。(42)や(43)の(a)と(b)の間に認められる対立は、日本語の場合なら、次のような対立に相当している。

(44) (a) 大都会ニ生キル。
(b) 大都会ヲ生キル。

(a)の「大都会ニ」が単に〈トコロ〉を表わしているのに過ぎないのに対し、(b)の「大都会ヲ」には取り組む対象（つまり、〈モノ〉）という意味合いが感じとれよう。

最後に、以上扱ってきた場合とはやや事情が異なるが、〈モノ〉と〈トコロ〉の反転ということで触れておかなくてはならないものがある。〈上／下〉、〈前／後〉といった方向づけに関わる概念である。日本語では「上」とか「下」、「前」とか「後」といった語は（例えば格助詞を伴なって使われるという意味で）一応〈名詞〉である。ただし、輪郭の明確な具体的な〈モノ〉を表わす典型的な名詞に較べると、これらの語は意味的な独立性が薄く、原則として他のもっと典型的に〈モノ〉であるような対象との関連でしか使われない。例えば

「机ノ下ニ」とか「家ノ前ニ」といった形である。方向づけとして捉えられた空間ということであれば、もちろんもともと抽象的な性格のものであるし、既に触れた通り、輪郭もかなり不確定なものとして概念化されるということからしても、名詞として扱われる条件は十分でない。従って、西欧の言語でよくあるように前置詞として――つまり、それ自体文法的な自立性がなく、名詞で指示される対象との位置的な関連しか表わさない語として――扱われることも納得できよう。例えば、すぐ右で挙げた日本語の表現に対応する'*under* the desk', '*vor* dem Haus'のような場合である。ただし、西欧の言語でも名詞としての捉え方が無縁でないことは、例えば英語の'in *front* of the house'のような表現を見れば理解できる。front は〈額〉→〈前面〉→〈前〉と意味を抽象化してきた語で、'in front of'は日本語の「～ノ前ニ」という言い方と表現形式の上でも一致している。ただ、本来 front の前にあった定冠詞がなくなってしまっていることにも反映されている通り、'in front of'は全体として一つの前置詞相当という性格を強めている。(「～ノ後ニ」に相当する表現では、この傾向はもっと進んでいる。'in the back of'→'in back of'→'back of'というアメリカ英語での変化の過程で、究極的には'back'ないしその形の崩れた前置詞の誕生に至ることも十分予想できる。)

　このような考察を背景にして考えてみるならば、英語の'from behind', 'near here', 'in there'のような表現は、一応〈トコロ〉から〈モノ〉への転化の場合と考えることが出来るであろう。'from behind the door', 'near where I am' などの場合は、〈ドアの後〉、〈私のいるところ〉がそれぞれ〈モノ〉化されているということになる。ただし、いずれにせよ、この場合の〈モノ〉としての概念化は、日本語の〈下〉や〈後〉が名詞として扱われるという程度のレベルでのものである。

6　逆方向への反転――〈モノ〉から〈トコロ〉へ

〈トコロ〉の〈モノ〉への転化を見た後、今度は逆の過程、つまり、〈モノ〉から〈トコロ〉への転化について見てみよう。〈モノ〉から〈トコロ〉への転化は、二つのやり方で起こる。一つは、〈モノ〉の輪郭がそれと近接する外部の空間へ向けてやや不確定な形で拡張されることによって、もう一つは、〈モノ〉の輪郭の内部の空間においてやや不確定な形である部分が焦点化されることによってである。すぐ分かる通り、二つの〈トコロ〉化はメトニミーの二つの型、つまり、〈近接〉に基づく転用と〈部分・全体〉の関係に基づく転用とに、それぞれ相当している。

〈近接〉に基づいての〈トコロ〉への転用は、次のような場合である。

(45)　Someone is at the door.

(46) He walked about the village.

(47) He stays with his uncle.

(48) There is a tall tree by the well.

(45)と(47)は、日本語ではそれぞれ「ドアノトコロニ」、「叔父ノトコロニ」、(46)は「村ノアタリヲ」と言うところである。場所的な表示がもっと明示的に言語化される。(48)は、「井戸ノソバニ」ということになろうが、いずれにせよ、〈モノ〉に近接する領域への拡がりが見られる。

〈部分・全体〉の関係に基づいての〈トコロ〉への転用は、次のような場合である。

(49) a fly on the head.

(50) a pain in the leg.

いずれも〈頭〉とか〈脚〉という一応の個体性を有する〈モノ〉について、その特定されないある部分が焦点化されることによって、〈トコロ〉としての概念化が成立している。〈近接〉と〈部分・全体〉という〈トコロ〉化を支える原理は、〈トコロ〉表示を生み出す〈文法化〉の過程においても見られる。この種の過程は、しばしば次のような段階を経て進行する。

〈モノ〉→〈モノ〉の部分→その部分に近接する領域→〈トコロ〉

例えば'the house'（家）という〈モノ〉を表わす表現から始まって、まずその〈モノ〉の部分を指す'the front of the house'（家の前部）という表現が出来る。次に、この〈家の前部〉に近接する領域、つまり、〈家の前方の領域〉を指すことになり、'in the front of the house'（家の前で）というような表現が成立する。さらに〈文法化〉が進んで定冠詞が落とされ、'in front of the house'という複合前置詞（in front of）を伴なった形が出来上る。もともと'the front'（前面）という名詞（つまり、〈語彙的〉な項目）であったものから、'in front of'（〜の前に）という前置詞（つまり、〈文法的〉な項目）が誕生したわけである。

日本語では、敬語表現で〈トコロ〉化の手法が利用されることがある。

(51) 天皇陛下ニオカセラレ（マシ）テハ、自ラ杉ノ苗ヲ植エニナリマシタ。

「〜ニオイテ」という表現が結合相手として予想するのは〈トコロ〉表現であるから、右のような場合、〈天皇陛下〉が場所化されていることになる（第三部・27節参照）。天皇による植樹という行為が〈天皇〉という場所において生起した出来事という形で表現されている。

日本語は他方では〈人間〉からの〈トコロ〉化に抵抗を示すことがある。例えば英語なら 'come to me' と言えばすむところを「私ノトコロニ来ル」（＊「私ニ来ル」）と言わねばならない場合などである。このことから考えると、(51)のような〈トコロ〉化は余程特別な事情が関与してのことであるはずである。事実、(51)のような表現は、同じ敬語でも特に敬意の度合が強い場合にしか使われない。

ついでに、日本語の敬語表現における〈人間〉の〈トコロ〉化ということとの関連で、次のような用法にも注意しておくとよい。

(52)　ドチラ様デイラッシャイマスカ。

実はこの「ドチラ」という語は、〈ドレ〉や〈ドコ〉に対する丁寧な言い方としても用いられる。

(53)　(a)　ドレニイタシマショウカ。

　　　(b)　ドチラニイタシマショウカ。

(54) (a) ドコヘオ出カケデスカ。

(b) ドチラヘオ出カケデスカ。

本来の「ドレ」と「ドチラ」、「ドコ」と「ドチラ」の違いは、「ドレ」と「ドコ」が答えとして選択される〈モノ〉や〈トコロ〉の範囲が無限定であるのに対し、「ドチラ」は一定の範囲の有限個の選択肢が前提とされていて、その中から答えが選ばれることが予想されているということである。(53)、(54)の(b)で「ドチラ」が使われると、そのような「ドチラ」の意味合いを通じて聞き手が相手に対して立入った関心を有しているかのような印象が生み出され、それが相手に対する積極的な敬意という含意に連なるということであろう。このような意味合いの「ドチラ」が〈人間〉を指す「ダレ」が使われそうな状況で用いられると、〈人間〉を〈人間〉として直接的に指すことが回避されることになり、敬意度がさらに高められるということであろう。

最後に〈モノ〉から〈トコロ〉への言語化がかなり体系的に組み込まれている場合として、次のような例にも注意しておく必要がある。

(55) (a) Ich wohne nicht weit *von dem Dorf*.

(b) Ich wohne nicht weit *davon*.

(56) (a) Ein Lindenbaum steht *bei dem Brunnen.*

(b) Ein Lindenbaum steht *dabei.*

‘Dorf’（村）や‘Brunnen’（泉）は、〈モノ〉として代名詞‘es’や‘er’によって受けられることもある名詞である。しかし、(a)のように‘von’（～から）や‘bei’（～のそばに）といった場所の前置詞の後に用いられた形で代名詞化されると、(b)に見られるように‘da-’という形で受けられる。この形は‘da’という独立形として〈そこ〉を意味する副詞として使われる語である。つまり、〈村〉や〈泉〉が〈トコロ〉として捉えられていることがそれを受ける表現を通して反映されているわけである。興味あるのは、前置詞の後の名詞が〈人間〉を表わす場合は、原則としてこのような‘da-’による受け継ぎは出来ず、独立した人称代名詞によらなくてはならないということである。

(57) (a) Ich stehe nicht weit *von Marie.*

(b) Ich stehe nicht weit *von ihr.*

(c) ＊Ich stehe nicht weit *davon.*

英語でも、かつてはこの‘da-’に相当する‘there-’という形が同様に使われていたが、早い時期に衰退してしまった。

(58) (a) I live not far *from the village.*

(b) I live not far *therefrom.*

現代の英語では(b)は古風な文語体の表現である。その他で‘there-’形が使われても、場所表現の受け継ぎという機能ででではなく、もっぱら論理関係を示す接続副詞的な意味合いでしか用いられないし、対応する前置詞句表現との連想も薄れているものもある。例えば、‘therefore’（従って）と‘for it’の対応がそうである。

以上、〈トコロ〉から〈モノ〉、あるいは〈モノ〉から〈トコロ〉という形で概念化の反転が起こりうること、そのような反転はどのような条件のもとで起こるのかということ、そして、そのような起こり方については、言語によって差がありうること、などを見て来た。最後の点は、もしそのように差があるとすると、同じように〈トコロ〉の概念化と言っても言語によって微妙なずれがあるのではないかという可能性を示唆する。この点を特に〈モノ〉の概念化との関連で考えてみたい。

7　〈モノ〉としての概念化と〈トコロ〉としての概念化の相対性

質問の趣意は同じであっても、英語と日本語とで〈モノ〉的な捉え方と〈トコロ〉的な捉え方とで次のように対立が生じることがある。

(59) (a) *What* is the capital of Japan?
　　(b) 日本ノ首都ハドコデスカ。

(60) (a) *What* is the next station?
　　(b) 次ノ駅ハドコデスカ。

それぞれの例で、〈首都〉と〈駅〉が英語では〈モノ〉として、日本語では〈トコロ〉として捉えられるという対立が生じている。例えば(60)で英語の表現として'where'を使った表現にすると、〈駅〉の〈モノ〉としての捉え方はもっと鮮明になり、まるで〈駅舎〉というものの存在する場所を探しているという感じになる。

(60) (a′) *Where* is the next station?

また、次のような対比はどうであろうか。

(61) (a) ココハドコデスカ。

(b) *Where* am *I*?

(62) (a) オ住マイハドコ／ドチラデスカ。

(b) *Where* do *you* live?

(b′) *Where* is *your house*?

日本語の表現は〈トコロ〉を二つ並置した形の表現になっているが、同じ状況で予想されるもっとも自然な英語の表現は〈人間〉という〈モノ〉とそれが存在する〈トコロ〉とを対立させるという形式で処理している。日本語の(62a)は相手の住所を尋ねるという場合にも使える表現であるが、英語でこれの直訳に相当する言い方(62b′)を使うと、相手の家という〈モノ〉の存在する〈トコロ〉を探して確認しようとしているという感じになる。前者の日本語の表現が〈トコロ＝トコロ〉という形式で処理しているのに対し、後者の対応する英語の表現は〈トコロ⊃モノ〉（〈トコロ〉に〈モノ〉が含まれるという形式）での処理になっている。このような対比から、どのような意味合いが読みとれるであろうか。二つの項を等置する表現形式は、もともと〈トコロ〉についてより〈モノ〉についての場合——つまり、〈モノ＝モノ〉の場合――の方が典型的である。この点を考慮して言うと、日本語では〈モノ〉と〈トコロ〉の概念的な対立がそれ程明確でない（他方、英語では〈（ある）モノ〉が〈（ある）トコロ〉に存在するという形での〈モノ〉と〈トコロ〉の間の非対称性が明確に保たれる傾向がある）と言えるのかも知れない。そして、このことと関連して、日本語の「AハBデス」という表現は英語の'A is B'ほど〈同定関係〉の表示形式として特定化されていず、本来の〈場所的存在〉の表示形式としての意味合い（「AハBナリ」←「AハBニアリ」）をまだより多く保っているという可能性も考慮してよかろう。

この点とも関連して興味あるのは、一応は同じ対象と考えてよいものが、日本語の辞書では〈トコロ〉として、英語の辞書では〈モノ〉として定義されているのがよく見かけられるということである。

火葬場＝「火葬を行なう場所」
CREMATORIUM＝'*a building* in which the bodies of dead people are burned at a funeral ceremony'
競技場＝「競技を行なう場所」
STADIUM＝'*a building* for sports, consisting of a field surrounded by rows of seats'

この種の対立の例は、かなり体系的に存在することが指摘されている（清水・一九八六）。日本語と英語の定義を比較してみて気づくのは、一つは「場所」と‘a building’という特徴づけからも窺えるように、一方は〈平面的〉、他方は〈立体的〉に捉えているということ（競技場を数えるのに用いられる分類詞が「一面、二面、……」であることも参照）、そしてもう一つは、日本語の方が〈機能〉（つまり、そこで行なわれる営み）との関連での特徴づけが首尾一貫しているのに、英語の定義では対象そのものの〈構造〉（つまり、どのように構築された建築物であるか）が取り挙げられることもあるという点である。

因みに、最近の外国人学習者のために注意深く編集された英語辞書で‘place’という語の定義を調べてみると、次のようなものが見出せる。

PLACE：‘an area, town, building or shop’（*Cambridge International Dictionary of English*）

PLACE：‘somewhere, for example an area, town, building or shop’（*Collins COBUILD English Dictionary*）

日本語の「トコロ」ないし「場所」という語についての感覚からすると、‘area’あたりまでならよいであろうが、‘town’や‘building’や‘shop’などは定義の中には入れたくないと思えるのではなかろうか。なぜ入れたくないという印象を持つのかと尋ねられれば、多分、余りに〈立体的〉過ぎると感じられるからであろう。日本語の「トコロ」や「場所」という語について持たれるイメージは、もっと〈平面的〉な性格のように思える。〈立体的〉に捉えられるということは、上へ延びる方向のものだけに限られていない。例えば〈海〉の概念化に関しても、水面の拡がりという〈平面的〉な側面に焦点を当てるのと、下方への深みをも視野に入れての〈立体的〉な存在として捉えるのとが対立するようである。次のように定義の仕方に差が認められることがある。

海＝「地球の表面に塩水を湛えた広い部分」

SEA＝'the great body of salty water that covers much of the earth'

8　文化のレベルでの相同性

興味あるのは、この〈立体的〉と〈平面的〉という対照は西欧と日本についての文化的な対比が語られる場合に、殆んど決まってと言ってよい位出てくる特徴づけである。まずヨーロッパの町や村を特徴づける塔——空へ向かって立ち上る人間、高きものを志向する気持を象徴しているかのようにも受け取れる印象的に高くそびえ立つ塔——のイメージが強調される。それに較べると、日本の伝統的な町や村の姿は確かに平面的である。

そしてこの平面性は伝統的な農業の営みということと結びつけられる。

二つの型の対立を説明するのに〈トランク〉と〈フロシキ〉が象徴的な事例として持ち出されることも多い。（特に〈フロシキ〉の象徴性は、岡田（一九七二）、李（一九八九）、外村（一九九五）などに共通して取り挙げられている。）機能という点から考えると、〈カバン〉は〈入れる〉、〈フロシキ〉は〈包む〉ということである。硬い輪郭を持ち、自らの中に何かを〈入れる〉ものは、〈立体的〉なイメージと結びつく。軟らかい輪郭を持ち、自らの中に何かを〈包む〉ものは、〈平面的〉なイメージと結びつく（李・一九八九）。〈立体的〉な前者が〈突出〉／〈突く〉というイメージならば、〈平面的〉な後者は〈平添〉／〈添う〉というイメージになる（外村・一九九五）というわけである。

〈フロシキ〉というイメージは、われわれの直観的な印象にも多く合致していると思われる。その際、〈立体的〉に対する〈平面的〉というそれが持つイメージだけでなく、〈包む〉あるいは〈添う〉という表現で捉えようとされているその〈機能的〉な側面にも注目しておくことが重要であろう。特に〈トコロ〉あるいは〈場〉という問題との関連においてそうである。〈フロシキ〉にせよ、〈トランク〉にせよ、そこに入れられる〈モノ〉との関連では、〈モノ〉を位置づける〈トコロ〉と考えることが出来る。しかし、入れられる〈モノ〉に対する〈トコロ〉としての両者の対処の仕方は対照的である。〈トコロ〉としての〈トランク〉は自らの固有の形を保有していて、入れられる〈モノ〉と対立する関係を維持したままである。一方、

〈トコロ〉としての〈フロシキ〉は包む〈モノ〉に添い、それに自らの形を合わせる。仮りに、この〈モノ〉のところに〈ヒト〉という項を入れてみよう。そうすると、〈ヒト〉を自らの中に入れるという形で〈ヒト〉と対立する〈トコロ〉と、〈ヒト〉に添い、〈ヒト〉に自らを合わせる〈トコロ〉という対照が得られよう。前者は〈ヒト〉とは自立した〈客観的〉な存在という様相での〈トコロ〉、後者は〈ヒト〉によって創り出される〈主観的〉な存在という様相での〈トコロ〉ということになる。

　興味あることに、空間関係を表わす語の中には、明らかに後者のような意味合いを担っているものがある。例えば日本語の「広イ」という形容詞である。「広イ部屋」とは言うが「広イ紙」とは言わないし、「広イ池」と言うと、確かに何か岸辺に立っていて、あるいは水面にボートを浮かべていてその〈広さ〉を捉えているような印象を受ける。つまり、〈人間のはいり得る物体・空間について〉述べているという意味合いが「広イ」の典型的な用例には読みとれるというのである（服部・一九六八・一〇五）。

「広イ」は日本語で平面的な拡がりについて用いられる代表的な形容詞であるが、面白いことに、英語で垂直方向への伸びを示す代表的な形容詞であるtallにも、同じような意味合いが読みとられることが指摘されている。'tall'が典型的に適用されるのは、人間（'a tall man'）か植物（'a tall tree'）など育つもの、あるいは人工物で聳えるように目立つもの（'a tall spire'）で、つまり、何か上方に伸びるという動的な指向性を内蔵しているという印象を与えるものという（Dirven and Taylor 1988）。客体の方についてのこの聳える という印象は、主体の方に移して考えれば、下から上の方へ見上げるという視線の動きを意味していると考えられるのではないであろうか。日本語の「広イ」と同様に、英語の‘tall’も主観性の色彩の濃い意味を有する。（主観性の濃いのが日本語では平面に関する語、英語では立体に関する語という対比も一応興味深いが、ただこの点に関しての英語の状況は同系の西欧の言語の中でもやや特殊であるらしいということもつけ加えておかなくてはならない。）

主観的に意味づけされた〈トコロ〉という概念を拡張して一般化すれば、〈環境世界〉（‘Umwelt’：Uexküll 1934）という概念に至ることとなろう。すべての生物体は自らに備わった感覚器官で捉えられる限りの環境からの刺戟を自らの生存との関連で〈意味づける〉ことによって、客観的世界とは異なる〈環境世界〉を構築しているというわけである。もっと具体的なレベルでは、〈縄張り〉と呼ばれる領域も意味づけられた空間の一つの場合であろうし、さらに特定化されれば、集団ないし個人の体験や記憶と深く結びつくという形で意味づけられた〈トコロ〉もある。このような場合の体験や記憶は、当事者だけのものである必要はない。第三者がそれを追体験することによって、意味づけられた〈トコロ〉に仕立て上げることも出来るのである。〈歌枕〉は、文化の中に組み込まれたその種の意味づけられた〈トコロ〉の例である。そのような〈トコロ〉は、物理的な存在としての域を遥かに越える強い印象を訪れる人に対して与えるものである。

人間と〈トコロ〉との間に成立する情緒的なつながりに対して、〈トポフィリア〉(topophilia)、あるいは〈場所愛〉という名称の与えられることがある(トゥアン(Tuan)・一九九二〔一九七四〕)。〈トポフィリア〉は、審美的な価値を賦与されて突然の啓示のような姿で人に迫ってくるような場合から、特定の場所への強い拘わりの意識というような場合まで、さまざまな様相で現れてくるが、どの場合でも人間と〈トコロ〉との関わりから生まれてくる。〈トコロ〉への拘りを通して、その〈トコロ〉は、それに関わる人間にとって殆んど自らの一部であるかのようになる。〈トコロ〉との一体感を有することによって、人間は安らぎを感じるという。母体にまだ宿っていた時の原体験が無意識のうちに立ち戻ってくるということなのであろうか。このような体験も、自らが直接関わるという形ででも、また他者に自己を投影するという形ででも、起こるであろう。

〈トコロ〉へのこのような関わりが神話レベルにまで昇華された場合として考えると、日本のもっとも古い歴史的、風土記的記述の中に出てくる「土地に隠《こも》る神」(山折・一九九五)という発想も大変興味深い。神はそれが領する〈トコロ〉と融合してしまい、「神気」と呼ばれるような気配を通じてのみ、その存在を告知するというのである。(この様相は、〈感受者〉としての人間にとっての身体内感覚と奇妙な類似性を有していることにも注意しておくとよい。後者の場合も、ある〈トコロ〉にある気配を感じるという描写が成り立つ。)

〈トコロ〉とそこに存在する〈モノ〉とが完全に融合してしまったこの様相は、存在する〈モノ〉の典型としての人間がそこで存在し、活動する場としての〈トコロ〉という把握とは極めて対照的である。

一般に、〈モノ〉と〈トコロ〉という対立であれば、〈有界的〉対〈無界的〉というそれぞれの相対的な特性に従って、〈モノ〉の方に認知的な注目が向けられ、〈モノ〉が〈トコロ〉で（あることを）〈スル〉という把握がまず予想されるものであろう。〈トコロ〉は付随的なものという扱いを受ける。しかし、〈トコロ〉が〈コト〉と対立する時には状況は変わりうる。典型的な〈トコロ〉は〈具体的〉、〈コト〉は基本的に〈抽象的〉——こういう相対的な対立特性に基づいて、〈トコロ〉の方に認知的な注目が向けられる可能性も生じてくる。そのような場合にまず予想される把握の仕方は、〈トコロ〉で〈コト〉が〈ナル〉（つまり、出来《しゅったい》する）ということであろう。

二つの把握の仕方は、それぞれ自らを他方に投影するという形で影響し合い、遂には他方を自らに転化させるに至るということもある。〈モノがトコロでスル〉と捉えられるべきところに〈トコロでコトがナル〉が投影されるというのは、例えば日本語の敬語表現での敬意の対象となる人物の場所化ということで見た。〈トコロでコトがナル〉に〈モノがトコロでスル〉が投影されるという逆の場合は、二つの形で起こりうる。一つは〈トコロ〉が〈モノ〉に読み替えられるという（とりわけ、〈トコロ〉が〈人間〉である場合に起こり易い）過程を通じて、もう一つは、〈コト〉の中に含まれていた〈モノ〉を摘出し際立たせるという（これもその〈モノ〉が〈人間〉であれば起こり易い）過程を通じてである。これらのいずれの場合にも、最終的には〈トコロでコトがナル〉という捉え方は解体され、〈モノがトコロでスル〉という形に組み替えられるということが起こる。

このように考えてくると、〈主語優越型〉(subject-prominent)の言語と〈話題優越型〉(topic-prominent)の言語、〈スル〉と〈ナル〉、〈有界的〉(bounded)と〈無界的〉(unbounded)、〈動作主〉(agent)と〈感受者〉(sentient)といった対立関係は、何らかの形で〈モノ〉対〈トコロ〉という対立と関連性を有するものであるということが感じとれるのではなかろうか。

第三部　日本語の主観性と主語の省略

1　ラガナ氏の戸惑い

多田道太郎『日本語の作法』（創拓社——もとは一九七七年、雑誌『潮』の十一月号に掲載された論考）の中に、大変興味ある話が紹介されている。主人公はアルゼンチンから日本に来て日本語を勉強していたドメニコ・ラガナ氏——そのラガナ氏が初めて日本語の文学作品を読もうとして、見事につまずいてしまったという話である。問題になったのは、幸田文の『流れる』という作品、その冒頭の次の文であった。

このうちに相違ないが、どこからはいっていいか、勝手口がなかった。

ラガナ氏がいろいろと考えた挙句、この文章から引き出した解釈は次のようだったとのことである。

ある場所に家が一軒（あるいは数軒）在る。その家は現在では、何か別のもの、おそらく別の家と相違していない（あるいは、昔とは変わらない）。だれかがだれかにむかってこう質問する。だれかが（あるいはだれが）、あるいは何かが（あるいは何が）どこから入って良いか、と。飛躍。過去には、勝手口がなかった。

著者の多田氏も論じている通り、「日本人にとってはじつに平明な文章である。ほとんど誰もつまずくことはあるまい。」まさにその通りである。しかし、外国語として日本語と取り組む人にとっては、必ずしもそうではないわけである。

ドイツから日本研究で留学している大学院学生——私の経験ではドイツの大学の日本学科の学生としては、文句なくトップ・クラスに入る学生——が、ある時、日本語教育に関心のある日本人学生にクラスでこの話を取り挙げたのを聞いた後、私のところへやって来て「私も分かりません。ショックです。」と話した。彼女は、能とベケットについての博士論文を準備中の学生である。聞いた私の方もかなり「ショック」であった。電話で話していると、外国人であることを殆んど気づかせないくらい日本語に上達している彼女であるが、その彼女にして、なお、というショックであった。

先程のラガナ氏の「解釈」をよく読んでみると気のつく通り、ラガナ氏のつまずきの原因の一つに、文の〈主語〉への強い拘わりがあったように思える。書き出しの部分は「このうちに相違ない」という所までで、確かに一つの〈文〉である。〈文〉であれば、西欧的な言語の常識で言えば〈主語〉があるはずである。(私たちが中学校で英語を習い始めた頃、「この文の主語は何か」と、殆んど繁雑なくらい聞かれたという記憶が誰しもあることであろう。)

私たち日本語の話し手であれば、「この文の主語は?」と聞かれても、「特にないよ」と気軽に答えることが出来よう。もし、どうしてもとさらに迫られれば、多分「私の探しているのは、といったことなのだろうが、表現はされていない」とでも答えるであろう。しかし、西欧的な言語の常識からすると、文の〈主語〉はどこかに明示されているはずなのである。

多分、こういう経緯があったのであろう。ラガナ氏が迷った挙句、到達した結論は、「相違」が〈主語〉であるということであったらしい。(これはまた、私たちには不可解に思えよう。しかし、〈相違が存在しない〉という意味にとるならば、確かに「相違」が主語という判断は可能なわけである。)

これがつまずきの始まりであろう。これがきっかけとなって、議論はますますあらぬ方向へと進んで行く。「相違」といえば、〈何かと違っている〉ということである。それでは、この〈何か〉とは一体何なのだろうか。少なくとも二つの可能性がある——一つは、問題の家が他の家と違っていないということ、もう一つは、同じ問題の家でよいのだが、今の状態が昔の状態と変っていないということ、しかし、どちらの解釈が正しいという手掛りはない——まさに論理的な思考展開なのであるが、しかし、最初のボタンを掛け違ってしまったために、どう仕様もないちぐはぐさが増大して行くばかりである。

ラガナ氏の戸惑いの跡をこれ以上詳しく辿ってみることは必要ないであろうが、残りの部分についても、「どこからはいっていいか」と言った話し手は誰なのか、また「誰」あるいは「何」がはいるのか、など、〈主語〉が気がかりになる問題点はまだ尽きない。

2　主語の〈省略〉ということ

幸田文の文章を読み解こうとしてラガナ氏が経験した戸惑いは、私たちに日本語における いわゆる主語の〈省略〉ということに関して、改めて考える機会を与えてくれる。母語として日本語を内からの視点で体験している私たちの経験と余りにも大きい落差があるように思えるからである。

西欧の言語であっても、主語を省略するということはもちろん起こる。(どのような言語であっても、主語を絶対に省略しない言語などというのは、多分見つからないであろう。) 英語の場合であっても、例えば砕けた会話で'Don't know'(「知ラナイヨ」)や'Can't remember'(「思イ出セナイワ」)ですますことはよくあるし、'Thank you'では余程改った言い方をするのでなければ、主語は入らない。命令文では主語は殆んど規則的に省略されるし、また、日記というジャンルでは、書き手を指す一人称単数の代名詞はいちいち明示されないですまされる。しかし、日本語の場合の省略が一見もっと自由に、柔軟に起こるのと較べると、文法や文体の面で如何にも強く限定され、制約されているという印象は否めない。日本語での主語省略について特別な思い込みが抱かれるのも、理由のないことではないように思える。

しかし、思い込みが行き過ぎたものにならないよう、注意しておく必要がある。例えば、日本語だと「憲法ヲ考エル」、「介護制度ヲ考エル」というように、考える主体が誰なのかを明示しない言い方ができる。しかし、主語が義務的である西欧の言語ではそうは行かない——こういう言説のなされることがある。もちろん、そのようなことはない。例えば *Rethinking Anthropology* とか *Reading Television* と題された本が現にあるが、日本語で「人類学再考」とか「テレビヲ読ム」と訳せばよいわけで、〈再考する〉あるいは、〈読む〉主体は英語でも明示されないままである。あるいは「愛スレバコソ」という題名を愛する主体を明示しないで訳せるかという指摘もあるが、英語の古典的な劇の一つに *All for Love* と題されたものがある。つまり定動詞——人称、数、性などによる変化をする動詞——の形を避ければよいわけである。定動詞であれば、それを支配する主語が必要になる。そうでない非定形の動詞（不定詞、動名詞）になると、支配する主語は義務的でなくなる。動詞が名詞的な性格を帯びるにつれ、文法的な自立性が高くなる。さらに一歩典型的な名詞に近づいて動作名詞になれば、自立度はもっと高くなる。（例えば、thinks という定動詞の形であれば、主語として he/she などを明示せざるを得ない。thinking という動名詞や thought という名詞の形になれば、その必要はなくなる。）かつて、日本語に関心を抱いた初期の西欧の学者の中には、日本語の動詞が一応定動詞として使われている場合でも必ずしも主語を要しないという点を取り挙げ、日本語の動詞は〈名詞的〉な性格が強く、例えば「我ガ桜ヲ見ル」という表現は、'Mein-Kirschblumen-Sehen'（'My-cherry blossoms-seeing'）のようなパラフレイズが当たると説いた人もいた（Hartmann 1954）。

もう一つ注意しておかなくてはならないのは、日本語ほどの主語の省略を許容する言語は他にないのではないかという思い込みである。もちろん、これも正しくない。韓国語でも「日本語ヲサカノボル」とか、「行キマシタカ」「ハイ、行キマシタ」というやりとりも、日本語の場合と全く同じように主語なしで可能である（渡辺・一九八二）。後に改めて取り挙げるが、『雪国』の冒頭の「国境の長いトンネルを抜けると雪国であった」という表現も、英訳、独訳ではトンネルを出る〈列車〉を主語に立てた文になっているが韓国語なら日本語の直訳で十分意味のある表現として通用するとのことである。

3　主語の〈省略〉と美意識

しかし、それでは主語の省略に関しては日本語も韓国語も同じように振舞うのかというと、そうではないようである。「主語をはっきりいわない、……状況や文脈でわかり切っているからだと思います。わかっているのをことさらいうのは野暮だというわけです。省略の美学と言っていいだろうと思います。」（野元・一九七八）という日本語についての叙述に対して、韓国語の話者の立場から、次のような指摘がなされているのは注目に値する。

> 日本語の主語なし文が野暮を嫌う日本的な美意識のあらわれであるとか、省略の美学のあらわれであると唱えても、まったく同じ「主語なし文」を有する韓国人にはそんな美意識はない。したがって論理的に美意識と「主語なし文」は無関係であるということになる。私にとって「主語なし文」を美学とか美意識とかにむすびつけようとする心情が、非常に日本的な言語観のように映り、興味深い。（渡辺・一九八一）

これは大変興味深い問題提起である。一方で、日本語の話者としての立場から言うならば、主語の省略を美意識的な何かと結びつけて受けとめたいという気持は十分に理解できる。しかし、他方では、同じ程度に主語を省略して振舞う韓国語の話者には、その種の美意識的なものは存在しないということも事実である。一体、何が起こっているのであろうか。日本語における主語の省略の本質は、この点に対して説明を与えることの出来るようなものでなくてはならない。

4　〈文法的な主語〉と〈心理的な主語〉

もう一つ、前もって考えておいた方がよいことがある。なぜ特に〈主語〉の省略に拘わるか、ということである。表現の省略は、もちろん〈主語〉に限ったことではない。英語でも、例えば昼食時であれば、'Have you eaten?'（「モウ、食べタ」）と言えば意図は十分伝わるし、'I'll lead and you follow.'（「私ガ先ニ行クカラ、アナタハツイテイラッシャイ」——あるいは直訳的に言えば「私ガ（アナタヲ）先導スルカラ、アナタハ（私ニ）続イテイラッシャイ」）なども、目的語の明示がなくてもこれで十分である。状況を表わす語句などで、文の構成要素としては必ずしも義務的に明示しなくてもよいような表現であれば、論理的にはあってもよいのに出ていないということは、どの言語でも多かれ少なかれ自由に起こる。（この点との関連で Fillmore 1986 は興味深い。）

話を〈主語〉の問題に戻すと、伝統文法では〈文法上の主語〉と〈心理的な主語〉といった言い方で、二種類の主語を区別するということがよく行なわれていた。〈文法上の主語〉というのは、文法上の（例えば、人称や数や性に関わる）〈一致〉(agreement) の規則に従って、述語動詞のとる形を支配するような語句について言われた。例えば、'John runs.' という文では、三人称単数の 'John' が述語動詞に '-s' という語尾を取らせるという形で支配しているから、〈文法上の主語〉である。（日本語でも、「私ハ嬉シイ」はよいが「アナタ（彼女〕ハ嬉シイ」は不自然に聞こえるといった現象について、「嬉シイ」という述語は一人称の主語によって支配されていると考え、〈文法上の主語〉を認めようとする立場がある。ただし、日本語ではそのような考え方の適用できる範囲は大変限られている。）

一方〈心理的な主語〉というのは、それについて何かが述べられる——そういうものやことを表わしている語句、というふうに解される。例えば、「太郎(ハ)、来ナカッタヨ」、「太郎(ハ)、見カケナカッタヨ」の「太郎」は、どちらの場合も〈心理的な主語〉である。文法上からすると、前者の文の「太郎」は〈主語〉、後者の文の「太郎」は〈目的語〉ということで、別物ということになる。（しかし、日本語の話者としての心理から言うと、二つの文での「太郎」の使い方から受ける印象は、むしろ似ているということであろう。それは、どちらの場合の「太郎」にも同じ「ハ」という助詞が添えられるということにも反映されている。）

5　〈話題〉と〈既出情報〉

ここで〈心理的な主語〉と呼んでいるものは、現在の言語学では、〈話題〉(topic)とか〈主題〉(theme)と言われるのが普通である。先程の二つの文では、どちらも、「太郎(ハ)」の部分が〈話題〉ないし〈主題〉で、残りの部分が〈叙述〉(comment, rheme)というふうに記述する。

ところで、一般に〈話題〉／〈主題〉に相当する部分は、文の冒頭に置かれる傾向が重なると、文の冒頭には〈既出情報〉を担った〈心理的な主語〉が来やすいということになる。ただし、この傾向がどの程度見られるかは、問題の言語で文を構成する語句の配列を律する規則がどの程度強い制約力を有しているかで異なってくる。日本語のようにその点で比較的柔軟で自由な処理を許容する言語であれば、文法上は主語でなくても（例えば目的語であっても）文頭に持ってくることに大きな抵抗はない。（先程の「太郎(ハ)、来ナカッタヨ」と「太郎(ハ)、見カケナカッタヨ」の場合を参照。）一方、例えば英語のように、文中での文法的な役割に従っての語句の配列の仕方がかなり強く規制されている言語では、同程度の自由さはない。（'Taro came' は問題ないとしても、'Taro I didn't see' のような言い方は、余程特別な事情のない限り、されない。）言い替えると、日本語では〈心理的な主語〉と〈文法上の主語〉の一致度はそれほど高くない。文法的に主語であるもの以外でも、〈心理的な主語〉として文頭に持ってくることが比較的自由に出来るからである。一方、英語のような言語だと、文頭に置かれる構文要素というと大抵は主語ということになるから、〈心理的な主語〉になりうるのはもっぱら〈文法上の主語〉であるものに限られ、二つの概念の一致度は高いことになる。現代の言語学では、二つの言語類型に対して、それぞれ〈話題優越型の言語〉(topic-prominent language) と〈主語優越型の言語〉(subject-prominent language)という名称を与えている。

6　明示することの義務性と任意性

ところで、当然のことであるが、文の〈新出情報〉を担っている表現の部分は省略するわけには行かない。これに対し、〈既出情報〉を担っている部分は、そうでもない。話し手と聞き手の間で何を〈話題〉にしているのかについて共通の認識があれば、〈叙述〉の部分を表現として言うだけでも、十分に話が通じうるわけである。〈心理的な主語〉に相当する部分の表現であるならば、一般に省略の対象にされ易い、あるいは、もっと正確に言えば、表現されないままですまされる可能性を含んでいるということである。

ただし、今度の場合も、この可能性がどの程度実現されるかは、言語によって異なってくる。日本語のような場合だと、この方向での処理がかなり自由に行なわれる。相手にも十分諒解ずみのことであるならば、いちいち言語化しないですますというやり方である。その結果、標準的な構文要素が省略されているかのような表現が出るわけであるが、そのような部分の情報はコンテクストへの参照によって補完されることになる。

一方、英語のように文の構造の基本的な骨骼《こっかく》となる部分については、出さないですますということをそれ程自由に許容しない言語の場合は、諒解ずみの情報を担う部分についても言語化しなくてはならないということが起こり得る。しかし、言語化するにしても、その部分の情報は相手にとって新しく接するという意味で、有意義な情報ではない。担われるのは必ずしも有意義な情報ではないが、にも拘らず明示的に言語化しなければならない——そういう要請にもっともよく適うのは、具体的な意味内容が稀薄な語句による言語化であろう。どの言語にもそういう役割の語句が用意されているもので、いわゆる〈代用形〉(pro-forms) というのがそれに当たる。代表的なものとしては、〈人称代名詞〉(personal pronouns) を考えればよい。たとえば he, she, it のような語は、既知の対象に特に新しい情報をつけ加えることはない。しかし、既知であるということで言語化されないことによって生じる構文上の穴を埋めるという役目を果たしていると考えればよい。この意味では、既知の情報に関わる部分の言語化に関して、日本語における〈省略〉という処理の仕方〈あるいは、〈ゼロ形式〉(zero form) による処理の仕方〉と英語における〈人称代名詞〉による処理の仕方とは、一応は、機能的に対応していると考えてよいわけである。

7　言語学での扱い方——〈復元可能性〉

この段階で、言語学では今考えているような〈省略〉の現象をどのように扱っているかを改めて考えてみたい。伝統的には二つのアプローチの仕方が目立つ。

一つは、統語構造的アプローチとでも言えばよいであろう。〈省略〉を含むと思われる文を〈省略〉されていると思われる部分をも含む文と比較して、どのような構成要素が省略の対象となっているかを確認するというやり方である。例えば、ある話者が「嬉シイ」と言ったとすると、この話者は同じ状況で「私ハ嬉シイ」と言ってもよいわけであるから、一人称単数の主語が省略されているとするとか、あるいは、ある話者が'Get away!'と言ったとすると、同じ状況で'You get away!'とも言えたわけであるから、二人称の主語が省略されていると考えたりするといった場合である。すぐ分かる通り、このやり方では、省略されたのが文の構造の中のどの部分であるかを確認することは出来ても、なぜ省略を含む形での言語化が選ばれたのか、省略を含む形での言語化がどういう機能を果たしているのか、といった点についての説明は出て来ない。形式的な記述がなされているだけである。

もう一つのアプローチは、コミュニケーション機能的とでも言えるものである。これは現在、省略の問題に関してもっとも普通に取られるアプローチで、省略を文の構造上の問題の域にとどめるのでなく、現実のコミュニケーションの場面で、話し手がどのような動機づけに基づいて省略を含む表現を選択するのか、また、聞き手の立場からすると省略を含む表現はどのような機能を果たすものとして受け取られるか、といったところにまで踏み込んで考える。そして、一般的な原則として、話し手は聞き手にとって〈復元可能〉(recoverable) と考えられるような表現は、明示するに及ばないという、コミュニケーションの場面における話し手の振舞い方のストラテジーを想定する。この考え方は、〈構造は機能によって規定される〉——つまり、話し手は自らの言語表現を自らがそれに託している機能がもっとも能率的、かつ、効果的に遂行されるように仕組む——という〈機能主義〉(functionalism)的な言語観に立脚しているわけである。

〈聞き手にとって復元可能〉という省略のための条件は、省略の現象を説明するのに大変有効な原則である。それによって、例えば英語の命令文における主語の省略のように文法上の規則で律することが出来る程一般化している省略の場合はもちろん、談話の中で場面に依存して起こる‘Can't remember’とか‘Have you eaten?’といった類の省略も、十分説明できるように思える。事実、〈聞き手にとって復元可能〉ということは、英語の談話における省略の研究では、基本的な説明原理として使われている。

しかし、日本語の談話の中でごく普通に見られる省略となると、それですべて説明できるかというと、とても及ばないような場合がいくつもあるように思える。例えば、本節の最初で取り挙げた幸田文の文章——「このうちに相違ないが、どこからはいっていいか、勝手口がなかった。」——はどうであろうか。小説の冒頭であるから、読者にはまだ何らのコンテクストも与えられていない。既に見た通り、西欧語を母語とする人たちにとっては、この文章は読み解けない、意味不明と思えることがあるらしい。多分、それはこの文章に常識的な意味での〈聞き手にとって復元可能〉という域を越えるような省略が含まれているからではないであろうか。そして逆に、日本語の話し手ならばそれを容易に読み解くということは、〈復元可能〉という条件についての諒解に差があることを暗示しているのではないのであろうか。

ある言語の文学作品には、その言語の日常的なレベルでの特徴がしばしば、いわば凝縮された形で出てくる。そういうことを念頭に置いて、例えば「田一枚植えて立去る柳かな」とか、「霜の墓抱き起こされて見たりけり」などといった俳句に接すると、日本語の話し手すら一瞬戸惑うような省略という印象を受けるであろう。しかし、これも日常の言語で、例えば「私ノ娘ハ男デス」という表現(金田一春彦氏の例)をコンテクストなしで聞いた時にやはり一瞬感じるはずの戸惑いと、基本的には相通じるものがあるはずである。(実際には、電車の中で熟年の御婦人がそれぞれ結婚した自分の娘に最近生まれた子の性別を語り合っているという場面での表現とのことである。)

このように見てくると、日本語の談話の場合、省略を許容する条件としては、西欧語の談話で一般的な原則として考えられている〈聞き手にとって復元可能〉ということより、さらに緩やかな原則も併用され、それに基づく振舞いがある程度許容されていると考えるのがよいようである。

8 〈ダイアローグ的〉談話と〈モノローグ的〉談話

〈聞き手にとって復元可能〉は、情報伝達というコミュニケーションの基本的な目的を達成するために当然満たされていなくてはならない条件ということで、〈機能的〉な原則と考えた。これより緩やかな原則とは、これとの対比で〈認知的〉な原則とでも言えばよいかも知れない。具体的には、〈話し手にとって復元可能〉という原則を想定してみるのである。

既に見た通り、〈聞き手にとって復元可能〉というのは、話し手と聞き手がいて、その間で〈ダイアローグ〉(dialogue)、つまり〈対話〉が進められるような場合に典型的に前提として働く原則である。これに対し、〈話し手にとって復元可能〉というのは、いわば〈モノローグ〉(monologue)、つまり、話し手だけの〈独白〉の場合に働く原則と考えることが出来る。(あるいは、聞き手が話し手と同じである場合と言ってもよいであろう。日本語の談話には、本来〈モノローグ〉を特徴づけるはずの原則に基づくと思われる振舞いが多かれ少なかれ入り込む傾向があり、しかもそれがかなり許容されうるということである。)

十分想像のつく通り、もし話し手が〈話し手にとって復元可能〉という原則のみによって振舞うとしたら、まともな談話の成り立つ可能性は低い。一つの具体的な例として、英語ではあるが次に挙げる二人の詩人の間の「果てしない会話」を見て貰いたい。

An Unending Conversation

by Timothy Harris

—I'm dreadfully sensitive.

—I'm sorry, I don't quite follow...

—I'm dreadfully sensitive.

—Oh.

—...

—Well?

—I don't think you understand.

—What don't I understand?

—I told you, I'm dreadfully sensitive, and I'm very small too.

—Well, all right.

—But you don't understand.

—What is it that I don't understand?

—How sensitive I am.

—But I've just agreed with you.

—But do you really understand how sensitively sensitive I am, how uniquely unique this sensitivity of mine is?

—Well, I don't know...

—You see, you don't understand, you can't possibly understand.

—All right, I don't understand, and I can't understand.

—But you must understand. I want you to understand. In fact, I don't want you to understand but I want you to understand all the same.

—But you've just told me that I can't understand.

—Yes, it's the unspoken meanings, you see. Everything I say is full of unspoken meanings... It's not like what you say. You are so...*rational*. You're just like all the others. No one understands me. No one can understand me.

—Well, if no one can understand you anyway, why do you worry about it so much?

—Because I really want to be understood—so badly. And no one does. It's because I'm different. That's why, I'm different.

—Everybody's different if it comes to that.

—Oh no, they're not. Not really. But I am different. And I'm so differently different, that is to say my difference is so different from normal differences and differs in such differently different ways from ordinary difference that you cannot possibly understand how different this difference really is.

—I'm afraid this conversation is making me rather indifferent about the whole matter.

—There you are ! You don't want to understand, you don't try to understand ! You're just the same as all the others. All you do is look down on me. And you're indifferent. But I'm different, and I'm unique...

(*Bulletin,* Vol. 4, No. 1, International House of Japan)

果てしなき会話

ティモシー・ハリス

——この私、すぐピーンと感じちゃうのです。

——えっ、どういうことですか。

——この私、すぐピーンと感じちゃうんです。

——はあ?

——……

——それで?

——お分かりになってらっしゃらないようですね。

——分かってないって、何が？

——申し上げましたでしょう。私、すぐピーンと感じちゃう。それに、すごく小柄なんです。

——はあ、そうですか。

——まだお分かりじゃないようですね。

——分かっていないって、何のことが？

——この私がすぐピーンと感じる人間だということ。

——そのことなら、そのとおりと申し上げましたでしょう。

——でも、本当に分かってらっしゃるのか、この私がどのくらいすぐピーン、ピーンと感じる人間かということ、この私の感受性がどのくらい、類稀れなるものであるかということ。

——さて、どう申し上げればよろしいのか……。

——ほら、そうでしょう。分かっていらっしゃらない、とてもお分かりになれるはずはない。

——それじゃ、よろしい。私には分からないし、分かるはずない、ということにしましょう。

——でも、分かってもらわなくちゃ困るんです。分かっていただきたいんですよ。実を言えば、あなたに分かってもらいたくない。でも、それでも、分かってもらいたいんです。

——でも、私には分かりっこないと、ついさっきおっしゃったではありませんか。

——そうです。言うならば、言外の意味ということですね。私の申し上げることには、何でも一杯言外の意味がつまっているんです……。あなたのなさるような喋り方とは違うんです。あなたという人は、とても……理性的なんです。他の人みんなと同じでいらっしゃる。私は誰にも分かってもらえない。分かるはずなんかないのです。

——でもいずれにせよ、誰にも分かるはずがないということでしたら、そんなに気になさることもないのではないでしょうか。

——どうしても分かってもらいたいんです。どうしても。だから、なんです。ところが分かってくれる人がいない。私が違う人間だからでしょうね。そうだ、そのとおり。この私は違う人間なんです。

——そんなことを言えば、誰だって他の人とは違いますよ。

——とんでもない、そんなことはない。本当ですよ。でも、この私は違うんです。私は本当に違ったふうに違っている、つまり、私が違っているというのは、普通の違い方とは全然違うのです。普通の違い方とは、本当に違って違ったふうに違っているんです。だから、この違いがどれくらい違ったものかは、あなたにはとてもお分かりになれない。

——どうもこんなふうにお話ししていますと、どうだってよろしいんじゃないですかという気になってきますが。

――ほら、そうでしょう。あなたは分かりたいとはお思いにならない、分かろうとはなさらない。他の人たちの場合と全く同じですね。私をさげすまれるだけです。そして、あなたの方はどっちみち違わないと思ってらっしゃる。でも、私は違う。私は類稀《たぐい》れな人間なんですよ。……

この会話はこの調子でまだ続いて行くのであるが、実は、これは日本の詩人と英語圏の詩人の「対話」ということで書かれたものである。日本の詩人は、何か伝えたいこと（つまり、〈話し手にとって復元可能〉な内容）を持っている。しかし、それを〈聞き手にとって復元可能〉な形で提示するということには、一向関心がないようである。他方、英語圏の詩人は、相手が自分に〈聞き手としての復元可能〉な形での情報を提示してくれるのを待ち、聞き手としてそれ以上に振舞うつもりはないように見える。必然的に両者の思惑はすれ違うばかりで、いつまでたっても両者にとって稔りのある対話にまで発展して行くことがない。

読んですぐ分かる通り、もちろんこれは〈パロディ〉であり、従って意図的な誇張が入っている。〈復元可能〉ということの内容が文の構成要素の一部に関わるようなレベルから、伝えたい内容全体といった域にまで、極度に拡張された形になっている。しかし、ここで興味深いのは、〈聞き手にとって復元可能〉という原則に従って振舞う英語圏の詩人に対して、日本の詩人の方は〈話し手にとって復元可能〉という原則によって振舞っているかのように描き出されているということである。これは大変象徴的である。

9 〈話し手責任〉と〈聞き手責任〉

もし話し手が〈話し手にとって復元可能〉という原則で振舞うとすると、当然コミュニケーションの成功は覚束《おぼつか》なくなる。しかし、必ず挫折するというわけでもない。例えば、もし聞き手の方が話し手にとってしか復元可能でしかないはずの情報を自らの責任において推論する努力を積極的に行なってくれるようならば、成功の可能性はあるわけである。

いま仮りに、話し手の側に関して、〈聞き手にとって復元可能〉の原則に基づいて振舞う場合をコミュニケーションの成功に関して〈協力的〉、そうでなく〈話し手にとって復元可能〉の原則に基づいて振舞う場合を〈非協力的〉、一方、聞き手の側に関して、復元に積極的に参与する場合を〈協力的〉、消極的でしかない場合を〈非協力的〉、とそれぞれ考えることにする。(いずれの場合も、〈協力的〉と〈非協力的〉の対立は程度問題に過ぎないという前提である。) そうすると、四つの組合せが考えられる。

まず、話し手、聞き手のいずれもが〈協力的〉であるならば、当然、コミュニケーションは成功することが予想されるであろうし、逆に両者がいずれも〈非協力的〉であるならば、これも当然コミュニケーションは成功しないことが予想される。もっと興味深いのは、残る二つの場合、つまり、一方が〈協力的〉で、他方が〈非協力的〉という場合である。このような場合、コミュニケーションの成功は保証されない。しかし、そうかといって、必ず失敗するというわけでもない。日本語との関連で興味があるのは、話し手が〈話し手にとって復元可能〉という原則に基づいて振舞うという意味で〈非協力的〉、聞き手が復元に関して積極的という意味で〈協力的〉であるという場合である。実は、これは日本語の談話の場合、かなり特徴的に起こる一般的なケースではないかと思えるのである。

アメリカの日本語学者ハインズ（John Hinds）が、談話の際の話し手と聞き手の振舞い方について、〈話し手責任〉(speaker-responsibility）と〈聞き手責任〉(listener-responsibility）という区別を立てている（Hinds 1987)。コミュニケーションの成功ということに関して、話し手の方に主な責任があるとするのが〈話し手責任〉、聞き手の方に主な責任があるとするのが〈聞き手責任〉ということで、どちらに多く傾くかという観点から、言語社会を類型的に分けることができるというのである。

この分類では、例えば英語は〈話し手責任〉、日本語は〈聞き手責任〉という傾向がそれぞれ優越するとされる。次のような話（Naotsuka *et al.* (1981）から引用）が象徴的に語られている——あるアメリカの婦人が銀座東急ホテルと行先を告げて、タクシーに乗ったが、タクシーは銀座第一ホテルという間違った場所に来てしまった。そこで、アメリカの婦人の方は「ごめんなさい。もっとはっきりと言っておくべきでした」と〈話し手責任〉の立場からの発言をし、他方、運転手の方は、「いえ、いえ、私の方こそよく聞いておくべきでした」と〈聞き手責任〉の立場からの発言でもって答えた、というのである（Hinds 1987：144）。

これは一つの挿話に過ぎない。しかし、日本の伝統的な文化の雰囲気に接するという経験をある程度持ったことのある人ならば、この種の出来事は単なる偶然事ではなく、他にも多くの類例のありうることを十分予想させるような〈象徴的〉な例であると感じるであろう。（また、そのように感じることが出来るか出来ないかで、この種の文化に対する理解と無理解の分かれ目にもなろう。）例えば、伝統的な文武の道の極意について語る師匠の言葉は、しばしば〈聞き手による復元可能性〉など完全に無視しているように思える。然るべき弟子がそれを〈聞き手責任〉的に受けとめ、その真意を主体的に探り出すという方向へ向けて挑発されてくれればよいわけである。禅問答は、その極限的な例であろうし、いわゆる〈悟り〉なるものも、最近の〈複雑系〉理論で言う〈創発〉現象の一つの場合として捉えられることになろう。

ハインズによれば、〈聞き手責任〉を強調する類型に属する文化としては、日本の他に、少なくとも韓国や古代中国がそうであるとのことである。文化的な継承関係が見られるのかどうかというのは、当座の問題ではないからさて置くとしても、日本語によるコミュニケーションの場において、聞き手の側に関して伝統的に〈礼儀正しい〉振舞いとされてきた項目のうち、少なくともいくつか――例えば、発話中の相手を中断するような形で割り込まないとか、(かなりの程度に形骸化してしまっているが)〈相槌〉を頻用して相手の発話に注意していることを態度で表わすこと(Lo Castro 1987)、など――は、〈聞き手責任〉志向性の問題と関わる性質のものであることは十分明らかであろう。このことは、話し手の側から言うと、コミュニケーションの当事者として自らにたとえ不十分な振舞いがあっても、相手が補完してくれるという〈甘え〉が許容されるということでもある。日本語のコミュニケーションは、安定した形での〈聞き手にとっての復元可能性〉よりも、〈話し手にとっての復元可能性〉と〈聞き手責任〉という二つの要因の間の微妙なバランスの上に立って進められるということがしばしばあるのではないであろうか。

10 〈話し手にとって復元可能〉と〈権威〉

情報伝達を意図するものというコミュニケーション行為の常識からすると、〈話し手にとって復元可能〉というような原則に基づいて進む談話などというのは、確かに逆説的である。しかし、日常レベルのコミュニケーションでも、ある種の場合には、ごく普通に起こりうることにも注意しておいてよい。

例えば文学作品、とりわけ、著名な詩人による詩の作品を読み解こうとするような場合を考えてみればよい。新しい意味の創造ということが作者の側での営みであるとすれば、読者による復元可能性への配慮は、二次的な問題でしかないはずである。そのような場合、作者と読者の間でコミュニケーションが成立するかどうかは、結局、読者の側で〈聞き手責任〉的に動いてくれるかどうか次第である。

しかし、読者が実際にそのように動くかどうかは、作品の側に読者をそのように動機づけするだけの力があるかどうかに依ることになろう。そのような力を仮りに〈権威〉と呼ぶとすると、一般に〈権威〉の在るところに発する発話には、〈話し手にとって復元可能〉という原則に基づいての振舞いという特権が多く許されるということになろう。例えば、「脳髄ハチキンカツレツニ向ッテ永遠ニ戦慄スル」という表現は、まずは〈ナンセンス〉として退けられる可能性を宿したものであろうが、もしそれが詩人西脇順三郎の言葉であると告げられれば、読者の態度は一変するかも知れない。

この種の〈権威〉は、もとから問題の発話に宿されているとは限らない。もともと何もないところに、読者の方が創り出した虚像に過ぎないということもある。例えば、'A colorless green ideas sleep furiously' という表現は（特に先程の西脇順三郎の表現のようなものに接したすぐ後では）一見誰かの詩句のようにも見えるし、現にこの文を含んだ詩を作り上げてみた言語人類学者もいるとのことである。しかし、実際には、これは言語学者チョムスキー（N. Chomsky）が文法的には整合的だが、意味的には不整合なナンセンスな表現として作った例文である。聞き手の側に〈権威〉への〈恭順〉(deference）という性向があれば、虚構に過ぎないものであったとしても、〈権威〉はそれなりに通用するであろう。すぐ想像のつく通り、〈礼儀正しさ〉(politeness）を強調する雰囲気は〈恭順〉さへの性向を強化するし、それによって実質なき〈権威〉が〈権力〉の座に坐り続けるという〈中空構造〉（河合・一九八二）も可能になるわけである。

11 〈話し手にとって復元可能〉と〈自己中心性〉と〈甘え〉

日常的なコミュニケーションの場面で、〈話し手にとって復元可能〉という原則に基づいての振舞いがよく見られるもう一つの状況は、子供の談話である。「ママ、今日、健太クンオ休ミダッタノ」「アッソウ？　健太クンッテ、誰？　オ友達？」——例えばこの種の遣り取りであるが、別に日本語に限らず、よく起こることのようである。子供の方は健太君を自分の友達として知っている。母親の方はそうではないのであるが、その点にはお構いなく子供が話を始める。自分の知っていることは、相手も知っていると決め込んでいるような、よく言われる〈自己中心的〉(ego-centric）な振舞い方である。ある成長段階に達するまで、この種の振舞い方がしばしば観察されることが知られている。

このような場合の子供の振舞い方が〈自己中心的〉であると言われるのは、自分の知っていることは当然相手も知っているはずと思い込んでいるかのように振舞ってしまうということであろう。この決め込みは、自分を相手に投影するという形のものである。同時に、投影の方向が相手から自分というふうに逆になることもあろう。そうすると、自分の思っていることは、相手にも察しがつくはずという決め込みがなされるということになろう。いずれの場合も、自分と他者という対立が解消され、相互に融合して一体化するかのような捉え方がなされるわけで、これはとりも直さず〈甘え〉(土居・一九七一) の関係である。もし〈甘え〉の元型が、もともと一体化していた子供が母親から離れ、その上でなお当初の一体化の状態を志向する――そして両者が同じように感じ、同じように考えることが出来るようになる――ということであるとするならば、〈話し手にとって復元可能〉という原則に従って〈自己中心的〉に振舞うことが許容される状況は、〈甘え〉の関係によって支えられうるということも理解できよう。母と子というような関係の場合、〈甘え〉と〈甘え〉を許容するという関係は恐らく多かれ少なかれ、普遍的に妥当するのではないかと思われる。しかし、母と子という関係を越えて、他の場合にもそれがどれくらい広く妥当するものかということになると、文化的に差のあることは十分予想できる (李・一九八二)。

〈聞き手にとって復元可能〉という原則に立っての談話が典型的に〈対話/ダイアローグ〉

(dialogue) 的と言えるものであるとすると、〈話し手にとって復元可能〉という原則に立っての振舞いを多く許容する日本語の談話は、〈独白／モノローグ〉(monologue) 的な性格を多く帯びていると言えるであろう。相手への働きかけという側面がしばしば如何にも稀薄と見えるのである。バルト (R. Barthes) が異なるコンテクストで用いている表現を借用するなら、〈自動詞的〉(intransitive) ――つまり、働きかける相手の姿が明確に見えない――と言ってもよいであろう (Barthes 1970)。こういう視点から日本語の運用を見返してみれば、また、いくつかの意味のある点が浮かび上ってくるはずである。

12　〈話し手にとって復元可能〉な典型的事例

〈話し手にとって復元可能〉というのは（〈聞き手にとって復元可能〉ということと較べてみてもなお）十分にファジーな概念である。それは事実上、話し手の有する知識の総体ということになろうから、明確な形で画定することは望めそうにないし、また、そのような視点からの取り組みでは、得るところは少ないであろう。しかし、視点を変えて、〈話し手にとって復元可能〉であるものの〈典型的〉(prototypical) な事例は何か、と問うてみたらどうであろうか。

よく知られた〈色彩用語〉についての研究の場合と類比してみるとよいかも知れない。例えば、一応〈赤〉に相当するあたりの色合いを表わす用語であっても、言語が違うと、それぞれの言語で〈赤〉に相当する用語が適用される色合いの範囲は広かったり、狭かったり、相互にさまざまに食い違っているものである。(例えば、「赤砂糖」には'brown sugar'が対応するというような場合がある。) ところが、それぞれの用語の適用される範囲の色合いの中でも、もっとも〈典型的〉な色合いというものを指示してもらうと、極めて高い一致度が見られるというのである。(つまり、適用可能な範囲に関しては差があっても、日本語の話し手がもっとも「赤」らしい赤と判断する色合いと、英語の話し手がもっとも'red'らしいと思う色合いとは、ほぼ一致するというわけである。)

同じように考えてみると、〈話し手によって復元可能〉とされる範囲は、言語社会によって違いうる、しかし、もっとも復元可能なもの――言い替えれば、話し手にとってもっとも分かりきっている、言わずもがなのもの――は何か、ということになると、意外に一致するのではないであろうか。多分、それは話し手自身、つまり、〈自己〉(self)、ということであろう。

知覚の営みにおいても、認知の営みにおいても、人間はまず何よりも自らを営みの〈原点〉として指定する。自己なしには、そもそも知覚や認知の営みは生じない。これらの営みでは、自己の存在は当然の大前提、分かりきったことである。もしそのように考えてよいとすれば、何か特別な事情があるのでない限り、言語の話し手にとっては、話し手自身こそもっとも明示的に言語化せずにすませる対象ということになる。自己は他者を定位する原点となる。しかし、自己自体は改めて定位される必要はない。

13 言語世界の原点としての〈話す主体〉

他者を定位する原点としては働くが、自ら自身は改めて定位されなくてはならないようなものではない——〈話す主体〉を認知的に特徴づけていると思われるこの二つの側面は、人間の使う言語の成り立ち方に、言語間の違いを越えて、さまざまな程度にその刻印を残している。

前者の働きがもっともまともに関わってくるのは、〈直示〉(deixis) ということに関わる言語的手段の構成のされ方である。〈直示〉とは、言語使用の具体的な場面で、話者がコミュニケーションの当事者や伝達内容を自らの〈ここ〉、〈いま〉との関連で、どのように定位しているかを特定の文法的手段を用いて示すことである。いくつかの種類の直示があるが、一番分かり易いのは空間的な定位に関するもので、〈指示代名詞〉(demonstrative pronouns) がそのような機能を果たす言語的手段である。日本語の場合で言えば、「コレ」、「ソレ」、「アレ」(そして、それらと関連する「コノ」、「ソノ」、「アノ」や「ココ」、「ソコ」、「アソコ」) がそのような役割を果たしている。このいわゆる「コ／ソ／ア」の体系でどのような使い分けがなされるのかに関しては、二つの考え方のあることがよく知られている。一つは、(話し手の位置から見ての)〈近称〉〈中称〉〈遠称〉という区別を立てるという伝統的な考え方、もう一つは、〈一人称中心〉・〈二人称中心〉・〈三人称中心〉というふうに人称と関連づけて考える新しい考え方である。しかし、いずれにせよ、話し手を基点としての区別であることには変りない。話し手を基点として、前者ではそこからの空間的な遠近によって、後者では話し手とのコミュニケーション上の役割関係に基づいて、それぞれ区別が行なわれているわけである。後者の場合の区別の基準は、〈人称〉と呼ばれる種類の直示の場合の区別を事実上踏まえた形のものとなっている。ふつう、〈一人称〉、〈二人称〉、〈三人称〉という区別がなされるが、注意しておくべき点が二つある。一つは、この三つの人称は対等の価値のものではないということ——つまり、コミュニケーションの当事者としての〈一人称〉と〈二人称〉、そして当事者以外のものとしての〈三人称〉というのがまず基本的な区別ということ——である。もう一つは、〈一人称〉と〈二人称〉の間では、当事者のうちどちらが話し手になるのかによって、役割交替が起こりうるということである。この場合、まず最初に話し手による〈話す〉という行為があって、その相手としての聞き手が決まるということになるわけであるから、ここでも三つの人称の定位の原点となるのは〈話し手〉に相当するものということになる。

時間に関する直示を行なう典型的な言語的手段は、〈時制〉(tense) と呼ばれる文法範疇である。既に見た空間に関する直示が〈指示代名詞〉という文法範疇によって行なわれるのと較べると、〈時制〉というのは動詞に関わる文法的過程であるから、言語的手段としての性格が随分と違っているように見える。しかし、空間的な位置づけの対象となるのが基本的に〈モノ〉である（従って、言語的な手段としては名詞的なもので指されるのがふさわしい）のに対して、時間的な位置づけの対象となるのは、〈コト〉である（従って、言語的な手段としては動詞に関わるものがふさわしい）と考えれば理解できよう。いずれにせよ、この場合も話し手が身を置く時間帯としての〈いま〉が基点となり、それに先行する既に過ぎ去った時間帯とそれに後続するこれからの時間帯という区分が〈現在時制〉、〈過去時制〉、〈未来時制〉という形で実現される。そして、問題となる〈コト〉がどの時間帯に入るかによって、どの時制を選択するかが決まってくる。この状況は、問題となる〈モノ〉が話し手を原点としたどの空間帯に入るかによって、どの指示代名詞を選択するかというのと平行する。

右の説明からも読みとれるように、言語における時間的な〈直示〉の体系は、物理学的な意味での客観的な時間の概念ではなく、人間の側での主観的な時間の意識の仕方に基づいて成り立つものである。言語的手段の用意のされ方から言うと、〈過去〉、〈現在〉、〈未来〉は対等に扱われるとは限らない。よく見られる区分の仕方は、一つは、〈過去〉と〈現在〉が現に起こって（しまって）いる（従って、確認可能な）ことという観点からまとめられ、まだ起こっていない（従って、確認不可能な）〈未来〉と対立させられるというやり方、もう一つは、〈未来〉を現在の時点での話し手の想定、計画と捉える観点から、それを〈現在〉とまとめて、〈過去〉をそれと対立させるというやり方である。

このように見てくると、言語において〈時制〉がしばしば〈法〉（mood）（つまり、話し手が言語化する事柄を事実として、あるいは、単に想定されたこととして捉えているかを表示する範疇）と混じり合うのも当然と思えるであろう。〈叙実〉か〈叙想〉かを区別する文法的手段としての〈法〉も、言語化される事柄が事実とされるものの領域に置かれるか、想定されたことという領域に置かれるかに関わるという意味で、一種の直示と考えることが出来よう。その場合は、話し手の現実の体験と結びつきうる〈叙実〉の方が基点、そうでない〈叙想〉の方はそこから離れたものとして派生的なものとしての扱いを受けることになろう。そしてまた、現実から離れた心理的に遠いものとして、〈叙想〉に対する〈法〉的な表現が今の現実から離れた時間的に遠いものに関わる〈未来〉や〈過去〉に対する〈時制〉の表現と密接な関係を持つことも理解できよう。

最後に、直示のもう一つの種類として〈社会的〉な直示と呼ばれるものがある。例えば、相手に対してどういう表現で呼びかけるかというような場合を考えてみるとよい。相手に呼びかけるのにどのような表現を選択するかによって、話し手は自分と相手との親近度を近くにも、また遠くにも設定することが出来るわけである。もちろん、この場合も、遠近は自らを原点とし、そこからの距離で決められる。どれ位〈形式ばった〉(formal)、あるいは、〈形式ばらない〉(informal) 言い方で接するのか、広い意味での〈敬語〉や〈丁寧さ〉(politeness) の問題は、こういった社会的な直示ということと関連しているわけである。

14 〈ゼロ〉表示の〈話す主体〉

他者を定位する原点としての話し手は、話し手自身がそれを当然の前提として発話している限りは、言語表現の上で明示されないですまされてしまうことがよくある。例えば、「アソコニ バスガ止マッテイル」と言う場合、「アソコ」とは、何よりもまず、話し手自身の位置するところから見ての「アソコ」であろうし、「三日前、日本カラ着イタ」と言うなら、「三日前」とは話し手自身の発話の現時点から見ての「三日前」ということになろう。

自明のことでも義務的に言語化しなければならないという制約の強い言葉でも、話者は定位の原点としての自己を〈ゼロ〉化するということがある。次の例 (Langacker 1990) は、認知言語学で〈主観化〉(subjectification) と呼ばれている現象の説明の一部として言及されているものであるが、大変興味深い。

(1) (a) Vanessa is sitting across the table from me.

(b) Vanessa is sitting across the table.

どちらの表現も、〈ヴァネッサは（私から見て）テーブルの向かい側に坐っている〉という状況を述べている。しかし、(1a)の方は、例えばそういう状況を写した写真を見せて説明しているというような場面、それに対して(1b)の方は、いままさにそういう状況の現場にあって話し手が発話しているという場面と、それぞれ結びつけて解釈されるであろうという。つまり、(1a)では、状況を認識し、言語化する主体としての話し手は、認識され、言語化される客体としての話し手の属する状況の外に位置している。それに対して、(1b)では、認識し、言語化する主体としての話し手自身は、認識され、言語化される状況の中に身を置いている。話し手自身に関して、前者では、主客対立の構図がきれいに成り立っているのに対して、後者では、そのような対立は存在せず、話し手は認識の原点としての役割を果たしているだけである。このように、認識し、言語化する話し手が自らの認識し、言語化する状況の中に身を置いて状況を認識し、言語化するという構図の成立している場合、〈主観化〉、あるいは〈主観的把握〉(subjective construal) という呼び名が適用される。状況の中に存在していて、本来ならば言語化の対象となるはずの話し手自身が、〈主観的把握〉の場合、他者を定位する原点となり、言わば他者がそこに投影される〈トコロ〉と化して、それ自体は言語化の対象とされるものの範囲から外れてしまう——そして〈ゼロ〉としてしか言語化されない〈不在の存在〉という姿をとる——ということになるわけである。

類例として論じられているものをもう一組、挙げておくと、

(2) (a) There is a clearing ahead of me.
(b) There is a clearing ahead.

いずれの文も、森の中で、話者の前方に（木の伐採された）空き地があるという状況を叙述しているわけであるが、(2a)は話者は自分をも含んだ状況を、言わばその状況の外に立って客観的に報告しているという印象を与える。一方、(2b)は、森を通過している話者が行く手前方に空き地のあるのを認めた瞬間の想い、ないしは、独り言としてのつぶやき、といった印象がするであろう。話者は、状況を対象化して捉えている（〈客観的把握〉）のではなくて、自らの意識という場に投影された様相で捉えている（〈主観的把握〉）わけである。（日本語でも、同じような場合、話者は「アッ、前方ニ空キ地ガアル」と言って、「アッ、私ノ前方ニ空キ地ガアル」というような言い方はしないであろう。）

15 〈定冠詞〉と〈ゼロ〉冠詞

もう少し違った例を見てみよう。フランス語の場合である（Allen and Hill 1979）。

(3) (a) C'est là-bas juste à la gauche de Marie. (It's over there—just to Mary's left.)

(b) C'est là-bas juste à gauche de Marie. (It's over there—just to the left of Mary.)

「アソコダヨ。メアリノスグ左ノトコロダヨ。」——日本語で言えば、ほぼこのようなことを言っているわけである。問題は、〈メアリの左〉というのは、〈メアリから見て左〉ということなのか、それとも〈話し手から見て左〉ということなのか、である。フランス語の表現で(3a)と(3b)の差は、〈左〉を意味する名詞（gauche）に定冠詞（la）がついているか、ついていないか、であるが、ついている(3a)の方は〈メアリから見て左〉、ついていない(3b)の方が〈話し手から見て左〉——つまり、メアリと話し手とが向かい合う位置関係にあるとして、〈話し手から見て、向かって左〉——ということである。この場合も、興味深いことに、定冠詞のつかない——つまり、〈ゼロ〉表示の——方の表現が話し手を原点としての捉え方と結びついているわけである。（因みに、英語ではこの差は所有格（Mary's left）による表現か、前置詞句（the left（of Mary））による表現かで処理されることになる。）

英語の場合でも、言語化される対象が話し手にとって分かりきったことである場合、あるいは、話し手自身を原点として、それとの関連での位置づけが前提となっているというような場合に、定冠詞を伴なうのではなく〈ゼロ〉表示ですますということは、いろいろな場合に見られる。例えば自分の父親のことを家族内で言う場合、〈父〉を表わす father や dad という語は〈ゼロ〉表示で使うのが普通で、わざわざ 'my father', 'the father' のような言い方はされない。親しい間柄の相手であれば、この用法は家族の成員以外の場合にも拡張される。時間に関係した例で言えば、〈翌週〉ということであれば 'next week' とも 'the next week' とも表現されうるが、前者が使われるのは話し手が自らの発話の現時点を基準にしての〈翌週〉の場合、後者はそれ以外の基準点を想定して、そこから見ての〈翌週〉——例えば、二十歳の誕生日を迎えた翌週——ということになる。

このように考えてくると、一般に固有名詞にはなぜ定冠詞をつけないのかも理解できよう。誰にも復元可能な人物、地名を指す語ということで、本来ならば〈既知〉の表示である定冠詞を伴なってもよいはずのものであるが、復元可能性が極限的に高いということになる。と、言わずもがな、ということで定冠詞すら伴なわないという域に達するということであろう。普通名詞が次第に固有名詞として意識されてくるにつれて、定冠詞を伴なわなくなるという現象も見られる。例えば、〈地球〉に関して'the earth'→'the Earth'→'Earth'というふうに用法の移行が見られるというような場合である。また、対象としては対等の価値のものであっても、心理的な遠近によって定冠詞をつけるか、〈ゼロ〉表示にするかで交替の見られることもある。例えば、同じように〈議会〉であっても、アメリカ議会を表わす'Parliament'は定冠詞なしで、日本の議会のことを言う'the Diet'は定冠詞を伴なっての使用が普通である。あるいは、同じように〈皇帝〉であっても、古代史のローマの皇帝'the Emperor Claudius'は定冠詞つきで、現代史に関わる'Emperor Hirohito'は冠詞なしの形で、というような対立のあることも指摘されている(Hewson 1972)。(最後に、どの範囲の対象に定冠詞をつける、あるいは、つけないかは、言語によって異なりうるということにも注意しておいてよかろう。例えば、街路の名称に関して、英語では'William Street'のように冠詞のつかない方が普通のようであるが、ドイツ語では'die Wilhelmstrasse'のように定冠詞のつくのが原則である。他の場合も含めると、一般に英語では、〈ゼロ〉表示ですますことの許容される範囲が広いようである。)

16　〈一人称〉表現の特権的扱われ方

発話の際、話し手にとっては自分自身の存在は当然の前提であるから、自分自身は言語化して提示する対象の範囲に含めなくてすますことに対する許容度が潜在的に高い——とりわけ、言語化する状況を話し手が〈外〉から観察し、報告する〈客観的〉な認識者の立場から捉えるのでなく、問題となる状況の〈内〉に身を置いて、自らがそれに関与し、経験している〈主観的〉な認識者として捉えるという場合は、認識の原点としての自分自身は言語化の対象としては意識されないまま、いわば〈無化〉され、〈ゼロ〉として表示される——こういう過程は、言語の違いを越えて普遍的に働くということらしい——前節で見たのは、そういうことであった。普遍的であるように見えるというのは、そのような認識の仕方が人間一般の認知の営みとして自然なものであるということに支えられているということなのであろう。ただし、そのような認知の傾向性がどの程度現実の言語使用の営みの上で具体的に現れてくるかとなると、それぞれの言語の性格——もう少し正確に言えば、問題となる言語で、その話し手となる人たちが言語について、それがどのようなものであり、また、どのようなものであるべきかと認識しているか——〈言語のイデオロギー〉(ideology of language : cf. Schieffelin *et al.*, eds. 1998) とも呼ばれるもの——がさらに関わってくる。

このような考察を背景として見ると、日本語は〈主観的把握〉が相対的に広い範囲で許容される言語の類に入るように思える(池上・一九九九)。

別のところで既に取り挙げた日本語のある現象を、もう一度ここで考えてみることにする。日本語では、「嬉シイ」、「悲シイ」などの感情を表わす形容詞は、具体的な場面での談話の一部として用いられる場合、感情を抱く主体は原則として一人称、つまり、話し手自身と解される。（「嬉シイ！」という発話があれば、「私（ハ）」などの一人称の表示がなされていなくても、嬉しいのは話し手自身のことと自動的に解釈されるし、他方、二人称、三人称と結びつけた「アナタハ嬉シイ」、「彼女ハ嬉シイ」といった表現は不自然と感じられる。）同じことは、「シタイ」、「ホシイ」といった欲求、意向を表わす表現についても妥当する。感情、欲求、意向などは、典型的に心理的な身体内的な過程であり、直接経験できるのは当事者、つまり、話している本人自身だけであり、その意味で〈主観的把握〉がもっとも自然に起こる状況である。日本語はそれが自然な形で言語化され、話し手は〈不在の存在〉として〈ゼロ〉化された言語化を受ける。しかし、明示化するとなると、一人称でしかあり得ないわけである。一方、ヨーロッパ系の言語で文の主語の言語化が義務的に要求されるようなものだと、一人称の感情、欲求、意向の主体が明示化され、表現の形式からは、話し手が自らを含んだ状況を外から〈客観的把握〉によって認識するという意味合いの構文が採られることになる。結果的には――例えば ‘I am glad’, ‘You are glad’, ‘She is glad’ といったパラダイムが成立するということになって――本来の〈主観的把握〉の意味合いが稀薄になってしまっている。

17 〈感覚〉、〈感情〉の表現

もう一つ、日本語の表現で〈主観的把握〉が目立つのは、感覚を表わす動詞の使われ方である。「見エル」、「聞コエル」といったそれぞれ視覚、聴覚に関わる動詞はその典型的な場合であるが、「星ガ見エル」、「声ガ聞コエル」といった表現では、感覚の主体は話し手自身というのが原則である。（自分を他人と特に対比して言うのでない限り、「星ガ私ニ見エル」と一人称表現を明示化する必要はないし、他方、「星ガアナタニ見エル」、「星ガ彼女ニ見エル」と言うのは不自然に聞こえる。）感情の場合と同様、感覚も直接経験できるのは本人だけで、これまた〈主観的把握〉が典型的に起こる場合であり、日本語の言語化はそれを比較的忠実になぞらえることが出来るわけである。ヨーロッパの言語では、「私ニ見エル」式の感覚・感情表現があって「私ガ見ル」式の表現形式と対立している場合、後者には〈意図的〉な行為という含意が伴なうのに対して、前者は〈非意図的〉な――日本語文法でお馴染みの用語で言えば、〈自発〉的な――出来事としての提示という意味合いになるということは知られている。（例えば、〈夢（を）見る〉という意味のドイツ語の träumen という――英語の dream に相応する――動詞は、睡眠中に〈夢見る〉〔つまり、〈非意図的〉な出来事〕の場合には夢見る人を与格の形にした構文がとれるが、空想という意味での〈夢見る〉〔つまり、〈意図的〉な営み〕の場合には、夢見る人は主格にした構文でないと使えない。)

このように、感覚や感情といった〈非意図的〉(あるいは〈自発的〉)な営みに関わる主体を特別な形で言語化するということはあるのであるが、もう一歩進んでそのような特別扱いを〈一人称〉だけに限るというところにまで行くということは殆んどないようである。〈寒く感じている〉という意味の表現に関しての次のような対比を参照。

(1) a. (私ハ)寒イ。
b. I am cold.
c. Mir ist kalt. (= TO ME IS COLD)

(2) a.??アナタハ寒イ。
b. You are cold.
c. Dir ist kalt. (= TO YOU IS COLD)

(3) a.??彼/彼女ハ寒イ。
b. He/She is cold.
c. Ihm/Ihr ist kalt. (= TO HIM/HER IS COLD)

〈一人称〉への強い拘りを示す日本語とは違って、bやcの場合、そのような拘りは殆んどないようである。(日本語の話し手としての感覚からすると、〈一人称〉への拘わりがないということ自体、いくらか不思議にすら思えるかも知れない。実は、全くないということではないのである。例えば、〈(〜のように)思える〉を意味するドイツ語の動詞dünkenは、〈私にとって〉という場合に限って使える(mir/*dir/*ihm/*ihr dünkt)もののようである。ただし、この動詞は現在ではもはや日常語では使われない。意味的にそれに相当する動詞scheinenの方は、その点での制約はなく使われる。)

そしてまた、多分この〈一人称〉への拘わりのなさということと関連することであろうが、例えば「星ガ見エル」に直訳的に対応する'A star is visible'のような文があったとしても、ある感覚主体の経験している過程という意味合いは稀薄である。第一印象としては、ある星が可視的な状態にあることを叙述しているということだけで、コンテクストなしの形では話し手の現実の経験を述べているという意味であるととるのは困難である。('The star is visible'という文ならば、なおさらのことである。)

18 「行ク」と「来ル」

日本語の一人称への拘わりということで、さらに念頭に浮かぶのは、「行ク」と「来ル」の類の動詞の使い方についての制約である。日本語では「来ル」は一人称のいる方向へ向けての移動、「行ク」は二人称、三人称のいる方向へ向けての移動、というのが使われ方での基本的な対立(「私ノトコロニ来ル」―「アナタ/彼女ノトコロニ行ク」)である。〈話し手の位置するところ〉という概念は拡張されて、〈話し手が関心/共感を寄せているところ〉ということになり、この段階では「アナタ/彼女ノトコロニ来ル」という表現も可能になる。これは基本的な用法からの派生として扱われるべきものである。)これに対し、ヨーロッパ系の言語では、「来ル」に相当する動詞は一人称、二人称のいる方向へ向けての移動、「行ク」に相当する動詞は三人称のいる方向へ向けての移動、というのが基本的な対立(例えば英語だと、'come to me/you'―'go to her')である。(〈話し手/聞き手の位置するところ〉という概念が拡張されて、〈話し手が関心/共感を寄せているところ〉ということになり、この段階で'come to her'のような表現が可能になるのは日本語の場合とも平行している。)

世界の諸言語の中で、この二つの類型がどの程度、どの範囲に分布しているのか(そしてもっと重要な問題として、それぞれの類型が同じ言語のそれ以外の特徴とどの程度相関するものなのか)に関しては、残念ながら資料が得られない。いずれにせよ、この二つの類型の言語の間では、基本的な用法に関して、例えば日本語では「アナタノトコロニ行ク」となるのに対し、英語では'come to you'と言うといった形での二人称の扱いをめぐっての違いがあるわけである。

使い方の拡張の起こり方からも窺えるように、「来ル」系統の動詞では、移動の方向が話し手によって心理的に〈中心〉と受けとめられているところに当たる。一人称は話し手自身であるが、もちろんこの条件をもっとも典型的に満たしている。そうすると、二人称のいるところも一人称の場合と同様「来ル」系統の動詞の選択条件に含めるという言語では、聞き手に対しても話し手と対等の〈中心〉という意味合いの評価を与えていることになる。これは考え方によっては、聞き手に対して、より多く礼を尽した扱い方と言えよう。そうなると、「来ル」、「行ク」系統の動詞の使い分けに関しては、例えば英語の話し手の方が日本語の話し手よりも〈礼儀正しい〉(polite) 振舞い方をしているのではないかということになる。このことは、対人関係に関わる言葉遣いについては一般に多くの気遣いをするという日本語、あるいは、日本語の話し手の特徴とは一見矛盾しているということになってしまう。

この一見不可解とも思える日本語における状況を説明するとするならば、やはり、それは日本語における一人称（あるいは、話し手中心）への拘わりの一つの指標であると考えるのがもっとも納得できるのではないであろうか。欧米系の言語の用法では話し手と聞き手が同じように〈中心〉として平等の扱いを受けるという状況の背後には、コミュニケーションにおいては話し手と聞き手とは相互に役割交替を行なう存在であり、従って対等の扱いをされて然るべきものという発想を読みとればよいであろう。話し手は一方的に発話すればよいというのではなくて、聞き手にとって〈復元可能な〉言い方で伝達を行なうという〈話し手責任〉を負っている。それに較べると、日本語では、既に見た通り、話し手はコミュニケーションの成功を多く〈聞き手責任〉に託し、〈復元可能性〉に関しても、自らは相当度の自己本位的な振舞い方を許容されているように思える。「来ル」と「行ク」の使い分けに関して〈一人称中心〉、〈二／三人称非中心〉という区別になるのも、こうした話し手の自己本位的な捉え方の一つの表われと考えれば、整合的な説明が得られるのではないかと思われる。

すぐ気のつく通り、「来ル」と「行ク」という移動動詞に見られる〈一人称中心〉的な捉え方は、「クレル」と「アゲル」という授受動詞にも同じように認められる。（基本的な使い方について言えば、「私ニクレル」と「アナタ／彼女ニアゲル」という〈一人称中心〉〈それて〈二／三人称非中心〉という使い分けになる。）英語の授受動詞giveでは、このような使い分けはない。受領者が一人称であっても、二／三人称であっても、同じgiveという動詞で対等の処理（'give to me' と 'give to you/her'）を受ける。日本語では、また、これら本来の授受動詞の用法がさらに拡張され、一種の助動詞のように他の動詞に添えられて、動詞の表わす〈行為の受益者〉を表わすこと（「本ヲ読ンデクレル」と「本ヲ読ンデアゲル」）も行なわれるが、この場合も〈一人称中心〉と〈二／三人称非中心〉という区別は保持されたままである。日本語の一人称への拘わりの強さをここにも読みとってよいであろう。

19 〈主観的把握〉の拡張

ある状況を言語化する際に、話し手が言語化の対象とする状況の中に身を置くという形で視点を設定し、自らを認識の原点として言語化のための状況把握を行なう——つまり、〈主観的把握〉と呼ばれるやり方の状況把握を行なう——という場合、話し手自身は直接の言語化の対象には含められることなく、いわば〈ゼロ〉の形でしか表示されない傾向のあること、そして、そのような傾向は、言語の違いを越えて見られる人間の認知形式として一般的なもののようであるということ——前節で確認したのは、そのようなことであった。

その上で、もし、これも前節までで見た通り、日本語のコミュニケーションにおいては、しばしば、〈ダイアローグ〉的な様相——つまり、話し手と聞き手とが相互に役割交替を繰返しながら、対等のパートナーとして、話し手の方が聞き手の側の十分な理解に配慮して振舞うことが当然の前提とされる〈話し手責任〉的な型のコミュニケーション——よりも、〈モノローグ〉的な様相——つまり、話し手は聞き手の側で理解への最大限の努力をしてくれることを当然の前提として、多かれ少なかれ自己中心的に振舞うという〈聞き手責任〉的な型のコミュニケーション——の方に傾くことがあり、それに対する許容度も比較的高いとすると、日本語の談話を高度に特徴づけているとされる〈省略〉の許容度の高さ——あるいは、日本語の話者の立場から言えば、「(話し手としての自分にとって) 分かりきったことは言わない」ですますという振舞い方——を説明する一つの手掛りが得られるのではないであろうか。次のような過程での拡がりが考えられるのではないかと思われる。ある状況が話し手によって言語化される場合、話し手がもし〈主観的把握〉に基づく処理の仕方——つまり、話し手は自らをその状況の臨場者に擬し、直接その状況を体験する存在として自らの体験をなぞらえる形で言語化するというやり方——を選ぶなら、自らは状況を認識する原点として、その状況に居合わせているという事実にも拘らず、〈ゼロ〉化され、言語化の対象からは外れてしまい、言語表現の上には現れてこない。これは、聞き手を想定した伝達が意図される言語使用というの形のコミュニケーションに至る以前の、まず表出、表現が意図される言語使用の段階で認められる〈省略〉の元型と考えることが出来よう。既に見た通り、この元型的な〈省略〉は普遍的な現象のようであり、言語間の違いを越えて観察される。言語間の違いは、この元型的な〈省略〉がどの程度にまで拡張されるかの違いとして捉えられるように思える。

20 〈メトニミー的〉拡張と〈メタファー的〉転移

拡張は二つのやり方で起こる。一つは、〈話し手自身〉から〈話し手自身にまつわるものやこと〉(そして多分究極的には、〈話し手自身の知っていること〉)への拡張である。これは、〈話し手〉の概念から〈話し手と近接性によって関連するもの〉という概念へのメトニミー的過程に基づく拡張と言えよう。このような拡張は、例えば、自分の身体という概念が自分の身につけている衣服や器具をも含む形で拡張されたり、車を運転しているというような折、時として、運転している車全体の大きさにまで自分の身体が拡張されたかのように感じるといった場合、あるいは、自分の身内の者を文字通り自分自身と同等のものとして扱うといった型の拡張と同じである。

もう一つの拡張のされ方は、話し手が自らを他者に投影し、その他者になりきって状況を体験するというやり方である。話し手が他者へ写像的に転位されると考えるならば、この場合は、先程の場合との対比ではメタファー的な過程と言うことが出来よう。他人の身になって悲しみを感じるとか、小説の登場人物に感情移入するといった場合などに見られるのと同じ過程である。

すぐ気のつく通り、いま〈メトニミー的〉、〈メタファー的〉ということで区別した二つの過程は、決してきれいに分けられるというものではない。例えば自分の身内の者を自分と同じレベルで扱うというのは、自分の拡張という意味では〈メトニミー的〉な過程であるが、自分の他者への投影という意味では〈メタファー的〉な過程である。(他方、自分の身体が自分の乗っている車全体にまで拡張されるというのは、〈メトニミー的〉な過程でしかあり得ない。)

こうして見ると、〈メトニミー的〉か〈メタファー的〉か、いずれの場合として捉えるかに関しては、問題となる他者なるものがどの程度容易に自己のアイデンティティのもとに統合されうる存在であると捉えられているかという点が関わっていることが分かる。他者なるものと自分とが対立する存在であるという意識が強ければ強いほど、過程は〈メタファー的〉と解される。対立する存在という意識が強くなければ強くない程、〈メトニミー的〉と解釈されよう。(〈メタファー〉は異なる領域間での写像、〈メトニミー〉は同一領域内での写像、という諒解からも当然出てくることである。)〈人間〉である自分から同じく〈人間〉である他者に写像が行なわれるというような場合には、この区別は、写像の対象となる〈人間〉がどの程度、個性を認められた独立した存在として捉えられているかという点に関わってくる。人間である各自がそれぞれ独自の個性を備えた存在という捉え方であれば、二つの異なる領域間での写像、それに対し、例えば〈甘え〉的な要因の媒介によって、独自の個性を備えた存在としての対立というよりは、あたかも自らの分身であるかのように融和、合体への指向性を孕むというような状況であれば、同一領域内での写像に近いということになろう。

21 〈自己〉の拡大への制約

この点と関連して、ベルク(一九八五)には、次のような指摘がある。

……話手の近親者が関与している時には、話手自身が近親者の位置にいるかのように、主観態にならって表現される。「太郎が花子に本をやった」も、もし太郎が話手の身内なら「太郎が花子に本を上げた」となり、逆に花子が身内なら、「太郎が花子に本をくれた」となる。

牧野氏によれば話手の周りには主観性の暈《かさ》が漂い、その共感(日本語の共感はsympathieというよりempathie=感情移入、に近い)の中に仲間(必ずしも血のつながりはない)が入れられ、「他人」は排除される。……

自我の延長はむろん西欧文化にも皆無なわけではなく、自分の自動車の場合をはじめ多くの例が心理学者によって提示される。ただ日本文化におけるほど際立っておらず、とりわけ根本的な一点で相違を見せる。つまり西欧では、主体が自己の延長として考えうるのは事物だけで、他の人間については不可能である(少なくとも原則として)。例えば大切な自分の車について、フランス語でこう言えよう。「On *m'*a enfoncé une aile !」(直訳:人は、私について＝私(実は、自動車)の、前輪部をへこませた)。

しかし、ある人間について起ったことを、たとえその人間が私にとって最愛の者であろうと、次のように表現することはできない。「On *m'*a cassé un bras, On *m'*a donné un livre.」(直訳:人は私について＝私(実は、他の人間)の、腕を折った、人は私(実は、他の人間)に一冊の本をくれた)。つまり自己延長は各自の人格を越えることはできないが、日本ではそれを越えてしまうのだ。

筆者がここで試みているのは、日本語とフランス語とでそれぞれ、ある出来事が話し手に利益、ないし不利益といった形で何らかの影響を与えるとして受けとめられるような場合を取り挙げ、それが言語化された際、影響を蒙る主体としての話し手の概念がどの程度にまで拡張されうるかを比較、対比してみるということである。筆者が具体的に取り挙げているのは、日本語で出来事の(典型的には)話し手への関与性を暗示する補助動詞的な使い方の「(……シテ)クレル」と、フランス語で〈利害の主格〉(dative of interest)などと伝統文法で呼ばれる一人称代名詞の用法とである。いずれの場合も本来は話し手自身への関与が意味されるのであるが、それが日本語の場合は身内の者あたりまで容易に拡張されるのに対し、フランス語の場合は（たとえ人間である他者であるにせよ）話し手自身を越えて拡張されることはない、というのが筆者の指摘である。（確かにいずれの場合も話し手自身への関与性の意味される表現ではあるが、フランス語の方では一人称が明示的に表現されるのに対し、日本語の方では暗示にとどめられる。一人称の明示的な表現であれば、ない場合よりは、当然拡大解釈を阻止する要因として働くであろうから、対比されている二つの表現は厳密には等価とは言えないであろう。しかし、筆者の言おうとするところは、十分理解できる。）

22 〈主体〉と〈客体〉の融合

〈一人称〉として表示される人間は、単に〈話す〉だけの主体ではない。〈話す〉ということの前提として、それは〈知覚する〉、〈認知する〉主体でもある。もし話者が自らの知覚、認知の営みを本来は他者なる存在に投影したとしたら、そこには〈主客合体〉と呼ばれるような状況が演出されることになる。そしてこのような場合、日本語では主語の表示が義務的とされないということが言語レベルで重要な媒介役を果たすことになる。時には、それが一種の美的な効果を伴なっていると受け取られる場合すらあるのではないかと思われる。

一つの具体的な例として、川端康成の『雪国』の冒頭の文を取り挙げてみよう。日本語らしい文として、よく話題とされる表現である。

国境の長いトンネルを抜けると雪国であった。

日本語の平均的な話し手にとっては、描かれている状況を想像するのは困難でない。主人公は汽車に乗っている——それも、トンネルに入ると、機関車の吐く煙の煤が入ってこないように窓を閉めていなくてはならなかった頃のものであろう——それが漸くトンネルを出て、一面雪に覆われた銀世界に出て来たところなのだ——想像される状況は、多分こういうものであろう。

もしこのような状況を言語で伝えようとしたら、どのような視覚でその状況を捉え、その状況に関わるどういう側面を言語で明示的に表現し、どういう側面を表現しないままに置くかということについては、殆んど無限の可能性が考えられよう。『雪国』の英訳者や独訳者が選んだ言語化の仕方は、次のようなものである。

The train came out of the long tunnel into the snow country. (E. Seidensticker)
Als der Zug aus dem langen Grenztunnel herauskroch, lag das Schneeland. (O. Benl)

訳文から得られる印象は、川端の原文の与える印象とはかなり違うというのが直観的な感じであろう。同じ状況が言語化されているのであろうが、言語化の仕方が異なるために、ことばを媒介として生み出されたイメージも異なるものになっている。

もっとも著しい違いは、二つの訳文ではいずれも〈汽車〉を意味する語('the train', 'der Zug')が明示的に出されることによって、主人公の乗っているらしい汽車に焦点の合わされたイメージ構成になってしまったということであろう。以前にNHK教育テレビ「現代ジャーナル——日本語」というシリーズ(一九九一年二月放送)でこの川端の原文と英訳を取り挙げた折、担当の古屋アナウンサーがNHK国際部勤務の英語の話し手数人(いずれも日本語の堪能な人たち)に英訳の方の文を見せ、そこから読みとれる状況を絵に描いてもらうということをした。ほぼ共通して出てきたのは、向こうの山の端から姿を現してきた汽車という構図であった。英訳の文がそのようなイメージを共通に喚起するとするならば、恐らくこの文の語り手自身が言語化に際して頭の中に描いていたイメージもそのようなものであったのであろう。語り手は言語化している状況の中に身を置いていない。語り手は見る〈主体〉、汽車を中心とした状況は見られる〈客体〉である。見る者と見られる物という関係で、〈主体〉と〈客体〉との対立は鮮明である。

日本語の原文から受ける印象は、これとは明らかに違う。主人公は薄暗くて狭い車内にいて黒く煤けたトンネルを通ってきた——それが突然明るく視野の拡がった雪の銀世界に出た——多分、日本語の平均的な話し手が読みとるイメージというのはそのようなものであろう。しかも、このように読みとりながらいつの間にか、読者は自分自身もまるで主人公と同じ車内で——あるいは、もう一歩進んで、自分自身が主人公と一体化してしまって——主人公と同じ経験をしているかのような想いを抱くようになる。すぐ気がつく通り、日本語の原文は情景の描写文としてばかりでなく、誰かが心の中の想いを述べた文としても受け取れる。想いを述べているのは誰か。当然、何よりもまず主人公であろう。しかし、それはごく自然に、主人公と同じ経験をし、同じ想いを抱いている読者という方向へずれて行く。そうなれば、語り手も自らの語る状況の一部になっているのである。見る、そして語る〈主体〉と見られる、そして語られる〈客体〉という対立は、そこには存在しない。〈主客合体〉の状況がことばを通じて演出されるわけであり、そのような状況の演出に関しては、日本語において主語——右で論じてきた例について言えば、行為の主体に相当するもの——を義務的に明示しなくてよいということが深く関わっているということが十分読みとれよう (Ikegami 2007)。

23 〈主客合体〉の美学

難しく言えば〈主客合体〉と呼べるようなこの種の効果を伴なう日本語の表現は、その気にさえなればいくらでも見出せるはずであるし、そのうちのあるものはよい意味での意味の不確定さを創出し、詩的表現にしばしば見られるような美的効果を伴ないうるということも十分に想像できよう。もう一つだけ、そのような点を単純明快に示唆してくれる例を取り挙げてみよう。次の俳句の解釈をめぐっての議論である。

岩鼻や　ここにも独り　月の客

ごく普通にとれば、この句の趣旨は次のようになるであろう——見事な月明りの晩、それを心ゆくまで愛でたいという想いで場所を探していくうちに、ある岩鼻が目にとまった。喜んでそこへ行ってみたら、何ということか、そこには既に月を愛でる先客によって占められていた。すぐ分かる通り、この解釈では、この俳句の作者と「月の客」と呼ばれている人物とは、見る〈主体〉と見られる〈客体〉として明確な対立の関係に置かれている。これに対し、同席していた芭蕉がそうではない、ここで言う「月の客」とは句の作者自身と解するべきであると述べたというのである。芭蕉の解釈では、〈主体〉と〈客体〉が融合する。

そして、こちらの解釈の方が間違いなく、より興味深く刺戟的であると感じられよう。

24　体験的な臨場感覚への拘わり

ある状況を見たり、あるいはそれについて語るという場合、見たり語ったりする主体は自分の見たり語ったりする状況の外に自らを措定し、そこから言わば状況を観察する第三者としてその状況を読みとるという形の演出をすることもできるし、一方また、その状況の内に自らを措定し、状況に臨場する当事者としてその状況を読みとるという形での演出をすることもできる。私たちが何かを見るとか、何かについて語るといった営みについて、現在、ごく普通に抱いている構図というのは、間違いなく前者のタイプであろう。そのような構図として受けとるという傾向は、観察の対象を観察者とは厳密に対峙させるべしという古典的な科学思想の要請にも影響されているのかも知れない。しかし、私たちが何かを見たり、何かについて語ったりするという営みのもっとも本来の、〈元型〉的な姿といえば、疑いもなく、後者のタイプ、つまり、私たち自身が当事者として臨場し、直接〈いま〉、〈ここ〉で身をもって体験しているという構図のものであろう。そして多分、そのような身体を介しての直接性ということが、この後者のタイプの見てとり方、読みとり方を私たちにとって、より印象深いものと感じさせるのであろう。日本語の話し手は元型的な体験の構図への拘わりを（西欧的な言語の話し手と較べて）かなり多く保持しているように思える。
日本語のテクスト、あるいは談話における〈人称〉や〈時制〉の特徴的な用いられ方として時折指摘されるある種の現象も、日本語の話し手にある直接体験的な受けとり方への志向性の反映であるに違いない。〈人称〉に関して言うと、例えば次のような指摘（石綿・高田・一九九〇）がある。

人称を明示するヨーロッパ語と必ずしも明示しない日本語の間では、「翻訳」にあたって必ずしもパラレルに移されないことがある。この場合、三人称は二人称か一人称に、置きかえる傾向がある。例をあげてみる。

……四月の闇に囲まれたこの明るい安全な部屋で、何でも言えるようにうちとけたなと思った瞬間に、アンジェラの冷たい細い声がピートをいらいらさせた。まるでおれは馬鹿みたいだなと思った。（アップダイク『カップルズ』宮本陽吉訳）

傍線部分の原文は
He felt like a fool.
である。原文では三人称であるのを、日本語では一人称に置き換えている。このほうが日本語としてわかりやすいのであろう。

ヨーロッパの言語から日本語への翻訳を調べれば、この種の具体例は(少なくとも巧みな翻訳者の手になるものならば)数多く見出せるはずである。臨場者、体験者としての語りの方が日本語の話し手の感覚に合うところがあるのである。

〈時制〉に関してのよくある指摘は、日本語の語りにおいては、過去の出来事を語っていながら〈現在時制〉に相当する形が頻繁に出てくるということである。一見それと同じような現象は、ヨーロッパの言語のテクストでも〈歴史的現在〉と呼ばれる用法として存在している。しかし、日本語の語りのテクストにおける〈現在時制〉の混用は、〈歴史的現在〉では到底律し得ない程の頻度で出てくる。(後者については、例えば、〈歴史的現在〉の使用頻度は多くても使用定動詞の三〇パーセント程度が普通である、過去形と現在形が目まぐるしく交替することはない、同一文の主節と従属節の間で、あるいは、同一主語の二つ、あるいは、それ以上の述語動詞の間では、交替が起こることはない、などといったことが知られている。日本語の語りのテクストにおける現在形の使用に関しては、このどれもが妥当しない。池上・一九八六を参照)。

具体例は挙げるまでもないかも知れないが、例えば左のテクストでは、現在形の使用は定動詞全体の六〇パーセントを越えている。

かくして、キリギリスはアリの巣の客となった。その冬はアリたちにとっても楽しいものとなった。ジュークボックスがそなえつけられたようなものなのだ。曲目さえ注文すれば、なんでもバイオリンでひいてくれる。

このキリギリス、芸術家だけあって、頭のひらめきもある。アリの巣の貯蔵庫を見て回っているうちに、奥の古い食料が発酵し酒となっているのを発見した。アリたちに言う。

「あんたがた、これをほっぽっとくことはないぜ。飲んでみな。」

アリたち、おそるおそるなめ、いい気持となり、酒の味をおぼえる。酒と歌とくれば、踊りだって自然と身につく。どうくらべてみても、勤労よりこのほうがはるかに面白い。この冬ごもりの期間中に、このアリ一族の伝統精神は完全に崩壊した。

（星新一『未来いそっぷ』新潮社）

読んでいて時制の頻繁な交替は気にならないし、殆ど意識さえされないかも知れない。体験的な語り口というのは、日本語の話し手にとってごく自然に親近感の抱けるものなのであろう。小説などでの同じような語り口が西欧では〈体験話法〉(erlebte Rede) というレトリックとしての扱い方を受けているのも示唆的である。（この点についての現代的な視点からの論考として、Stein and Wright, eds. 1995 は興味深い。）

25 〈環境論的な自己〉へ

出来事が進行する現場に身を置いて、自らの眼に写ったまま、自らの体験のままに語りがなされる場合、語る主体自身は語るべき状況を知覚し認知する原点として働き、語りの中に語られる対象として自らを登場させる必要はない。語り口を通じて、語る主体の臨場性が暗示されるだけである。

これがさらに一歩進むと、語る主体が自らの眼に写り、心に留まるままを淡々と語っている——そういう営みを介しつつ、逆に、主体自身の私的で、内面的な状況を語らせるということも可能になる。(認知心理学で言う〈環境論的自己〉(ecological self : Neisser 1998) の概念を想起するとよい。例えば、眼前の壁が自分の方へ迫ってくる——'The wall approaches me' ——という経験は、自分が壁に向かって近づきつつあることを教えてくれる。生物体は環境に認められる変化を介しても、自らの状態を知ることができるのである。)

左に挙げるのは英語の詩であるが、前半の部分で、そのような状況が単純明快に演出されている。

Four ducks on a pond,
A grass-bank beyond,
A blue sky of spring,
White clouds on the wing;
What a little thing
To remember for years—
To remember for tears!

—W. Allingham

池に浮く四羽の鴨、その向こうの草の生えた堤、青い春の空、空を行く白い雲——一見、詩人の眼に写った情景が淡々と語られているだけのことと受けとれようが、その背後には言語化されない語る主体としての詩人の視線が身近にいる池の鴨から遥か遠く高く浮かぶ空の雲へと移動させられて行くのが感じとれる。語る主体の眼に写ったものが語られることを介して、語る主体の状態が語られているわけである。

　このAllinghamの作品はかつて英語の教科書にかなりよく採られたようであるが、何か日本人の心性と共鳴するところがあると感じられるのではないであろうか。日本人的な心性と言えば、多分もう一歩進んで、挙げられている四つのイメージは、詩人の私的な自己が今ある状態に対する指標としての読みとり方がなされるであろう。後半の三行はなくてもがな、といった気持が微かにでもするとすれば、既にそういう読みとり方を実行してしまっているからであろう。降る雨に我が身が嘆き悲しんで流す涙を読みとる〈見立て〉、萎れた花に我が身の心労という意味合いを託する〈付託〉など、日本の伝統的な表現技巧も、これまでの一連の議論の延長上に位置づけて考えられるはずである。(Ikegami 1996 参照。)

26 〈場所〉としての自己

〈環境論的自己〉という概念を成り立たせている視点も、〈主体〉と〈客体〉の対立を超越する契機を与えてくれる。何よりもまず、自己は環境の中に埋め込まれた存在として捉えられる。環境の中で自らが動く時、環境において起こっていると認識される変化は、他ならぬ我が身に起こっている変化の指標である。環境の中で我が身と全く無関係に起こっている変化があっても、それは我が身にとっては無意味でしかあり得ない。〈環境〉という概念自体がそこに埋め込まれている自己への関与ということを含意している通り、環境で起こっていることは、とりも直さず、自己において起こっていることでもある。

一歩進めば、出来事は環境においてではなく、自己において起こっているのであると言うことも出来よう。出来事が起こるのは環境の中でであると諒解していたのが、実はそうではなくて、自己において起こっていると捉えることも出来るのである。出来事が出来《しゅったい》するのは環境という場所ではなくて、自己という場所においてではないかということである。このような捉え方は、自己と環境とを対立するものとして措定し、自己が環境に対して働きかけ、自らの意に叶うように変えて行くという図式とは鮮明に対立する。後者では自己は何かを〈する〉主体である。前者では、自己は何かが出来する——つまり、そこで何かが〈なる〉——場所である。

もう二十数年も前のこと、ドイツの言語学者P・ハルトマン（Hartmann）の著した『日本語の言語構造の基本的特徴』と題された論考（Hartmann 1954）を読んだことがあった。その折、大変興味をそそられた一節があった。左のように述べているところである。

〈日本語においては〉人間は、自らの生存を決定するような環境との接触において自立的な存在と見做されるのではなくて……むしろ、さまざまな過程によって〈影響を蒙る対象〉と見做される。……さまざまな過程が（それとの関連で）生じるものというのは、極めて広義での場所（Ort）であると見做すことができる。印欧語における作用する動作主主語に対応するのは、日本語の場合、ある過程の属する領域（Bereich）という概念である。

つまり、印欧語での〈動作主〉（〈行為の主体〉）としての人間というイメージに対応するのは、（そこで何かが出来する）〈場所〉としての人間のイメージであるということである。

一九八二年の夏学期にミュンヘン大学で客員教授を勤めていた折、たまたま招かれてコンスタンツ大学で講演をする機会があり、そこで初めてハルトマン教授にお目にかかることができた。そこで、〈場所としての人間〉というような考え方はどこから得られたのか尋ねてみたのであるが、残念ながら、誰か日本人の書いたものから得たような気がするという答え以上は引き出せなかった。（因みに、この著書はハルトマン教授の若い頃の博士論文であったものである。）もう少し詳しく聞いてみたいという気持は残ったままであったが、その五年後、別の機会に再び講演でコンスタンツ大学を訪れることができた折には、ハルトマン教授は既に他界されていた。前回と偶然同じ、美しいボーデン湖の見下せる教室での講演であったが、五年前ハルトマン教授の坐っていた席が空いたままになっていたのが記憶に残っている。

27　言語表現での人間の〈場所化〉

〈場所としての人間〉という概念自体、言語学的には特に奇異なものではない。日本語の場合、尊敬度の高い敬語表現では行為の主体としての人間であっても、場所化して表現すること（例えば、「天皇陛下ニオカセラレマシテハ、自ラ杉ノ苗ヲオ植エニナリマシタ」（三四二頁参照）など）は珍しくない（池上・一九八一）。敬意を表すべき人物に対しては、直接的な指し方を避けるというごく普遍的な心理に基づいてのことである。ヨーロッパの言語だけでなく、その他の多くの言語でも、能動態の表現で行為の主体を指す主語が受動態になるとしばしば空間関係を表わす前置詞を伴なって、表面的には場所表示の副詞句のような形をとる（cf. 'John struck me.' — 'I was struck by John'）ことがある。受動態では、行為の主体は文の意味の焦点から外されてしまうからである。〈所有〉関係を表現する場合、世界の言語が一方では〈所有者〉である人間を主語にしてHAVE系統の動詞を使って表現するもの（例えば、英語の'I have two children'）、他方では〈所有者〉である人間を所有物の存在する場所のように扱ってBE系統の動詞を使って表現するもの（例えば、日本語の「私ニ(ハ)子供ガ二人イル」）というふうに分かれるということもよく知られている通りである（池上・一九八一）。

28 〈コト〉と関わる〈トコロ〉

右で取り挙げた行為文や所有文の場合だと、〈行為者〉あるいは〈所有者〉である人間は、それぞれ行為の対象や所有物という〈モノ〉レベルの項との関連で〈場所化〉されている。これに対して、〈コト〉レベルの項との関連での〈場所化〉ということもあり、実はこのレベルでの〈場所化〉の方が本章の議論との関与性が大きいのである。

本章の初めの方で、〈主語〉と類型的に対立する概念として〈話題〉(topic)という概念に言及し、日本語は〈話題優越型の言語〉(topic-prominent language)という言語類型の方に属するということに触れた。ところで、この〈話題〉の概念は、基本的には〈場所〉の概念をメタファー的に拡張したものに他ならないということなのである。

すぐ気のつくことであるが、次の二つの文は構造的には明らかに平行している。

東京ハ人ガ多イ。
象ハ鼻ガ長イ。

二つの文で「東京」と「象」はそれぞれ「ハ」という日本語で典型的に〈話題〉表示の助詞を伴なっている。ところで、東京は文字通り〈場所〉である。そしてこの文が言っているのは、東京という〈場所〉においては、〈人が多い〉という〈コト〉が成り立つということである。「東京ニオイテハ」と言い替えることも出来よう。一方、象は〈場所〉とは言えない。しかし、比喩的に象という領域においては、〈鼻が長い〉という〈コト〉が成り立つということを述べている文と解釈することが出来る。必要ならば、「象ニオイテハ」と言い替えることも可能である。つまり、この場合の象は〈場所〉の概念の比喩的拡張であると捉えることができるわけである。「場所」という用語が抵抗があるなら、「場」とでも言えばよいであろう。〈話題〉とは、〈コト〉が成り立つ〈場(所)〉なのである。('topic'という語も、もともとギリシャ語で〈場所〉を意味する'topos'という語に由来しているのも興味深い。)

このようなことを念頭に置いて、先程取り挙げた「天皇陛下ニオカセラレマシテハ、自ラ杉ノ苗ヲオ植エニナリマシタ」という表現をもう一度見直してみると興味深い。本来、天皇の植樹という〈行為〉を言っているはずの表現なのであるが、この形では、天皇が〈場所化〉され、その場所で植樹という事態が出来した(「ナル」という語に注意)という捉え方をしているわけである。

29 〈身体性〉との関わり

日本語の文の構造が〈話題優越型の言語〉としての特徴を著しく有していること、文の〈話題〉に相当する部分は既出ないし、既知の情報を担い、従って、分かりきったこととして明示的に表現される必要はないこと、そして、話し手にとっては〈話す主体〉としての自分がもっとも分かりきっていると捉えられるはずのことである——このように諒解してよいとすると、現実のコミュニケーションの場面における〈一人称〉表現の省略こそ、日本語の話し手のパフォーマンスを特徴づけているように思われるさまざまな〈省略〉のいわば元型であると考えることができよう。そのような振舞い方には、十分な認知的な基盤があるわけであり、その意味で身体性と密着した自然さとでも言いうるものすらを認めることができよう。別の視点から言えば、言語が人間の身体性から離れて行き、〈制度〉として他者化してしまうという過程――この過程自体も、人間のコミュニケーションの進化という観点から考察されるに値する興味深い問題であるが――そのような過程にあって、日本語という言語は身体性という原点からまだ比較的近いところにとどまっている、そして、その原点的な特徴の痕跡をまだ比較的多くとどめている、ということかも知れない。一九三〇年代にドイツから日本に招かれ、数年間大学、旧制高校で教鞭をとったK・ジンガーは、後になって著した著書『鏡と剣と玉――日本的特徴の研究』(Singer 1973) の中で、彼自身が日本文化から得た特徴的な印象の一つを'ursprünglich'(ジンガー的自身のパラフレイズだと"near to the origin")という語で表わしている (Ikegami 二〇〇二b) が、このような印象に寄与したものの中には、多分右で述べたような意味での〈原点への近さ〉という感覚もあったのではないかと思われる。

30 〈場所化〉と〈自発〉――そして〈創発〉

行為する主体としての人間を〈動作主〉(agent) としてではなく捉えるとするならば、認知的に考えられうる可能性としてどのようなものがあるであろうか。〈媒体〉(medium) として捉えるというのは、珍しくない一つの場合であろう。例えば、ある種のパフォーマンスをしている踊り手を見ている時、踊り手自身が自らの意志と力の統御のもとに、つまり、〈動作主〉として――振舞っているというより、むしろ何かが踊り手に乗り移って踊り手を動かしているかのような印象を受けることがある。そして、また、踊り手自身も自らのパフォーマンスをそのように語ることもある。人の力を越える何か大きな存在が踊り子を自らの〈媒体〉として、自らの意図を顕現しているというわけである。〈媒体〉としての行為主体という捉え方であれば、かなりな程度に普遍的な過程として起こりうるように思えよう。

もう一歩進んで、踊り手を〈場所〉と捉えるというのはどうであろうか。そこには、踊り手というパフォーマンスを作り出す主体としての踊り手も、その踊り手を自らの身体の一部の如く操る超越的な主体も存在しない。踊り手という場において、踊りという出来事が文字通り出来する――あるいは、実が生《な》るように、成る――というだけである。

第二部で〈モノ〉と〈トコロ〉の概念の反転を言語レベルで考察したが、そこでも見た通り、〈モノ〉(その典型は〈ヒト〉) から〈トコロ〉への認知的転換自体は、決して稀にしか起こらないというようなことではない。しかし、そのような転換が同時にまた別な認知的転換を伴なって起こるということであれば、起こりうる範囲はさらに限定されることになろう。つまり、いま問題にしている場合で言えば、〈行為〉が自然発生する——言い替えれば、〈主体なき行為〉が成る——という認識を伴なわなくてはならないわけである。

西欧的な立場からすれば、〈主体なき行為〉というのは矛盾した概念でしかあり得ない。R・ベネディクト（Benedict）はその日本文化論『菊と刀』（Benedict 1946）の中で〈無我〉（egolessness）の境地について「『私ガソレヲシテイル』（'I am doing it'）という意識のなくなった状態」であり、そのような境地に達した時、「行為者は自分の心の中で描いた様子をそのまま完璧な形で再現できる」と説明している。しかし、一九三〇年代にドイツから招かれて日本の大学で哲学の教鞭をとり、そのかたわら、禅を知るために弓道の修練に励んだE・ヘリゲル（Herrigel）にとっては、そここそまさに拘わらざるを得ない点であった。後に著された興味ある著『弓道における禅』（Herrigel 1948）の中には、〈無我〉（ichlos, selbstvergessen）、〈無心〉（absichtlos）の境地について師匠と交わされた次のようなやりとりが記されている。

そこである日、私は師匠に尋ねた。
「もし矢を射るのが『私』でないというならば、一体どのようにして矢は放たれることができるのでしょうか。」

「『それ』が射るのです。」

「そのお答えならもう既に何度か承っています。だから改めて言葉を変えて質問させていただきますが、『私』というものがすぐそばに控えていてはいけないというのに、どうして私が無我の境地で矢の放たれるのを待つことができるのでしょうか。」

「『それ』が張りつめた状態で満を持しているのです。」

「でも、この『それ』とおっしゃるのは一体誰なのでしょうか。何なのでしょうか。」


師匠は、ここで、問題は〈理屈〉でなく〈体験〉であるとして議論を打ち切っている。ところでこの弓の師匠は、無我の境地で矢が放たれる状態を説明して二つの比喩をよく使っている。一つは、竹に積った雪がしなんだ枝から遂に落ちるさま、もう一つは、熟れた果実が枝から落ちるさま、である。どちらも意図されて（つまり、誰かが何かを〈する〉ことによって）起こるというようなことでなく、ただおのずから――しかし、明らかな必然性を孕んで――そのような事態に至る（つまり、〈なる〉）ということである。最近の複雑系理論の発想から言えば、〈創発〉(emergence) と呼ばれる種類の出来事に他ならないと考えることができるのも興味深い。伝統的な科学の発想からすると矛盾、不可解としか映らない〈主体なき行為〉といった概念も、身体性に密着したレベルの心身の働きの問題として、間違いなく近い将来、正当な位置づけが与えられることとなろう。（そのような方向への試みとして、Varela *et al.* 1993は興味深い。）

あとがき

本書に収録されているもののうち、第一部「日本語と日本語論」は、一九九一年四月から九二年三月まで雑誌『言語』（大修館書店）に連載した論考がもとになっている。今回、本書の中心部分とするに当たって大幅に加筆した。この段階でもう一点だけ、さらにつけ加えておいてよければ、〈悪魔の言語〉と日本語が称されたことには、もしかしたら、ある恐ろしい危険が伴なっていたのかも知れないということである。U・エーコの著作『完全言語の探究』（Eco 1993）の中には、〈悪魔的〉という評価がアメリカ大陸先住民の言語に対しても与えられたという事実への言及がある。彼らの言語には「太古の叡智を最後の痕跡までも失ってしまった民族の悪魔的な本性」が認められるだけというのである。そして、この悪魔的なるものは、改宗させることによって、正当に払拭されるべきものという論理へと発展させられると言う。もしそういうことであったのなら、〈悪魔の言語〉という呼び名は、無邪気な笑い草として済ませておけるようなものではなかったのかも知れない。

（講談社『現代思想の冒険者たち　第二九巻　エーコ』「月報」一九九三年三月刊掲載の筆者の「〈悪魔の言語〉としての日本語」参照。また、Ikegami（forthcoming b）を参照。）

第二部の「〈モノ〉と〈トコロ〉——その対立と反転」は、もと『東京大学国語研究室創立百周年記念・国語研究論集』（汲古書院・一九九八）に寄稿したもの、第三部の「日本語の主観性と主語の省略」は、ドイツ滞在中の一九九七年八月にブダペストでのヨーロッパ日本学研究集会の第八回大会の日本語部会で'Subjectivity, Ego-Orientation and Subject-Object Merger—A Cognitive Account of the Zero-Encoding of the Grammatical Subject in Japanese' という題で行なった講演（後に Ikegami 2007 として発行）が出発点で、翌年春に帰国後、その年の夏「第七回日本語を考えるためのCLC言語学集中講義」（CLC日本語学院主催）で「日本語らしさの中の主観性」という題での一連の講義で話したことの一部をも加味して今回書き下したものである。

収録された三部の叙述をつなぐものは何か、ということになれば、多分次のように考えて貰えばよいのではないかと思う。ある言語を全体として統合的に特徴づけると思われるもの——それを第一部で論じたように〈相同性〉という状況の確認を手がかりに進めて行くと、日本語の場合（そして多分、言語ばかりでなく、日本文化全般を通じて）繰り返し立ち現れてくるのは、輪郭の定かでない記号化（つまり、〈無界性〉(unboundedness) への指向性）ということであるように思える。このことは、〈モノ〉的な把握と並んで〈コト〉的な把握（とりわけ、それの〈変化〉の様相における〈ナル〉的なイメージ・スキーマでの把握）への傾斜が相対的に目立つということ（池上・一九八一『「する」と「なる」の言語学』参照）ばかりでなく、〈モノ〉的な把握に対する〈トコロ〉的な把握の相対的な目立ちにも反映されているのではないか（本書第二部参照）、そして、そのような〈無界性〉への指向性は、究極的には、積極的に他者に働きかけ、影響し、変化させるという〈動作主〉(agent) としての人間という主客対立的なスキーマよりも、受身的に他からの刺戟を感じとって内在化する〈感受者〉(sentient) ——あるいは、国語学でそれに近似的に対応する概念が意図されていると思われる〈有情者〉——としての人間というスキーマが言語化の過程で根強く働いているということと無関係ではないのではないか（本書第三部参照）、というのが本書の後半部の叙述にそれぞれ持たせたい含みであるとでも言えばよいかも知れない。ごく最近の認知言語学は別として、伝統的な言語学では取り挙げられることのない問題であったが、日本語という言語は少しつつくと、すぐ〈話す主体〉、〈身体性〉との関わりが顔を出す——これは、今後、認知言語学がさらに洗練された視点から言語の本質、進化を問う際に、大変興味深い問題を提起することになろう。これらの点をもっと詰めた形で議論するとなれば、かなり専門的な叙述にならざるを得ないし、本書に想定された域を越えることになる（Ikegami, ed. 1991, 池上・一九九九—二〇〇一、Ikegami forthcoming a など参照）。

もともと国語学専攻ではなかった筆者がこの方面への関心を持ち続けることのできたことに関しては、周囲の国語学、日本語学、日本語教育の専門の方々からの刺戟に負うところが大きい。特に、東京大学に在職中に、国語学（ないしは日本語学）特講ということで集中講義の機会を与えていただいた大野勝男（新潟大学）、尾上圭介（神戸大学）、佐竹昭広（京都大学）、宮島達夫（大阪大学）〔所属はいずれも当時の在職校〕といった方々には、この機会に改めて御礼申し上げたい。同じ勤務先であった古田東朔氏とは一年間の共同授業、在職の最後の三年間は、この間に東大文学部に移った尾上氏に言われて国語学特講を担当するということもあった。また、一九九七年春からの一年は、ベルリン自由大学（Freie Universität Berlin）の日本学科で客員教授を勤める機会があり、外から見た日本語と取り組む学生たちと接することが出来たのも幸せであった。それから、間もなくこの九月には、上海の同済大学日本語科で集中講義をする予定である。

本書をまとめるに際してのきっかけは、講談社学術文庫の中村武史氏からのお申し出であった。しかし、以前の雑誌連載をもとにしての第一部にどのようなものをさらにつけ加えるかということで迷いに迷い、予想以上の時間がかかってしまった。この間、中村氏は社内の他の部署に移られたが、本書のことについては最後まで気を遣っていただき、印刷へ廻される段階では、同じ学術文庫出版部の稲吉稔氏に引き継いで貰えることとなった。『「日本語論」への招待』という本書の題名は稲吉氏に負うものである。お二人の御尽力に心から御礼申し上げる。

二〇〇〇年七月

池上嘉彦

参照文献

Allan, K. (1980) 'Nouns and Countability', *Language* 56.

Allen, R. A. and C. A. Hill (1979) 'Contrast between ∅ and *THE* in Spatial and Temporal Predication —Unmarked Representation of Coding Locus as Reference Point', *Lingua* 48.

綾部恒雄編（一九八四）『文化人類学一五の理論』中央公論社。

Bally, C. (1920) 'Impressionnisme et grammaire', *Mélanges d'histoire littéraire et de philologique offerts à M. Bernard Bouvier*, Généve.

Barthes, R. (1970) *L'Empire des signes*, Genève.

Benedict, R. (1934) *Patterns of Culture*, Boston.

————(1946) *The Chrysanthemum and the Sword*, Boston.

ベルク (Berque), A.（一九八五〔一九八二〕）『空間の日本文化』筑摩書房。

Boas, F. (1911) *Handbook of American Indian Languages*, Washington, D. C.

Botero, J. (1611〔1591〕) *Allgemeine historische Weltbeschreibung*, München.

Chamberlain, B. H. (1939〔1890〕) *Things Japanese*, 6th edition, London.

Christophersen, P. and A. O. Sandved (1969) An Advanced English Grammar, London.

Comrie, B. (1981) *Language Universals and Linguistic Typology*, Chicago.

Conner, U. and R. B. Kaplan, eds. (1987) *Writing across Languages : Analysis of L2 Text*, Reading, MA.

Coseriu, E. (1980) 'Der Sinn der Sprachtypologie', *Travaux du Cercle Linguistique de Copenhague* 20.

Dale, P. N. (1986) *The Myth of Japanese Uniqueness*, New York.

Dirven, R. and J. R. Taylor (1988) 'The Conceptualisation of Vertical Space in English : The Case of *Tall*' in Rudzka-Ostyn, ed. (1988).

Dixon, R. M. W. (1991) *A New English Grammar, on Semantic Principles*, Oxford.

土居健郎（一九七一）『甘えの構造』弘文堂。

DuBois, J. W. (1985) 'Competing Motivations', in Haiman, ed. (1985).

Eco, U. (1995 〔1993〕) *The Search for the Perfect Language*, London.

Fillmore, C. (1986) 'Pragmatically Controlled Zero Anaphora', *BLS* 12.

復本一郎（一九八八）『芭蕉古池伝説』大修館書店。

Geiger, R. and B. Rudzka-Ostyn, eds. (1993) *Conceptualization and Mental Processing in Language*, Berlin.

Gipper, H. (1972) *Gibt es ein sprachliches Relativitätsprinzip ?* Frankfurt a. M.

Givón, T. (1984, 1991) *Syntax : A Functional-Typological Introduction*, 2 vols., Amsterdam.

Gleason, H. A. (1961) *Introduction to Descriptive Linguistics*, New York.

———(1965) *Linguistics and English Grammar*, New York.

Greenberg, J. (1974) *Language Typology : A Historical and Analytic Overview*, *The Hague*.

Greimas, A. J. (1966) *Sémantique structurale*, Paris.

———and J. Courtés (1979) *Sémiotique : Dictionnaire raisonné de la théorie du langage*, Paris.

Guiraud, P. (1971) *Sémiologie*, Paris.
Haiman, J., ed. (1985) *Iconicity in Syntax*, Amsterdam.
Hartmann, P. (1954) *Einige Grundzüge der japanischen Sprache*, Heidelberg.
服部四郎（一九六八）『英語基礎語彙の研究』三省堂。
Hawkins, J. A., ed. (1988) *Explaining Language Universals*, Oxford.
Herrigel, E. (1948) *Zen in der Kunst des Bogenschiessen*, München.
Hewson, J. (1972) *Article and Noun in English*, The Hague.
Herskovitz, A. (1988) 'Spatial Expressions and the Plasticity of Meaning', in Rudzka-Ostyn, ed. (1988).
Hinds, J. (1987) 'Reader versus Writer Responsibity : A New Typology', in Conner and Kaplan, eds. (1987).
Hirtle, W. A. (1982) *Number and Inner Space : A Study of Grammatical Number in English*, Quebéc.
Hopper, P. and S. Thompson (1980) 'Transitivity in Language and Discourse', *Language* 56.
Ikegami, Y. (1973) 'A Set of Basic Patterns for the Semantic Structure of the Verb', *Linguistics* 117.
池上嘉彦（一九八一）『「する」と「なる」の言語学——言語と文化のタイポロジーへの試論』大修館書店。
———（一九八二）「表現構造の比較——〈スル〉的な言語と〈ナル〉的な言語」國廣哲彌編『日英語比較講座　第四巻　発想と表現』大修館書店。
———（一九八六）「日本語の語りのテクストにおける時制の転換について」『記号学研究』6。
———（一九九三a）「〈有情の被動者〉としての人間の文法」*Sophia Linguistica* 33。
———（一九九三b）「〈移動〉のスキーマと〈行為〉のスキーマ——日本語の『ヲ格＋移動動詞』構造の類

型論的考察」『東京大学教養学部外国語科紀要』43。
Ikegami, Y. (1993c) 'What does It Mean for a Language to Have No Singular-Plural Distinction? Noun-Verb Homology and Its Typological Implication', in Geiger and Rudzka-Ostyn, eds. (1993).
池上嘉彦（一九九四 a）「英語の特殊さと可能性」『英語英文学への讃歌――広岡英雄先生喜寿記念論文集』。
Ikegami, Y. (1994b) 'The Agent and the Sentient: A Dissymmetry in Linguistic and Cultural Encoding', in Nöth, ed. (1994).
———(1996) 'Some Traditional Japanese Visual Tropes and their Perceptual and Cognitive Bases', *Poetica* 46.
———(1999) 'The Path and the Goal. On the Function of the NP Marked by the Postposition *o* Complementing the Verb of Motion and of Action in Japanese', in Nitta *et al*., eds. (1999).
池上嘉彦（一九九九）「日本語らしさの中の〈主観性〉」『言語』一月号。
———（一九九九～二〇〇一）「'Bounded' vs. 'Unbounded' と 'Cross-category Harmony' (1)～(24)」『英語青年』一九九九年四月号～二〇〇一年三月号。
———,ed. (1991) *The Empire of Signs—Semiotic Essays on Japanese Culture*, Amsterdam.
Imai, M. and D. Gentner (1993) 'Linguistic Relativity vs. Universal Ontology: Cross-linguistic Studies of the Object / Substance Distinction', *CLS* 29.
石綿敏雄・高田誠（一九九〇）『対照言語学』桜楓社。
泉井久之助（一九七八）『印欧語における数の現象』大修館書店。
Jarvella, R. J. and W. Klein, eds. (1982) *Speech, Place, and Actions*, New York.
Jespersen, O. (1914) *Modern English Grammar*, Vol. 2, Copenhagen.

亀山健吉（一九八四）「フンボルトの日本語研究」、フンボルト『言語と精神』冨山房、に収録。
Kapitza, P., ed. (1990) Japan in Europa—Texte und Bilddokumente zur europäischen Japankenntnis von Marco Polo bis Wilhelm von Humboldt, München.
河合隼雄（一九八二）『中空構造—日本の深層』中央公論社。
川本茂雄編（一九七七）『ことば』大修館書店。
Lakoff, G. (1987) *Women, Fire, and Dangerous Things : What Categories Reveal about the Mind*, Chicago.
Landresse, M. C. (1990 〔1826〕) *Supplément à la grammaire japonaise, du P. Rodriguez*, in Kapitza, ed. (1990).
Langacker, R. (1987) *Foundations of Cognitive Grammar*, vol. 1, Stanford.
———(1990) 'Subjectification', *Cognitive Linguistics* 1.
———(1991) *Concept, Image, and Symbol*, Berlin.
李御寧（一九八二）『「縮み」志向の日本人』学生社。
———（一九八九）『ふろしき文化のポスト・モダン』中央公論社。
Lévi-Strauss, C. (1952) 'Linguistics and Anthropology', Supplement to *IJAL* 19.
———(1962) *La pensée sauvage*, Paris.
Lo Castro, V. (1987) '*Aizuchi* : A Japanese Conversational Routine', in Smith, ed. (1987).
Lyons, J. (1977) *Semantics*, 2 vols., Cambridge.
———(1982) 'Deixis and Subjectivity : *Loquor, ergo sum ?*' in Jarvella and Klein, eds. (1982).
Malotki, E. (1983) *Hopi Time : A Linguistic Analysis of the Temporary Categories in the Hopi Language*, The Hague.

Mathesius, V. (1928) 'On Linguistic Characterology with Illustrations from Modern English', *Actes du Premier Congrès International des Linguistes*, The Hague.
水谷宗行（一九八八）「コト（事象）からヒト・モノの知覚へ」岡本編（一九八八）に収録。
Mufwene, S. S. (1984) 'The Count / Mass Distinction and the English Lexicon', *CLS : Papers in Parasession on Lexical Semantics*.
Naotsuka, R. *et al*. (1981) *Mutual Understanding of Different Cultures*, 大修館書店.
Neisser, U. (1988) 'Five Kinds of Self-Knowledge', *Philosophical Psychology* 1.
Nitta, H. *et al*., eds. (1999) *Kontrastive Studien zur Beschreibung des Japanischen und des Deutschen*, München.
Nöth, W., ed. (1994) *Origins of Semiosis : Sign Evolution in Nature and Culture*, Berlin.
野元菊雄（一九七八）『日本人と日本語』筑摩書房。
大橋保男ほか（一九九三）『フランス語とはどういう言語か』駿河台出版社。
岡本夏木編（一九八八）『認識とことばの発達心理学』ミネルヴァ書房。
朴俊熙（一九八六）『「拡大志向」の日本人』東信堂。
岡田晋（一九七二）『日本人のイメージ構造』中央公論社。
Pelletier, F. J. (1979) 'Noun-Singular Reference : Some Preliminaries' in Pelletier, ed. (1979).
———, ed. (1979) *Mass Terms : Some Philosophical Problems*, Dordrecht.
ピーターセン、M・（一九九〇）『続・日本人の英語』岩波書店。
Propp, V. (1928) *Morfologija Skazki*, Leningrad.
Quirk, R. *et al*. (1985) *A Comprehensive Grammar of the English Language*, London.
Reid, W. (1991) *Verb and Noun Number in English*, London.

Rodrigues, J. (1604-8) *Arte da Lingoa de Iapan*, Nagasaki.

Rossi-Landi, F. (1983 〔1967〕) *Language as Work and Trade*, South Hadley, MS.

Rudzka-Ostyn, B., ed. (1988) *Topics in Cognitive Grammar*, Amsterdam.

Sapir, E. (1921) *Language*, New York.

———(1947) 'The Relation of American Indian Linguistics to General Linguistics', *Southwestern Journal of Anthropology* 3.

Sato, H. (1983) *One Hundred Frogs*, New York.

Schieffelin, B. B. *et al*. (1998) *Language Ideologies : Practice and Theory*, Cambridge.

清水純子（一九八六）「日本語名詞の意味特徴・場所の一面」『東京立正女子短期大学紀要』14。

Singer, K. (1973) *Mirror, Sword and Jewel : A Study of Japanese Characteristics*, London.

Skalička, V. (1979) *Typologische Studien*, Braunschweig.

Smith, L., ed. (1987) *Discourse across Cultures—Strategies in World Englishes*, New York.

Steinmetz, A. (1859) *Japan and Her People*, London.

Svorou, S. (1986) 'On the Evolutionary Path of Locative Expressions', *BLS* 12.

———(1994) *The Grammar of Space*, Amsterdam.

多田道太郎（一九七七）「日本語の作法」『潮』一一月号。

Titzmann, M. (1977) *Strukturale Textanalyse*, München.

外村直彦（一九九五）『添う文化と突く文化——日本の造形様式』淡交社。

Tuan, Yi-Fu (1992 〔1974〕)『トポフィリィア——人間と環境』せりか書房。

van der Auwera, J. ed. (1980) *The Semantics of Determiners*, London.

Varela, F. J. *et al*. (1993) *The Embodied Mind : Cognitive Science and Human Experience*, Cambridge,

MS.
Vater, H. (1980) 'Quantifier Floating in German', in van der Auwera. ed. (1980).
von Uexküll, J. (1970 〔1934〕) Streifzüge durch die Umwelten von Tieren und Menschen, Frankfurt a.M.
渡辺吉鎔（一九八一）『朝鮮語のすすめ』講談社。
Whorf, B. L. (1956) *Language, Thought, and Reality*, Cambridge, MS.
Wierzbicka, A. (1985) 'Oats and Wheat : The Fallacy of Arbitrariness', in Haiman, ed. (1985).
山折哲雄（一九九五）「日本の神」、山折編（一九九五）に収録。
——編（一九九五）『日本の神一・神の始源』平凡社。

文庫版あとがき

〈母語〉の世界にどっぷり漬かっている限り、話者は自らの母語らしさといったことを意識することはない。一般には〈~語らしい〉という感覚は、どの言語の話者にとっても、自らの母語以外の言語との接触の機会を通じて(接触の程度、接触する言語と自らの母語の間の異同の程度、などに応じて)さまざまな種類と程度の揺らぎを含みながら身についてくる。そこには、一方では、かつてフンボルトやサピアの言った言語の〈精髄〉(genius)といった類の哲学的な考察や、たとえばコセリウの言うように一定の構造的特徴の共在という視点から特定言語(ないし、言語群)を規定するといった極めて狭義の言語学的な試み、他方では、一般のごく素朴な人たちが話者として自らの言語(あるいは、他者の言語)に対して抱く〈神話的(ないし、イデオロギー的)〉な思い込み('language myths' (Bauer and Trudgill eds.: 1998, Harris: 2002), 'language ideologies' (Schieffelin *et al.*: 1998))に至るまで、含まれるものはおよそさまざまである。

日本語を母語とする話者として考察の対象としてみたいのは、このような意味での〈日本語らしさ〉という特徴、とりわけ、その一見多種多様と思える具体的な現れ方の背後に、それらを統括していると想定できるような基底的なものがあるのではないか、それを追究し確認することはできないかということである。すぐ気がつくことは、このような意味での〈日本語らしさ〉というものは、日本語という〈ことば〉そのもの（つまり、その構造的な特徴）に求めても得られるようなものではなく、注目すべきは〈日本語〉という〈ことば〉を使う〈ひと〉（つまり、日本語話者の特徴的な認知スタンス）の方であるということである。そして、この点で、現代の認知言語学の枠組みが適切なアプローチを示唆してくれるということも明らかであろう。（実際問題として、言語へのこのようなアプローチは、伝統的な言語学ならば言語学の範囲外として排除されるか、せいぜいその周縁に位置するに過ぎないと受けとめられた類のものである。）

認知言語学では、言語の〈話者〉は単なる〈発話の主体〉(speaking subject, sujet parlant)という資格の存在としてだけではなく、〈発話〉に先立って自らが言語化しようとする事態について〈事態把握〉(construal)と呼ばれる認知的な営みを主体的に行う〈認知の主体〉(cognizing subject)という側面をも有する存在であるという点に特別に注目する。どの言語の話者であれ、話者は〈認知の主体〉として同一の〈事態〉であっても、それをいくつかの違った仕方で〈把握〉し、違った〈事態把握〉の仕方に応じて違った仕方で言語化する能力を有している（Langacker 1991：61：例えば、「お皿を割ってしまいました」と「お皿が割れてしまいました」）。ただし、ある〈事態〉についていくつかの違った〈把握〉の仕方があるとしても、どの選択肢が選ばれるかという点に関しては、話者の使う言語が違うと好みも違ってくるということがある（例えば、日本語話者なら「彼は戦争で死んだ」とふつう自動詞による言語化をするのに対し、英語話者なら“He was killed in the war.”と受動態の他動詞で言語化するのが普通である）。〈言語的相対論〉で知られるウォーフ（Whorf 1956［1939］：158, 159）が〈好まれる言い回し〉（fashions of speaking）と呼んでいるのも、そのような意味合いの表現、ないし、表現の仕方、を意図していたと推定できる。このような〈好まれる言い回し〉について、ウォーフは、それらは特定の文法項目だけとの関連で認められるようなものではなく、むしろ文法のさまざまな分野を横断して認められるものであり、究極的には〈言語〉と〈文化〉を統合するような形で——つまり、〈言語〉を媒体とする表象活動に認められる特徴的な傾向が、同じ文化の中の他の種類の表象活動（例えば〈絵画〉：cf. 時枝 一九四一）にも〈相同的〉（homological：cf. 池上（一九九二［一九八一］、二〇〇二）に認められるといったふうに——確認できるはずと論じ、究極的には〈ことば〉の背後の〈こころ〉の（mental）働きにまで思いを致さなくてはならない（Whorf 1956［1941］：239）と述べている。

現時点での筆者の関心は、ほぼ上述のような理論的枠組みを踏まえて、〈日本語らしさ〉

という感覚の支えとなっていると想定されるさまざまな〈日本語話者好み〉の表現を取り上げ、検討し、それらの背後にある〈こころ〉の働きとして、認知言語学で〈主観的把握〉(subjective construal) と呼ばれる話者の認知的な営み——ただし、Langacker による英語を念頭に置いての規定 (Langacker 1985, 1990, 1991, 1998, 1999) ではなく、日本語話者の感覚に基づいて組み直した形のもの（初期的なものとして、池上二〇〇〇、二〇〇三、二〇〇四、Ikegami 2005) ——に注目し、さらには、それから派生すると解釈できるもっと広い範囲にわたる特徴（形容詞の意味の内面的解釈への志向性、指示詞の用法における〈ここ〉への強い拘り、擬似関係節のような〈コト〉的表現への志向性、時制の処理における著しい〈いま〉への拘り、行為動詞の未完了的解釈への志向性、言語類型論的にもかなり特徴的ということで知られる移動方向動詞（「イク」、「クル」）、授受動詞（「アゲル」、「モラウ」、など）の補助動詞的用法、など）にも及んで考察したい。その過程では、例えば日本語について言われる〈主語の省略〉は本質的には〈主観性〉に関わる問題であること、あるいは、その延長としては、〈主客合一〉と称えられる哲学的なスタンス、極小的な表現でありながら〈文学性〉が獲得されるという〈俳句〉のパラドックス、といった問題も関連する現象として位置づけられることになろう。

言語研究といっても、この種のアプローチで意図されているのは、抽象的なレベルでの記号操作を通じて辻褄を合わせるという形で〈説明する〉(account for) というやり方ではない。具体的な言語データの背後にある（メタ言語的なレベルの）〈意味〉を解釈する、あるいは、時には素朴な、〈民俗言語学〉(folk linguistics: cf. Niedzielski and Preston, eds. 2000）と称されるレベルで、時にはもっと念入りな形で、そのような解釈を試みている証言（特に、外国の日本語研究者によるもの、例えば、Herrfahrdt 1938, Hartmann 1954, ラガナ 1975, など）を再解釈する、しかもそのような解釈を母語話者としての言語的直観と照合しながらもっぱら〈内部観察者〉としての立場から行う、ということを通じて、〈日本語らしさ〉ということの説明（explanation）として、どのようなことをどの程度言えるかという試みという形での〈言語〉へのアプローチである。（もちろん、翻訳――特に、日本語から日本語以外への言語への翻訳――において、原文と翻訳文との間に読み取れる意味のずれは豊富な無言の証言として役に立つ。）そのようにして、従来、懐疑視されがちであった〈言語と文化〉、〈言語と思考〉といったテーマについて、池上（一九八一『「する」と「なる」の言語学――言語と文化のタイポロジーへの試論』大修館書店）のある意味での延長として一つのまとまった視野を提供してみたいということである。そこでは、多分、最近刊行された加藤周一（二〇〇七：『日本文化における時間と空間』岩波書店）の中の「〈今＝ここ〉に生きる日本」という言説とも多くの接点が見出されると思う。

上記の池上（一九八一）として刊行された書物は、そのもととなっているのは一九七七年九月から七八年八月までの一年間、月刊雑誌『言語』（大修館書店）に連載された寄稿であった。今からもう殆んど三十年近くも前になる当時のことを思い返してみると、〈スル〉的な言語と〈ナル〉的な言語という概念的な対比を提出はしたものの、それらの本質が何であるかという点については、自分でもまだ十分な把握はできていなかったように思う。例えば英語と日本語という二つの言語の間にそのような概念で統括できる傾向的な対立が存在するということについては、直観的に疑う余地もないという印象は持っていたけれども、どのような特徴までがそのような概念のもとに統括できるのか、統括できると感じさせられる背後にあるのは何か、といったことには、確かな見通しが持てないという苛立たしさを感じていた。今では、その点について遥かによい展望と洞察が得られたと思っている。同時にこの間、認知言語学と呼ばれる言語研究の新しいパラダイムが現代言語学の中で着実に中心的な地位を占めるようになり、そのことを通じて、池上（一九八一）以降関心の対象としてきた事項についても言語研究の枠内で確かな位置づけと認知が与えられるようになった——そういう印象を抱いている。

池上（一九八一）は、ドイツのチュビンゲン大学日本学科のViktória Eschbach-Szabo教授とその同僚の方々の御努力でドイツ語訳が出来上り、フンボルト財団の出版助成を得て、二〇〇七年中には刊行になる予定である。もともと本書でも論じているような〈日本的〉なスタイルをかなり意識して書いたものであるが故に、その点についてどの程度の理解と共感が期待できるのかは分からない。しかし、母語話者であっても、その気になって見直してみると限りない興味をそそられるこの〈日本語〉という言語を（現代の言語類型論の言い方を借りると）〈可能な人間言語〉(a possible human language) の一つの姿として捉え、それを母語としない人びとに（とりわけ、言語の研究者にも）、それを母語とする話者の言語感覚についていくらかでも理解と共感を共有してもらえるよう〈説明〉の努力をすることは無益なことではないと信じる。

最後に二〇〇〇年刊行の講談社版の原著以降、関連するテーマについて書いたものを参照文献補遺として以下に加えておく。

Ikegami, Y. (2001) 'Japanisch—eine "Teufelssprache"? Prolegomena zu einer holistischen Sprachtypologie', *Sophia Linguistica* 47.

——(2002a) 'Characterizing a Culture : Kurt Singer and his "Symbolic Approach"', A. Eschbach *et al.*, eds. : *Interkulturelle Singer-Studien : Zu Leben und Werk Kurt Singers*, München.

池上嘉彦（二〇〇二b）『自然と文化の記号論』日本放送出版協会。

Ikegami, Y. (2000c) 'The Agent and the Sentient : Asymmetry in Linguistic Encoding', K. Ezawa *et al.*, eds. : *Linguistik jenseits des Strukturalismus*, Tübingen : Gunter Narr.

――(2003) 'How Language is Conceptualized and Metaphorized in Japanese—an Essay in Language Ideology', H. Cuyckens *et al*., eds.: *Motivation in Language: Studies in Honor of Günter Radden*, Amsterdam.
池上嘉彦（二〇〇三-二〇〇四）「言語における〈主観性〉と〈主観性〉の指標(1)―(2)」『認知言語学論考』3、4。
Ikegami, Y. (2004) '"First/Second vs. Third Person" and "First vs. Second/Third Person": Two Types of Linguistic Subjectivity', F. Brisard *et al*., eds.: *Seduction, Community, Speech: A Festschrift for Herman Parret*, Amsterdam.
――(2005a) 'Japanese as Seen from Outside and from Inside', A. Wlodarczyk, ed.: *Paris Lectures in Japanese Linguistics*, くろしお書房。
――(2005b) 'Indices of a Subjectivity-Prominent Language: Between Cognitive Linguistics and Linguistic Typology', *Annual Review of Linguistics* 3.
池上嘉彦（二〇〇六ａ）「〈主観的把握〉とは何か――日本語話者における〈好まれる言い回し〉」『言語』五月号。
――（二〇〇六ｂ）『英語の感覚・日本語の感覚』日本放送出版協会。
――（二〇〇六ｃ）「認知言語学と日本語教育」徐一平・白水紀子編『日本学研究』16。
Ikegami, Y. (2007) 'Subjectivity, Ego-Orientation and Subject-Object Merger: A

Cognitive Account of the Zero-Encoding of the Grammatical Subject in Japanese', Y. Ikegami *et al.*, eds. : *Japanese Linguistics : European Chapter*, くろしお書房。

なお、「文庫版あとがき」で言及したこれら以外の文献は次のものである。

Bauer L. and P. Trudgill, eds (1998) *Language Myths*, London : Methuen.
Herrfahrdt, H. (1938) 'Die innere Sprachform des Japanischen im Vergleich mit der der indogermanischen Sprachen', *Wörter und Sachen* 19.
池上嘉彦（一九九二〔一九八一〕）。『詩学と文化記号論』講談社学術文庫。
加藤周一（二〇〇七）『日本文化における時間と空間』岩波書店。
Langacker, R. W. (1985) 'Observations and Speculations on Subjectivity', in J. Haiman, ed. : *Iconicity in Syntax*, Amsterdam : John Benjamins.
Langacker, R. W. (1998) 'On Subjectification and Grammaticalization', in J.-P. Koenig, ed. : *Discourse and Cognition : Bridging the Gap*, Stanford : Center for Study of Language and Information.
Langacker, R. W. (1999) Foundations of Cognitive Grammar II, Stanford : Stanford University Press.
ラガナ・ドメニコ (Lagana, Domenico)（一九七五）『日本語とわたし』文藝春秋。

Niedzielski, N. A. and D. R. Preston (2000) *Folk Linguistics*, Berlin : Mouton de Gruyter.
時枝誠記（一九四一）『国語学原論』岩波書店。

末尾になったが、今回の「学芸文庫」版としての収録に関しては、これまでも何冊かの著書の刊行についてお世話になった現在筑摩書房取締役の熊沢敏之さんの御配慮による。実際の編集の仕事に当たって下さった金子千里さんとお二人に心から御礼申し上げる。

二〇〇七年六月

池上嘉彦

解説

野村益寛

1

「説明されない美はわたしをいらだたせる。」――英詩の詩語のフィロロジカルな研究を研究者としての原点にもつ本書の著者・池上嘉彦教授が共感を込めて時折引用するウイリアム・エンプソンのこの言葉は、著者を研究へと駆り立てる動機づけを端的に言い当てているように思われる。では、本書において著者が取り組んだ「説明されない美」とは何であろうか？　それは次のサピアの引用に明晰に示される。

「こういう問題を考えたことのある人、あるいは、何かある外国語の気風といったものをある程度感じとった人には全く明白なことであるが、言語というものにはその一つ一つに、何か基本的構図、ある裁断の型といったものが確かに存在している。問題となる言語の型なり構図、あるいは構造的〈精髄〉といったものは、列挙しうる個々の特徴のどのものよりも遥かに基本的で、遥かに遍在的なものであって、その言語の文法を構成しているさまざまな種類の事実をただ数えあげるだけでは、とても捉えることは出来ないのである。」(サピア『言語』、本書七〇頁)

ある言語を他の言語から区別し、特徴づける〈精髄〉——簡単に言ってしまえば「〇〇語らしさ」——は「確かに存在している」と感じられるのだが、単に「その言語の文法を構成しているさまざまな種類の事実をただ数えあげるだけでは、とても捉えることは出来ない」という点で「説明されない美」を成すと言える。これに「説明」を与えようとするのが本書で展開される「個別言語志向的」言語類型論と呼ばれるアプローチが目指すところである。しかし「説明されない美」を「説明」するのは容易なことではない。このアプローチが宿命的に担う困難な課題について著者は次のようにまとめている。

「〈個別言語志向的〉なアプローチの場合は、事実を単に事実として確認するだけでは不十分で、そのような事実からどういう意味をひき出せるかという解釈を加えることが必要なのである。しかも、その種の事実は、原則的にその言語以外にも見出し得るようなものであるから、一連の事実を断片的に取り挙げるだけでは仕方がない。そうではなくて、それら一連の事実が相互に関わり合って作り上げていると想定される型態(configuration)とでもいったものを確認し、それの意味するところを読みとるということが期待されるわけである。」(六七頁)

この「型態」を日本語・英語について規定し、「説明されない美」を説明しようとした最初の試みが一九八一年に刊行された『「する」と「なる」の言語学——言語と文化のタイポロジーへの試論』(大修館書店)であった。二〇〇〇年に刊行された本書の原著である『日本語論への招待』はその延長線上に位置づけられ、著者の近年の思索の深まりと拡がりをうかがい知ることができる内容となっている。

2

『「する」と「なる」の言語学』ではその書名が示すように二つの事態把握の類型が「型態」として提案される。同書のエッセンスを凝縮した「表現構造の比較——〈スル〉的な言語と〈ナル〉的な言語」(國廣哲彌編『日英語比較講座第4巻 発想と表現』、大修館書店、一九八二年)からまとめると次のようになる。

「言語外的な出来事が言語によって表現される場合、（1）その出来事に関与するある特定の個体（典型的には〈動作主〉として行動する〈人間〉）に注目し、その個体を際立たせるような形で表現を構成する傾向、（2）その出来事を全体として捉え、そこに関与する個体（典型的には〈動作主〉として行動する〈人間〉）があっても全体に含め、いわばそこに埋没させるような形で表現を構成する傾向、がある。英語は（1）の傾向が顕著な言語であり、日本語は（2）の傾向が強い。」（七二頁、一部改変）

この（1）〈個体〉＝〈もの〉中心的な事態把握、（2）〈出来事全体〉＝〈こと〉中心的な事態把握に基づく言語類型がそれぞれ「〈する〉的な言語」、「〈なる〉的な言語」と名づけられ、英語が前者、日本語が後者に相当することがさまざまな言語的証拠を基に論じられる。例えば、子供がミルクをこぼしたとき、英語では“Oh, no, she spilled the milk.”というところを、日本語では「あら、ミルクがこぼれた」という方が自然であろう（ジョン・ハインズ『日本語らしさと英語らしさ』、くろしお出版、二七頁）。英語ではミルクをこぼした個体（＝子供）に焦点をあてた「する」的な表現になっているのに対し、日本語ではその個体を出来事全体に埋没させた「なる」的な表現になっているわけである。

ところで、〈個体〉（もの）を〈出来事全体〉（こと）の中に埋没させるということは、個体の輪郭を失わせ、連続体化させることであり、それに伴って出来事の方も内部構造を失うことで均質化し、連続体化する。

「〈こと〉であることの本質は、〈もの〉的な要因をすべて全体の中に融解し去っているということである。それは、連続体の一部にすぎない。連続体的なイメジをその本質的な姿において帯びるものとして、〈こと〉は〈変化〉の様相において捉えられた場合には〈なる〉的な性格を示すはずである。」(『「する」と「なる」の言語学』、二六〇頁)

こうして〈する〉と〈なる〉の対比は〈もの〉と〈こと〉、さらには〈個体〉と〈連続体〉の対比と関係づけられていく。

3

さて、『「する」と「なる」の言語学』で示唆された日本語の「連続体」指向は、本書において「無界性」と言葉を変え、日本語の「型態」=「精髄」を成すものとして明示的に主張される。

「ある言語を全体として統合的に特徴づけると思われるもの——それを(中略)〈相同

性〉という状況の確認を手がかりに進めて行くと、日本語の場合（そして多分、言語ばかりでなく、日本文化全般を通じて）繰り返し立ち現れてくるのは、輪郭の定かでない記号化（つまり、〈無界性〉(unboundedness）への指向性）ということであるように思える。」（本書、三四〇頁）

そして本書の最大の意義はこの「〈無界性〉への指向性」が何に由来するのかを探ったことにあると思われる。（なお、本書第一部後半の名詞と動詞を扱った箇所では相同性に基づく日英の比較はあまり前面に出ていないが、日本語において名詞が単数・複数の区別を欠くことが動詞における他動性の低さ——例えば、「燃ヤシタケド、燃エナカッタヨ」とは言えるが、*I burned it, but it didn't burn. とは言えない——と相同的に対応し、ともに「連続体」指向として特徴づけられることについては著者の別稿「「名詞的」なものと「動詞的」なもの」（『言語』9月号、一九八九年）を参照されたい。）

〈無界性〉への指向性を論じるにあたって、本書できわめて重要な役割を果たしているのが〈トコロ〉という概念である（本書第二部）。〈モノ〉が〈具体的、有界的〉、〈コト〉が〈抽象的、無界的〉と特徴づけられるのに対して、〈トコロ〉は〈具体的、無界的〉と特徴づけられ、〈モノ〉と〈コト〉をつなぐ項として位置づけられる。

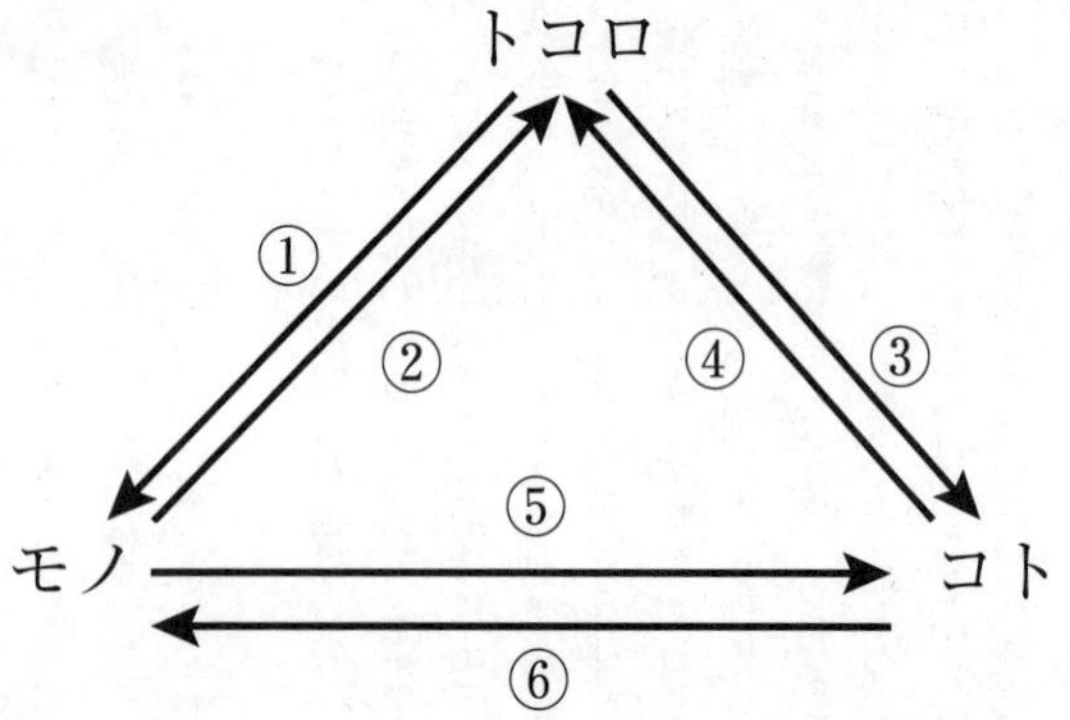

この3項はそれぞれ2項間で反転が起こり得る。このうち、〈トコロ〉と〈モノ〉の間の反転が第二部五、六節で論じられている。

①（トコロ→モノ）London is cold.

②（モノ→トコロ）Someone is at the door.

一方、〈トコロ〉と〈コト〉の間の反転は本書では論じられていないが、次のようなものが考えられる。

③（トコロ→コト）広島・長崎を繰り返してはならない。

④（コト→トコロ）投票へ行ってきた。

③において「繰り返す」のは〈コト〉であり、〈トコロ〉ではない。よって「広島・長崎」は「広島・長崎で起きた出来事」を指す。一方、④において「行く」のは〈トコロ〉であり、〈コト〉ではなく、「投票」は「投票が行われる場所」を指すと考えられる。

最後に〈モノ〉と〈コト〉の間の反転は次のような例が該当する。

⑤（モノ→コト）John happened to fall.

⑥（コト→モノ）子供が泣いているのに出会ったよ。

⑤においてhappenという動詞はモノであるJohnと結びついているが、実際に起きたのはJohn fell.というコトである。これに対して⑥では「出会う」という動詞が「子供が泣いている」というコトと結びついているが、実際出会ったのは「子供」というモノである。

このように3項のうち、どの2項間でも反転が生じ得るのであるが、認知的な際立ちには差があり、どの2項も常に対等であるというわけではない。

「一般に、〈モノ〉と〈トコロ〉という対立であれば、〈有界的〉対〈無界的〉というそれぞれの相対的な特性に従って、〈モノ〉の方に認知的な注目が向けられ、〈モノ〉が〈トコロ〉で（あることを）〈スル〉という把握がまず予想されるものであろう。（中略）しかし、〈トコロ〉が〈コト〉と対立する時には状況は変わりうる。典型的な〈トコロ〉は〈具体的〉、〈コト〉は基本的に〈抽象的〉――こういう相対的な対立特性に基づいて、〈トコロ〉の方に認知的な注目が向けられる可能性も生じてくる。そのような場合にまず予想される把握の仕方は、〈トコロ〉で〈コト〉が〈ナル〉（つまり、出来する）ということであろう。」（二五

六頁）

ここで注目されるのは、『「する」と「なる」の言語学』で指摘された〈モノ〉と〈コト〉の対立が、〈モノ〉と〈トコロ〉及び〈トコロ〉と〈コト〉という二つの対立、さらには各々の対立において認知的な注目が向けられる〈モノ〉と〈トコロ〉の対立の問題に還元されている点である。日本語が「なる」的な言語だということは、〈トコロ〉の方に認知的な注目が向けられるということになる。それは何故だろうか？

著者が辿り着いた答えが「ある状況を言語化する際に、話し手が言語化の対象とする状況の中に身を置くという形で視点を設定し、自らを認識の原点として言語化のための状況把握を行なう」（三二〇頁）と定義され、第三部で詳細な議論が展開される「主観的把握」という考え方である。話し手が外からではなく、状況の内に自己を投入して事態を捉えるということは（先に見た「なる」的言語において〈個体〉が〈出来事全体〉に埋没し、輪郭を失うのと類比的に）認知の主体である話し手の身体・自己が〈トコロ〉化（すなわち、〈無界化〉）するということにつながる。

「〈環境〉という概念自体がそこに埋め込まれている自己への関与ということを含意している通り、環境で起こっていることは、とりも直さず、自己において起こっていることである。

一歩進めば、出来事は環境においてではなく、自己において起こっているのであると言うことも出来よう。（中略）このような捉え方は、自己と環境とを対立するものとして措定し、自己が環境に対して働きかけ、自らの意に叶うように変えて行くという図式とは鮮明に対立する。後者では自己は何かを〈する〉主体である。前者では、自己は何かが出来する——つまり、そこで何かが〈なる〉——場所である。」（三二七—三二八頁）

こうして、「主観的把握」が〈自己〉の場所化を介して、〈トコロ〉で〈コト〉が〈ナル〉という「〈無界性〉への指向性」を根拠づけることになる。（あるいは、主観的把握によって状況の内に自己を投入するということは、外へ身を引くと見えるはずの事物の境界線が視野からはずれ、無界化するという説明も可能かもしれない。卑近な例で言えば、地平線の見えるような北海道の内部にいると大地は無界的に感じられるが、空の上から見ると北海道が輪郭を備えた有界の島であることがわかるわけである。）

なお、主観的把握の説明の際に〈外〉から〈内〉への動きを含意する「身を置く」とか「自己投入」といった表現が用いられるが、進化の上では〈内〉から〈外〉への「自己疎外化」とでも呼ぶべき過程こそが言語が辿った道ではないかと著者は考える。

「言語が人間の身体性から離れて行き、〈制度〉として他者化してしまうという過程――(中略)――そのような過程にあって、日本語という言語は身体性という原点からまだ比較的近いところにとどまっている、そして、その原点的な特徴の痕跡をまだ比較的多くとどめている、ということかも知れない。」(三三三頁)

こうした「主観的把握」という考えは、「我とは主語的統一ではなくして、述語的統一でなければならぬ、一つの点ではなくして一つの円でなければならぬ、物ではなく場所でなければならぬ。」(『西田幾多郎哲学論集I』、岩波文庫、一四一頁)とした西田幾多郎に通じるところがある。なお、永井均著『西田幾多郎――〈絶対無〉とは何か』(NHK出版、二〇〇六年)では本書でも取り上げられた川端康成『雪国』の冒頭の文章が西田の「純粋経験」との関連で触れられており、本書での議論を念頭に置いて読むと興味深い。

4

『「する」と「なる」の言語学』のあとがきで著者は次のように述べている。

「本来の「言語学」では、「厳密な」形式的、客観的記述を要求するのが現在の慣例である。しかし、言語と対していると、形式的、客観的記述の網にはかからない（比喩的な言い方をしてよければ）何かどろどろしたものの存在を絶えず意識させられる。（中略）そのようなものにまともに立ち向かおうとするのは実は大変危険であるし、言語学史の背後のいくつかのエピソードはそれを十分に教えてくれる。そして、そういったものに一切見向きもしないでいられる自制心の強い人もいるけれども、筆者などは（危険を十分承知の上で）その捕え難い何かにまで手を延し、少し位ならば触れてみてもよいのではないかという誘惑に駆られることがある。本書は一面、そのような誘惑に敢えて抗しないことによって出来上っている。」（二九八頁）

一九七五年に刊行された『意味論——意味構造の分析と記述』（大修館書店）が「形式的、客観的記述の網」で意味構造を可能な限り掬いとろうとしたのに対して、この本では慣習化した意味構造の背後にうごめく、意味を創出する心の働きという「何かどろどろしたもの」に自制心を抑えて手を延ばし、触れてみようと立ち向かったことを表している。そして、この姿勢こそ著者がエンプソンと共有するものである。この「解説」の冒頭で引用したエンプソンの言葉は次のような文脈で用いられたものである。

「これまでの批評家は、詩の作用とはなにか魔術的なもので、自分の呪文だけがそれに対してききめがあるのだと主張したがっている。あるいは、それは花の生長のようなものだと考えている。つまり、根をほじくり出したり、茎をつぶして緑汁を白日の下に晒したりして分析の破壊的効果を許すのは、愚の骨頂だと言いたいのだ。この見方からすると、批評家も「吠え犬」と同じで、二種類あるといえる。美という花に小便をひっかけるだけの種類と、そのあと足でひっかいて掘り出してしまうたしなみのないほうの種類である。告白するが、わたし自身は後のほうになりたいと願っている。説明されない美はわたしをいらだたせる。ここをひっかいてみたいなという気を起こさせるのだ。」（『曖昧の七つの型』（上）、岩崎宗治訳、岩波文庫、四六―四七頁）

詩が体現する美を説明するためには「(小便をひっかけた後) 足でひっかいて掘り出してしまうたしなみのない」批評家たらんとするエンプソンと、言語が体現する精髄を説明するためには「そういったものに一切見向きもしないでいられる自制心の強い人もいるけれども、筆者などは (危険を十分承知の上で) その捕え難い何かにまで手を延し、少し位ならば触れてみてもよいのではないかという誘惑に駆られることがある」とする池上教授――この〈「たしなみ」＝「自制心」からの自由〉こそが二人の著作が深く湛える魅力の源泉となっていると言ってもよいのではなかろうか。

本書の原著あとがきは次のような「予告」で締めくくられている。

「日本語という言語は少しつつくと、すぐ〈話す主体〉、〈身体性〉との関わりが顔を出す――これは、今後、認知言語学がさらに洗練された視点から言語の本質、進化を問う際に、大変興味深い問題を提起することになろう。これらの点をもっと詰めた形で議論するとなれば、かなり専門的な叙述にならざるを得ないし、本書に想定された域を越えることになる」（三四一頁）

著者の構想する日本語論にとって本書はまだその輪郭を示したものに過ぎないのかもしれない。それでも本書は〈日本語〉という言語を「つつく」――あるいはエンプソン流に言うと「ひっかく」――楽しみを存分に伝え、その「説明」で私たちを魅了、刺激してやまない。

（北海道大学大学院文学研究科　西洋言語学講座　准教授）

索引

ア 行

カ 行

サ　行

タ　行

ナ 行

ハ 行

マ 行

ヤ　行

ラ　行

ワ　行

本書は、二〇〇〇年九月二〇日、講談社から刊行された
『「日本語論」への招待』を改題したものである。

深く「読む」技術　今野雅方

「点が取れる」ことと「読める」ことは、実はまったく別。ではどうすれば「読める」のか？　読解力を培い自分で考える力を磨くための徹底訓練講座。

議論入門　香西秀信

議論で相手を納得させるには5つの「型」さえ押さえればいい。豊富な実例と確かな修辞学的知見をもとに、論証や反論に説得力を持たせる論法を伝授！

どうして英語が使えない？　酒井邦秀

『でる単』と『700選』で大学には合格した。でも、少しも英語ができるようにならなかった「あなた」へ。学校英語の害毒を洗い流すための処方箋。

快読100万語！　ペーパーバックへの道　酒井邦秀

辞書はひかない！　わからない語はとばす！　すぐ読めるやさしい本をたくさん読めば、ホンモノの英語が自然に身につく。奇跡をよぶ実践講座。

さよなら英文法！　多読が育てる英語力　酒井邦秀

「努力」も「根性」もいりません。愉しく読むうちに豊かな実りがあなたにも。人工的な「日本英語」を棄て真の英語力を身につけるためのすべてがここに！

チョムスキー言語学講義　チョムスキー／バーウィック　渡会圭子訳

言語は、ヒトのみに進化した生物学的な能力である。その能力とはいかなるものか。なぜ言語が核心なのか。言語と思考の本質に迫る格好の入門書。

文章心得帖　鶴見俊輔

「余計なことはいわない」「紋切型を突き崩す」等、実践的に展開される本質的文章論。70年代に開かれた一般人向け文章教室の再現。（加藤典洋）

ことわざの論理　外山滋比古

「隣の花は赤い」「急がばまわれ」……お馴染のことわざの語句や表現を味わい、あるいは英語の言い回しと比較し、日本語の心性を浮き彫りにする。

知的創造のヒント　外山滋比古

あきらめていたユニークな発想が、あなたにもできます。著者の実践する知的習慣、個性的なアイデアを生み出す思考トレーニングを紹介！

ちくま学芸文庫

日本語《にほんご》と日本語論《にほんごろん》

二〇〇七年 九 月十日 第一刷発行
二〇一八年十二月五日 第二刷発行

著　者 池上嘉彦（いけがみ・よしひこ）
発行者 喜入冬子
発行所 株式会社 筑摩書房
東京都台東区蔵前二―五―三 〒一一一―八七五五
電話番号 〇三―五六八七―二六〇一（代表）
装幀者 安野光雅
印刷所 明和印刷株式会社
製本所 株式会社積信堂

ISBN978-4-480-09090-4 C0181